望海潮鸣　厚德载物

——海事特色专业课程思政教学设计及案例选编（第一辑）

施　欣　主编

上海浦江教育出版社

图书在版编目（CIP）数据

望海潮鸣　厚德载物 : 海事特色专业课程思政教学设计及案例选编 . 第一辑 / 施欣主编 . -- 上海 : 上海浦江教育出版社有限公司 , 2024. 10. -- ISBN 978-7-81121-913-5

Ⅰ. G641

中国国家版本馆 CIP 数据核字第 2024R469L7 号

WANG HAI CHAO MING　HOU DE ZAI WU

——HAISHI TESE ZHUANYE KECHENG SIZHENG JIAOXUE SHEJI JI ANLI XUANBIAN（DI-YI JI）

望海潮鸣　厚德载物

——海事特色专业课程思政教学设计及案例选编（第一辑）

上海浦江教育出版社出版发行

社址：上海市海港大道 1550 号　邮政编码：201306

电话：（021）38284910（12）（发行）　38284923（总编室）　38284910（传真）

E-mail：cbs@shmtu.edu.cn　URL：http://www.pujiangpress.com

上海商务联西印刷有限公司印装

幅面尺寸：170 mm × 240 mm　印张：20.25　字数：310 千字

2024 年 10 月第 1 版　2024 年 11 月第 1 次印刷

策划编辑：于　杰　责任编辑：张丽媛　封面设计：曾国铭

定价：68.00 元

前言 / PREFACE

立德树人成效是检验高校一切工作的根本标准。寓价值观引导于知识传授和能力培养之中，带动学生将自身成长融入国家社会发展需求，激发学生立志高远、敢于担当、不懈奋斗的精神，争做堪当民族复兴重任的时代新人，就是要充分发挥教师队伍“主力军”、课程建设“主阵地”、课堂教学“主渠道”作用，坚持思政课程与课程思政同向同行，以高质量课程思政建设解决专业教育和思政教育“两张皮”问题，从而将价值塑造、知识传授和能力培养三者融为一体。

随着海洋强国、航运强国等国家重大发展战略的不断推进和“一带一路”倡议的深入实施，航运业在国内国际双循环中发挥的战略链接作用日益凸显。推动海事领域的数字化、智能化、绿色化持续升级，关键在于科技创新与人才培养。高级航运物流人才的培养，需强化人类与环境协调发展的生态文明理念，使学生具备家国情怀和世界眼光，形成全球海事治理问题意识，深入领会构建人类命运共同体的思想。同时，需增强学生不畏困难、追求卓越的创新精神，培养乐于分享、善于沟通的团队协作能力，自然地将家国情怀、文化素养、国际视野、法治意识和道德修养融入专业知识学习和能力培养中。

长期以来，上海海事大学的广大教师紧密结合国家发展需求，开展专业教学与研究，成果丰硕，形成了一系列专业教学的典型案例，成为课程思政的生动载体，充分体现了海大人“兴学育人、强海兴邦”的办学追求。

在学校党委的领导下，学校总结航运物流人才培养的特色经验，深入挖掘海事特色思政要素，系统梳理提炼育人效果，策划出版海事特色专业课程思政教学设计及案例选编系列。本书作为选编系列第一辑，精选 16 篇优秀课程思政教学设计和 28 篇教学案例，覆盖工学、理学、法学、管理学、文学、艺术等学科门类，聚焦航运、物流、海洋应用场景。本书教学设计突出成效评价与教学反思，教学案例紧扣教学目标挖掘思政元素，操作性较强，具有积极的借鉴意义。

本书在编写过程中，得到学校党委宣传部、马克思主义学院、兄弟院校的指导和支持，在此谨致谢意。然而，对课程思政教学设计和案例的挖掘、整理还有待于进一步科学化、系统化，书中难免存在不尽如人意之处，恳请读者批评指正!

编者

2024 年 8 月

目录 / CONTENTS

教学设计与教学案例

教 学 设 计

流体力学课程思政教学设计　商船学院　田　镇 / 3

航海导论课程思政教学设计　商船学院　白响恩 / 21

冷藏运输技术课程思政教学设计　商船学院　张　远 / 37

物流学原理课程思政教学设计　交通运输学院　郑文家 / 48

国际物流运输管理课程思政教学设计　交通运输学院　高　洁 / 57

航运公共管理与政策课程思政教学设计　交通运输学院　章　强 / 69

海洋旅游开发课程思政教学设计　经济管理学院　刘　伟 / 80

中级财务会计课程思政教学设计　经济管理学院　章　雁 / 90

内部控制课程思政教学设计　经济管理学院　董　理 / 102

工程力学课程思政教学设计　物流工程学院　乔　榛 / 113

电机与电力拖动基础课程思政教学设计　物流工程学院　朱立勋 / 124

自动化仪表与过程控制课程思政教学设计　物流工程学院　张　琴 / 135

海事法课程思政教学设计　法学院　徐　峰 / 148

TD-LTE 网络优化技术课程思政教学设计　信息工程学院　杨　华 / 159

英国文学史及作品选读课程思政教学设计　外国语学院　郭海霞 / 171

大学物理课程思政教学设计　理学院　孙祖尧 / 183

教学案例

冷链物流：病毒传播的背后推手？　商船学院　张　远 / 195

北斗导航：让“银河”号事件不再重演　商船学院　张曙辉 / 199

中国能源利用现状及前景　商船学院　蒋爱国 / 203

参与国际海事公约修订，提升中国国际话语权　商船学院　谢洁瑛 / 207

构建绿色智慧的中国现代综合交通运输体系　交通运输学院　于棋峰 / 210

世界冠军菜鸟智慧车的成功之路　交通运输学院　钱　佳 / 214

班轮运输业的周期特点：“五场婚礼与一场葬礼”　交通运输学院　高鸿丽 / 218

设立船舶排放控制区，推动绿色航运发展　交通运输学院　陶学宗 / 222

外商投资经营国际海上运输及其辅助业务的政策演变　交通运输学院　章　强 / 227

妈祖文化的传承与创新　经济管理学院　刘　伟 / 231

喜茶：蕴含东方茶文化的“酷”茶饮　经济管理学院　张　默 / 236

双汇的可持续发展之路　经济管理学院　於　军 / 241

獐子岛的扇贝跑哪里去了？　经济管理学院　顾春霞 / 245

从网红船舶Peak Pegasus 的“生死时速”看巨额关税的承担　经济管理学院　高　霏 / 250

脱贫攻坚战全面胜利的“经济学秘密”　经济管理学院　郭　际 / 257

船舶碰撞：双方互有过失碰撞责任如何确定　法学院　徐　峰 / 261

智能港口中的物联网：助力洋山港从跟跑到领跑的跨越　信息工程学院　陈　晓 / 265

潜望式相机：图像几何变换中的放大算法　信息工程学院　徐　琪 / 269
航行轨迹的绘制和预测　信息工程学院　章夏芬 / 275
半导体存储器：敢问“芯路”在何方，路在脚下　信息工程学院　潘胜达 / 279
疟疾克星——青蒿素的发现与合成　海洋科学与工程学院　朱文武 / 283
临港新片区海绵城市建设　海洋科学与工程学院　刘兴坡 / 286
点缺陷与华为芯片发展　海洋科学与工程学院　刘伯洋 / 289
福耀玻璃的创新发展之路　海洋科学与工程学院　张玉良 / 293
长江深水航道整治：扫除拦门沙　海洋科学与工程学院　赵　姗 / 298
小方法的大作用：用JSA 实现船舶建造作业安全　海洋科学与工程学院　焦　宇 / 302
洋山深水港区的陆域面积计算　理学院　周　联 / 306
陶炊具设计的演变——中国古代智慧结晶　徐悲鸿艺术学院　潘奕吉 / 310

教 学 设 计

流体力学课程思政教学设计

商船学院　田　镇

一、课程基本信息

◆课程名称：流体力学

◆专业名称：能源与动力工程

◆学时学分：48 学时　3 学分

◆授课对象：大二本科生

◆课程类别：专业课

二、课程简介

上海海事大学能源与动力工程专业于 2021 年入选“上海市一流本科专业”建设点。该专业聚焦国家“双碳”目标与能源清洁利用重大战略需求，围绕能源动力设备和系统的设计、制造和运行等，培养具有能源转换与利用等专业知识，具备较强创新能力和实践能力的复合型人才。流体力学是本专业第一门核心基础课程，以液体和气体为研究对象，涵盖静力学、动力学、相似与量纲分析、边界层理论等内容。

在“金课”建设背景和“金师”的专业要求下，流体力学课程通过教学内容重构、课程思政体系构建、教学方法精进、教学资源完善等逐步适应“两性一度”课程需求，形成了以学生为中心的混合式教学模式。从校级双语课程（2015 年）、在线课程（2018 年）、课程思政示范课程（2019 年）到上海市重点课程（2020 年），再到教学主课教师荣获上海市教学能手（2020 年）、上海市教育系统三八红旗手（2022 年）等荣誉称号，都是对流体力学课程建设成果的肯定。

三、课程思政教学设计思路

流体力学课程立足特色鲜明、多学科应用研究型大学的定位，培养具有扎实理论基础、较强技术创新能力、较高工程职业素养的应用型人才。遵循“润物无声”的原则，结合力学基础课特点，确定了课程思政的三大总体目标：培养实事求是和辩证思考的科学素养，树立科技创新意识，增强家国情怀与工程师职业精神。按照构建整体性设计、创新教学模式、协同思政育人体系“三步走”的思路，开展流体力学课程思政的教学顶层设计，如图 1 所示。

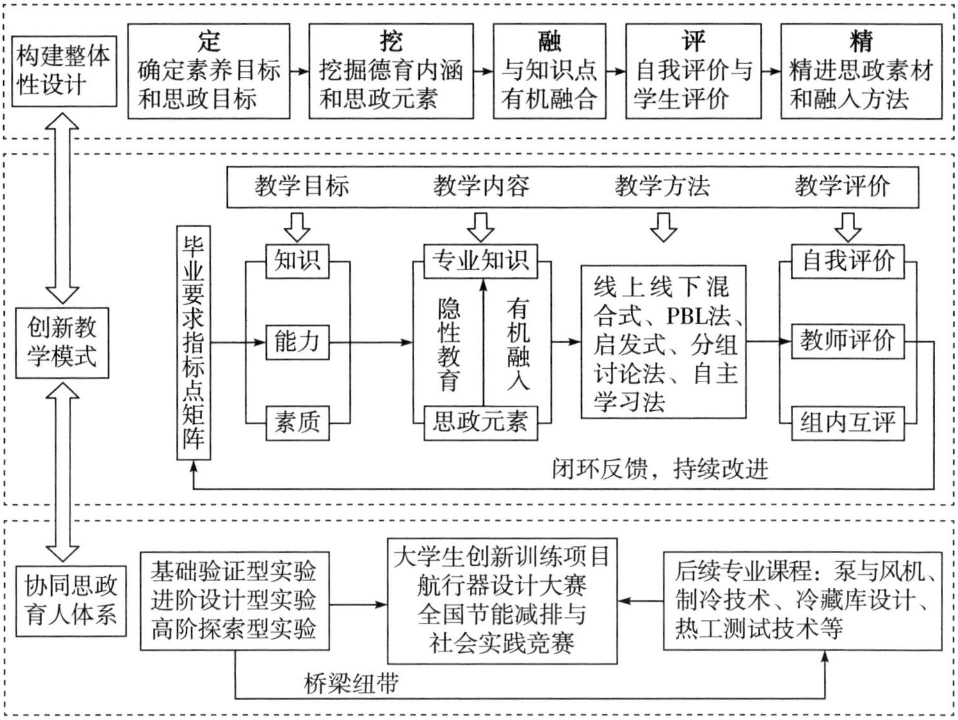

图 1　流体力学课程思政教学设计整体思路

首先，以知晓理论来龙去脉、研习工程案例、探索学科前沿、致敬先贤科学家、思考人生感悟等为切入点，从“定、挖、融、评、精”五个角度构建流体力学课程思政的整体性设计。其次，在课程思政教学实践中，针对知识点容量大、内容抽象等难点问题，考虑大二学生尚不具备丰富的专业知识储备，分析计算能力较缺乏，理论结合实践能力较弱，采用线上线下混合式和分组教学模式，打破时间与空间、个体与集体的局限性，保证课程思政实施的充分和有效；结合考核结果对课程思政教学实施进行评价并提出改进方案，形成闭环反馈，持续改进。最后，延伸流体力学的基础课内涵，依托实验教学、学术交流、科创项目等实施，实现与后续专业课程的联动，将课程思政教学成果融入培养计划，协同本专业的思政育人体系。

四、课程思政教学设计与实践

在思政示范课程、领航课程、课程教学改革项目、教学竞赛等项目的支持下，流体力学教学团队根据专业特色和课程目标，探索出“一中心，三维度，五融入”的课程思政实施策略，如图 2 所示。“一中心”为以学生为中心，“三维度”为目标引领、素材挖掘、教学授课维度，“五融入”为以工程案例为载体，把“哲学辩证思维、学科史与科学家精神、大国工匠与职业素养、科技创新与家国情怀”等方面的思政元素有机融入教学目标、教学内容、教学活动、教学资源、教学评价等五个方面的设计上。对所挖掘思政元素进行再加工，通过教学逻辑调整（如图 3 所示）、例题设计和案例分析等，避免了“盖帽子”“油水分离”“两张皮”，达到盐溶于水，润物细无声，实现“内化于心，外化于行”的课程思政育人期望。

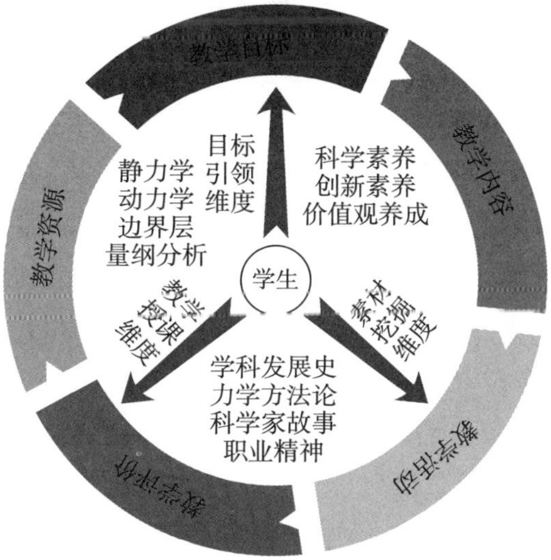

图 2　“一中心，三维度，五融入”的课程思政实施策略

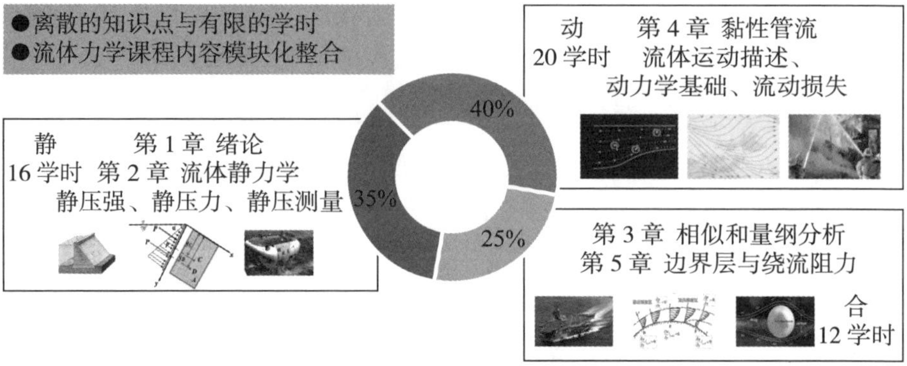

图 3 流体力学课程内容模块化整合与学时分布

（一）“一中心”——教学现状与学情分析

课程思政建设应以学生为中心，教学现状与学情分析是流体力学课程思政教学设计与实施的基础。能源与动力工程专业每年有近 100 人学习流体力学，该课程在大学二年级上学期开设，学生已具备了一定的数学基础知识和力学分析技能，但是对于流体的概念比较陌生，不能将流体受力和宏观表现联系起来，尚未建立力—能量—功耗之间的内在关联。此外，大学二年级是培养学生专业兴趣的关键期，学生纪律性强、思维活跃、高度渴望新知识，在确定教学设计各环节的内容和实施方案时，应制订以学生为中心的对应策略。

（二）“三维度”——课程思政案例库建设

采用“以点带面、以面带全”的推进方法，带动团队教师分别在目标引领、素材挖掘、教学授课三个维度深入挖掘思政元素、整理思政视频、设计案例习题，形成以 PPT 课件、视频短片、文字素材、习题库为主要形式的流体力学课程思政案例库，并在教学过程中将显性教育和隐性教育相统一，形成“科学家精神与家国情怀”“科学思维与方法”“工程素养与工匠精神”三大系列专题。

系列一：科学家精神与家国情怀

课程内容	思政案例	思政元素渗透点	融入方法	课程思政案例资源
伯努利方程	伯努利的故事	探索与坚持的科学精神	讲述伯努利通过大量实验研究和数学计算建立的伯努利方程，由此构建流体动力学的重要框架，指出科学需要不断探索和坚持；同时，强调伯努利方程的假设和应用条件。	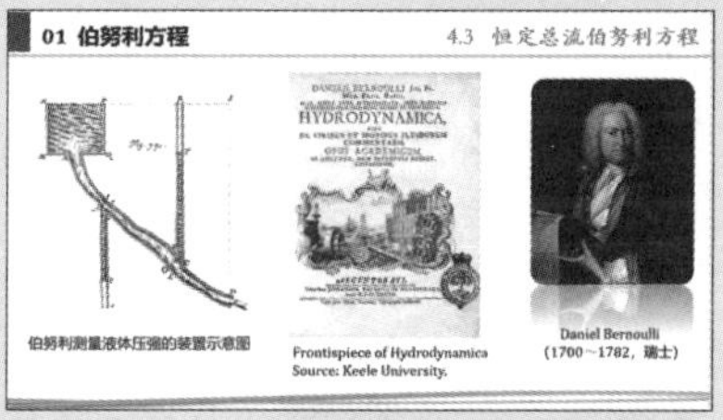
边界层与卡门涡街	钱学森的故事	家国情怀与学术传承	讲述钱学森回国报效祖国以及在火箭研制方面的刻苦钻研精神和家国情怀，秉承老一辈流体力学专家的学术思想；采用情景学习法，鼓励学生在人生中遇到困难的时候不要灰心，要勇往直前。	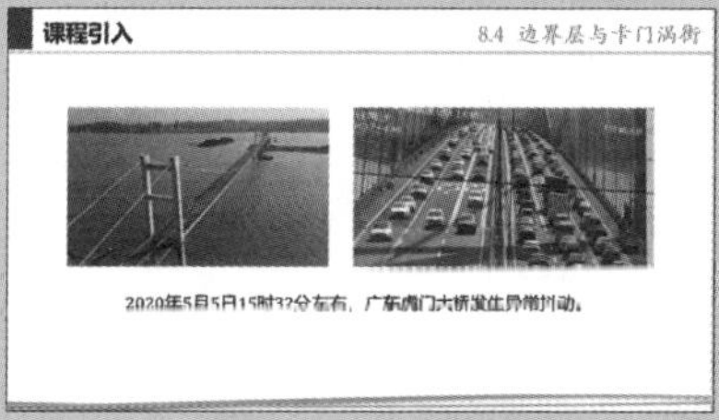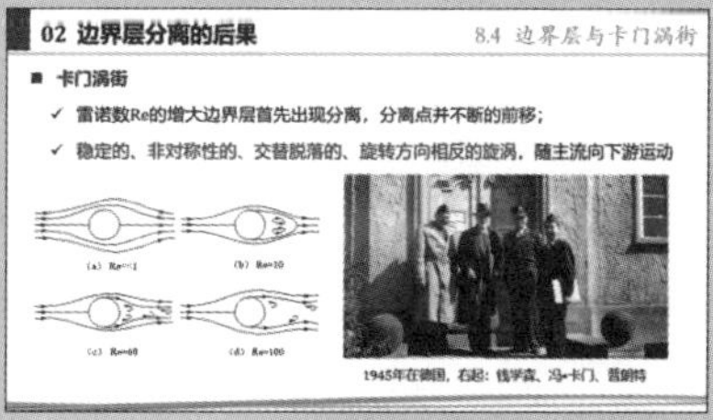

系列二：科学思维与方法

<table>
<tr><th>课程内容</th><th>思政案例</th><th>思政元素渗透点</th><th>融入方法</th><th>课程思政案例资源</th></tr>
<tr><td>管流的流动阻力</td><td>黏性阻力、高原高血压</td><td>透过现象看本质</td><td>针对流体黏性这一抽象的概念，通过吸管和高血压等生活化类比，引发学生思考，进而讲解泊肃叶定律和圆管内流动损失的计算；让学生明白科学发现的底层思维模型，即如何透过现象看本质。</td><td>

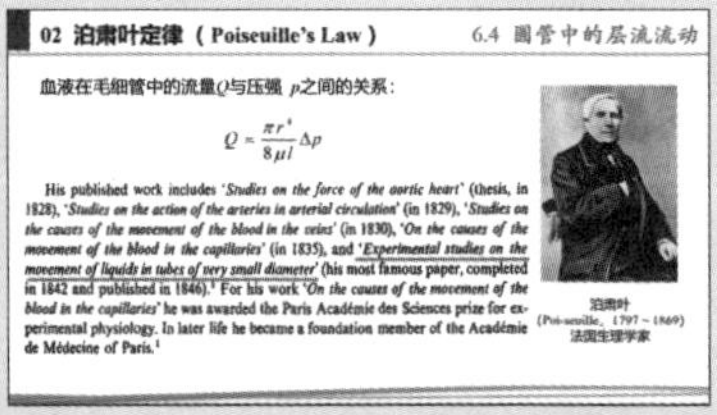
</td></tr>
<tr><td>雷诺相似准则</td><td>大飞机C919阻力测试</td><td>有的放矢，自主创新</td><td>通过视频展示国产大飞机C919，引导学生思考C919阻力测试实验，采用案例分析法融合相似原理讲解，培养学生抓主要矛盾的辩证哲学思维；拓展我国超声速风洞与冰风洞的发展历程，树立学生科技创新的决心。</td><td>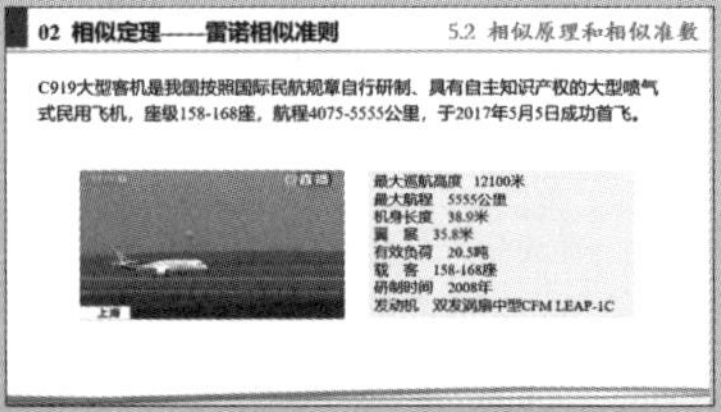

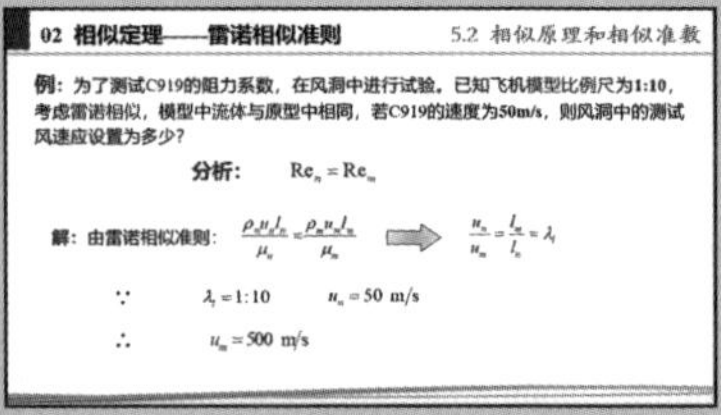
</td></tr>
</table>

（续表）

课程内容	思政案例	思政元素渗透点	融入方法	课程思政案例资源
边界层理论	普朗特与边界层	求真务实，敢于挑战	采用讲授法讲述普朗特对实验结果的坚持与实事求是，勇于挑战经典力学理论框架，在1904年德国海德堡第三届国际数学家大会上提出了开启现代流体力学的边界层理论。	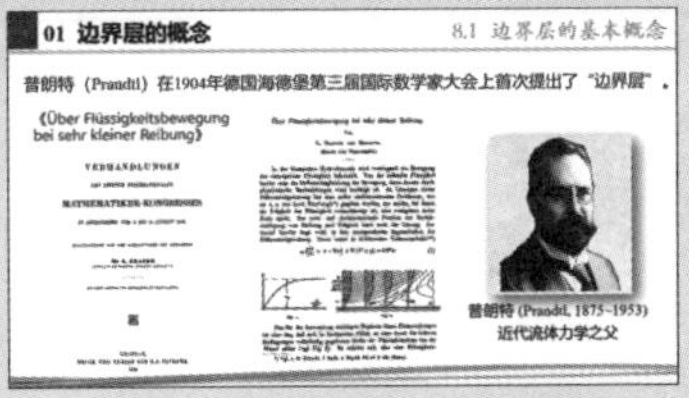 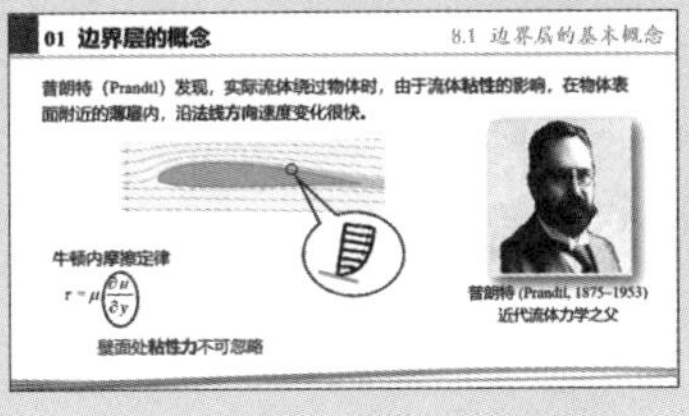

系列三：工程素养与工匠精神

课程内容	思政案例	思政元素渗透点	融入方法	课程思政案例资源
流体力学及其任务	都江堰与三峡工程	古人智慧、院士精神、实事求是	通过视频展示战国时期李冰设计的都江堰工程，讲解其背后的流体力学原理，树立文化自信；结合三峡工程讲述总设计师郑守仁院士对工程的高标准、严要求，明确工程属性具有多面性，而不是简单地一分为二。	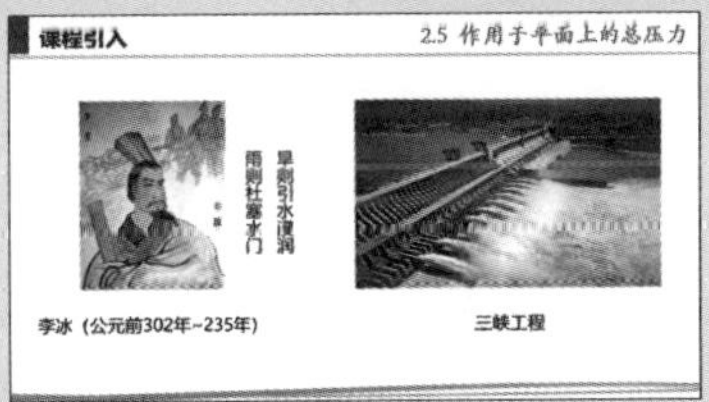 

（续表）

<table>
<tr><th>课程内容</th><th>思政案例</th><th>思政元素渗透点</th><th>融入方法</th><th>课程思政案例资源</th></tr>
<tr><td>流体静力学</td><td>“蛟龙”号、“两丝”钳工顾秋亮</td><td>精益求精的大国工匠精神</td><td>借力大国重器“蛟龙”号的基础科学原理引入流体静压强的基本概念；通过设计课堂练习将知识点融入，并拓展全球载人深潜器发展现状；此外，介绍“蛟龙”号一线工人“两丝”钳工顾秋亮的故事，引导学生爱岗敬岗。</td><td>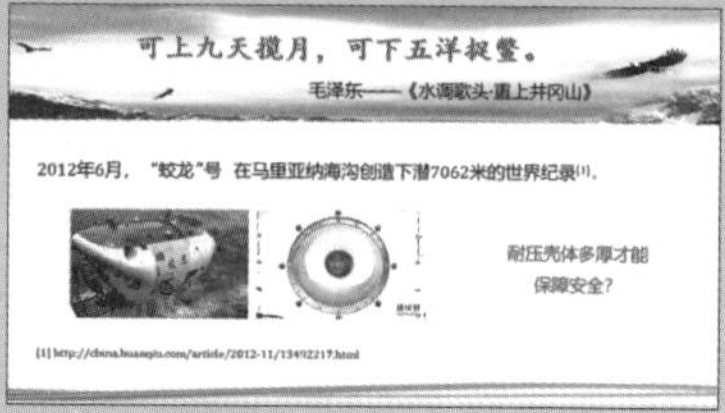

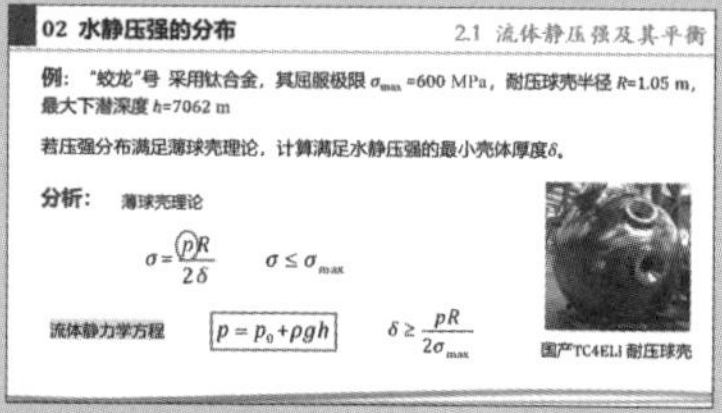

</td></tr>
<tr><td>边界层与绕流阻力</td><td>黄旭华与三面镜子</td><td>勇攀科学高峰的责任感和使命感</td><td>通过讲述中国核潜艇之父黄旭华攻坚克难解决重大国家工程项目和科研事迹，研究边界层速度带来的流动阻力，开发出适用的经验公式，以此激发学生崇高的科学使命感。</td><td>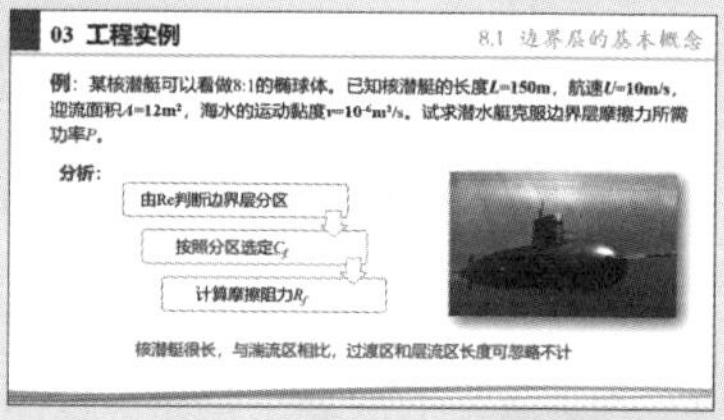

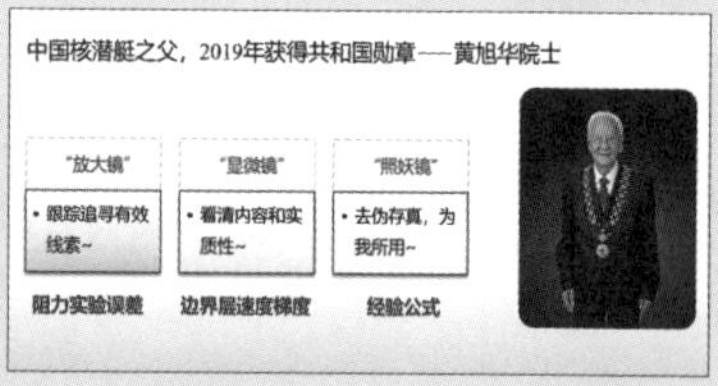
</td></tr>
</table>

（三）“五融入”——思政元素教学全过程有机融合

精准挖掘流体力学课程中的思政元素和素材是开展课程思政教育的前提，将思政元素与专业知识有机融合是提高专业课程与思政教育协同育人的根本保障。在“一中心，三维度”集成的课程思政教学模式框架下，全方位开放课堂时空，实现课上课下相结合、课前课中课后贯通。构建了基于“线上资源＋课堂”的信息化教学模式，搭建了精细化的分组讨论学习模式，理论教学与实践教学互促，使学生知识与能力并进。通过对教学内容的反复研讨和学生调研反馈，对流体力学教学过程中重点、难点进行了进一步地梳理，并完成了在线课程的建设。在线建设课程约 500 分钟，包含 45 个教学重（难）点，挖掘了 10 余个思政案例。针对“线上资源＋课堂”的信息化教学模式，重新修订教学日历，保证教学内容和教学进度的合理性。在线课程建设资源及部分学生学习数据分别如图 4 和图 5 所示。

图 4　在线课程建设资源

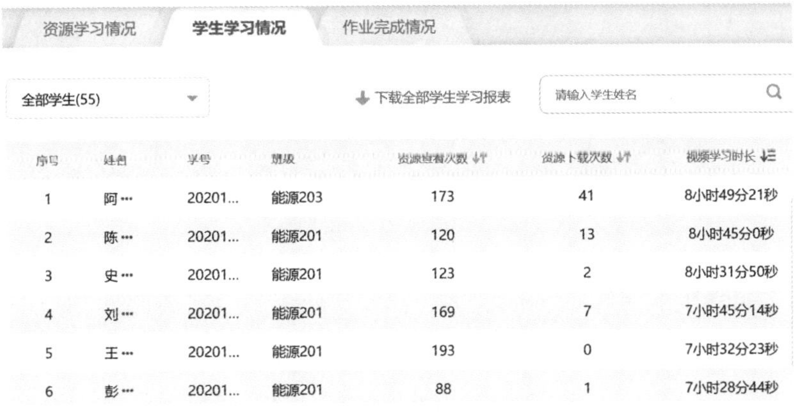

序号	姓名	学号	班级	资源查看次数	资源下载次数	视频学习时长
1	阿…	20201...	能源203	173	41	8小时49分21秒
2	陈…	20201...	能源201	120	13	8小时45分0秒
3	史…	20201...	能源201	123	2	8小时31分50秒
4	刘…	20201...	能源201	169	7	7小时45分14秒
5	王…	20201...	能源201	193	0	7小时32分23秒
6	彭…	20201...	能源201	88	1	7小时28分44秒

图 5　部分学生学习数据

根据教学内容特点，为实现以学生为中心的教学目标，采用讲授法、自主学习法、分组讨论法、现场演示法等相结合的教学方法。以学习小组为单位，教学过程设置了 2 次基于案例分析的翻转课堂，过程照片如图 6 所示。围绕布置的工作任务，明确了小组学习的任务与目的，形成了学生间协同共享机制和师生间协同共享机制。翻转课堂不仅提高了学生的学习兴趣，同时也强化了学生主动学习、文献阅读、相互沟通和团队协作能力。

图 6　小组学习及翻转课堂

为了对学生的课程学习情况进行科学评价，建立了阶段性测验和期末考试的试题库。试题库中的每一个题都通过精心设计和修订，力求对学生的应用能力进行科学评价。通过随堂测试、线上作业、课后作业完成情况等，了解学生的学习质量并完成定量评价，以便及时调整教学内容；设置开放性题目、自我评价和组内互评问卷，便于定性评价。以此完成全方位、多角度、定性与定量相结合的综合评价方法。从试卷分析结果看，学生成绩平均分有所提升，对知识点的掌握更加灵活和全面。学生对教学模式和方法的认可度较高，学生评教结果优秀，连续两学年均为 A+。

在研究了如何挖掘知识点所蕴含的课程思政元素后，需要对课程进行合理的教学设计，将思政元素无缝地融入专业知识的讲授中。本节将以相似原理和相似准数为例，说明融入课程思政的一个 BOPPPS 教学设计，以 C919 为载体将思政元素贯穿整节课程，总体思路如图 7 所示。

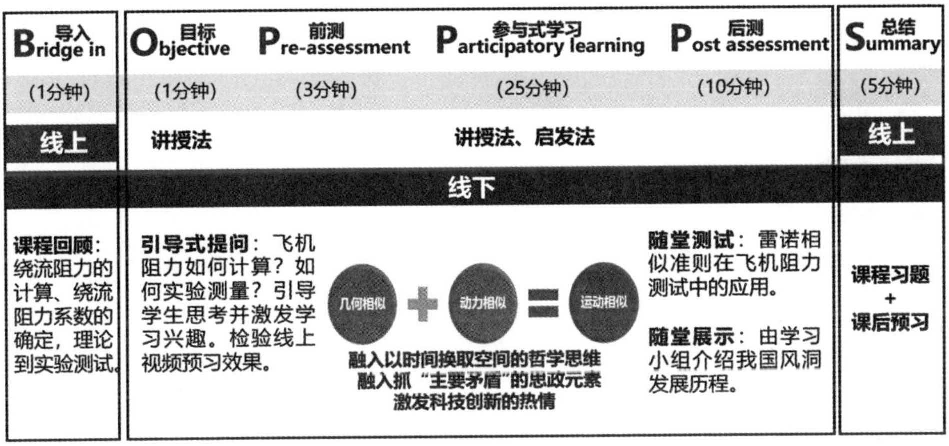

图 7　融入课程思政元素的 BOPPPS 总体思路

选自章节	第 3 章：量纲分析与相似原理 / 第 3 节：相似原理和相似准数
教学对象	能源与动力工程专业　本科二年级
课时	1 课时（45 分钟）
知识能力目标	（1）重述流动相似的三个条件； （2）理解完全相似和部分相似； （3）应用雷诺相似准则。
思政育人目标	（1）培养学生抓主要矛盾的科学辩证思维能力； （2）培养学生科技创新的使命感与责任担当。

（续表）

思政融入方法	首先，以我国自主研发的大型民用客机 C919 为例，引导学生思考如何进行飞行阻力测试，介绍保证流动相似的三个条件；其次，融合抓主要矛盾和以时间换取空间的哲学思维，推导雷诺相似准则，基于 C919 设计习题强化相似准则的应用；最后，拓展我国超音速风洞的发展进程，由“技术依赖”到“自主创新”，由“一穷二白”发展到目前亚洲最大的风洞群，激发学生科技创新的使命感和责任担当。	
学情分析	学生已学习了高等数学、大学物理，同时具备基本的力学知识；大学二年级学生求知欲强，思维活跃，能够很快接受并掌握知识点，但理论联系实际的能力仍有欠缺，需要教师的实际引导。	
教学分析	内容	流动相似原理和相似准则
	重点	相似准则的应用
	难点	明确流动相似的物理意义； 准确判断雷诺相似准则的适用场合。
教学思路	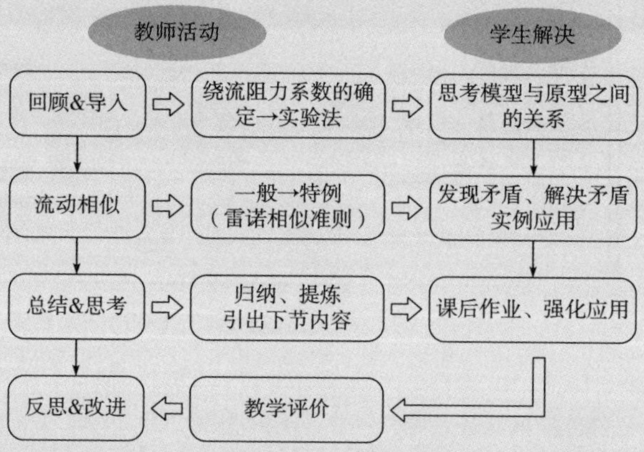	
教学方法	讲授法、启发法、讨论法、提问法、分组讨论法	
教学手段	PPT：展示重要概念、结论、图片等 板书：关键字的提出、归纳总结 课后拓展：提供论文资料，学生可自主延伸学习	

（续表）

蕴含思政元素的教学设计			
步骤	**教师活动 / 教学内容**	**学生活动**	**教学方法**
导入 Bridge-in	课程回顾：绕流阻力的计算、绕流阻力系数的确定，由理论到实验测试。	回答互动	提问法 （1分钟）
学习目标 Objectives	（1）重述流动相似的三个条件； （2）理解完全相似和部分相似； （3）应用雷诺相似准则。	倾听	讲授法 （1分钟）
前测 Pre-assessment	播放 C919 国产飞机视频，引导式提问：飞机阻力如何计算？如何实验测量？引导学生思考并激发其学习兴趣。检验线上视频预习效果。	观看视频、回答互动	提问法、启发法 （3分钟）
参与式学习 Participatory learning	（1）讲授基础知识，表征流动特性的边界、运动状态和受力状况，呈现保证流动相似的三个基本条件：几何、运动、动力相似。 长度比尺：$\frac{l_n}{l_m}=\frac{d_n}{d_m}=\lambda_l$　速度比尺：$\frac{u_n}{u_m}=\frac{\lambda_l}{\lambda_t}=\lambda_u$　动力比尺：$\frac{F_n}{F_m}=\lambda_F$ 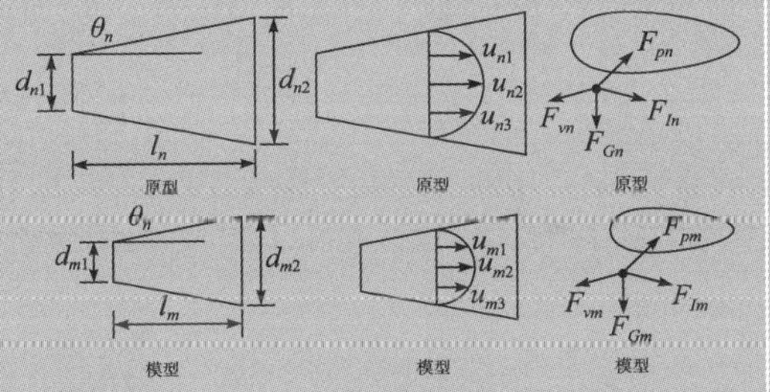 （2）明确三者之间的关系。  强调：几何相似是前提，动力相似是决定因素，运动相似是表现。 （3）探究相似原理，呈现两流动相似的判断准则，分析完全相似的矛盾，引出部分相似，融入以时间换取空间的哲学思维。 （4）由于阻力来自于空气绕流，对于淹没在流体中的固体表面受力，首先应该考虑黏性力相似；在此基础上，考虑压力相似准则。	倾听、思考、笔记	讲授法、启发法 （25分钟）

（续表）

步骤	教师活动 / 教学内容	学生活动	教学方法
	$Re=\frac{\rho ul}{\mu}$　$Re_n=Re_m=\sim\frac{[惯性力]}{[黏性力]}$　$\frac{\lambda_\rho\lambda_u\lambda_l}{\lambda_\mu}=1$ 强调：公式中的长度为特征长度，对圆形管路，即为其直径；非圆形管路，则为水力直径。		
后测 Post-assessment	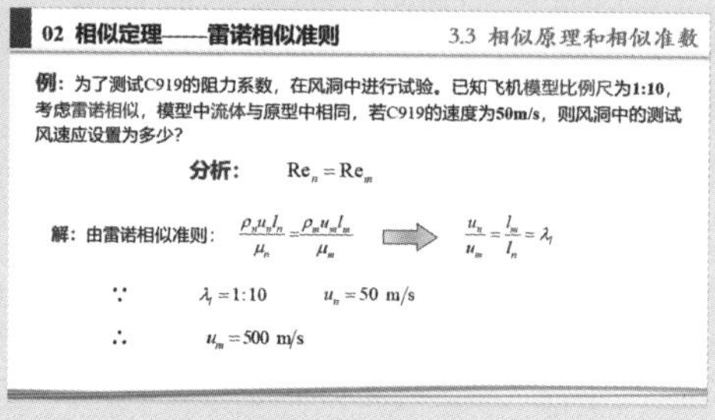 以“国产大飞机 C919”为例，讲解雷诺相似准则的物理意义，结合所设计的课堂练习，拓展雷诺相似准则在飞机阻力测试中的应用，融入抓“主要矛盾”思政元素。 拓展：我国风洞发展历程 由学习小组介绍风洞的关键参数以及我国超音速风洞的发展历程，融入主动学习，激发学生科技创新的使命感和责任担当。	应用练习、课堂展示	讲授法、启发法（10分钟）
总结 Summary	流动相似的三个条件； 相似原理——雷诺相似准则。	倾听、笔记	讲授法（2分钟）
思考	雷诺相似准则是否适用闸门泄流实验？ 引出下节内容：弗劳德相似准则	课后线上视频预习	启发法（3分钟）
板书设计	1. 流动相似 几何相似 λ_l （前提） 运动相似 λ_u （表现） 动力相似 λ_F （主导）	2. 相似准则 补充 PPT →推出矛盾 Re~ $u_nl_n=u_ml_m$ Fr~ $u_n^2/l_n=u_m^2/l_m$	

（续表）

步骤	教师活动 / 教学内容	学生活动	教学方法
参考资料	①张鸿雁，张志政，王元 . 流体力学［M］. 北京：科学出版社，2014. ② PRITCHARD P J，FOX R W，MCDONALD A T. Introduction to Fluid Mechanics［M］. 8th ed. John Wiley & Sons. 2011. ③王世明，宋秋兰，兰雅梅，等 . 工程流体力学习题解析［M］. 2 版 . 上海：上海交通大学出版社，2010. ④田永强，蔡晋生，张正科，等 . 结冰风洞实验中的相似理论 [J]. 北京航空航天大学学报，2020，46（2）：359-370.		

五、课程思政成效评价

围绕“谁来评”和“评什么”两个关键问题，打破时间维度和主体局限，构建了跨维度多元主体参与的流体力学课程思政成效评价体系，如图 8 所示。从最小单元课堂到整个专业，分别设置了即时、短期、中长期的跨时间维度评价观测点。同时，从学生、教师、同行三个主体对课程思政效果进行综合评估。

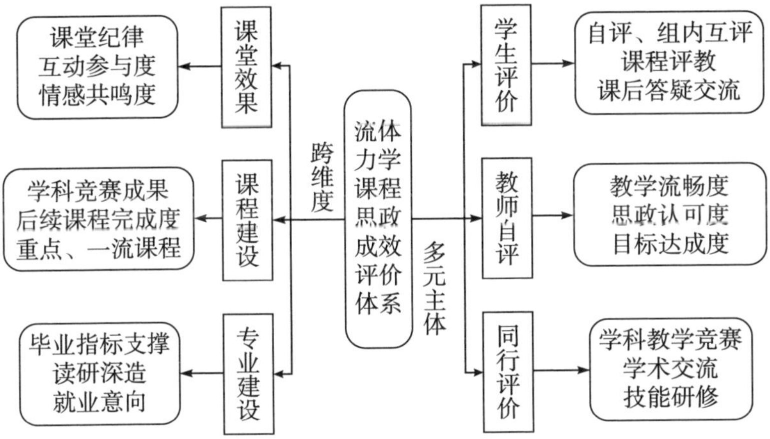

图 8　流体力学课程思政成效评价体系

考虑课程思政教学效果的呈现具有延迟性和滞后性，针对课程考核设定了具有可操作性的定量评价体系。采用学生自评、组内互评和教师评价的方式，共设置 12 个评价观测点。针对流体力学课程知识目标、能力目标和思政目标的完成度，进行全员、全方位、全过程评价。其中学生自评占 10%，组内互评占 10%，教师评价占 80%。所有过程和结果通过问卷星完成。

如表 1 所示，自我评价主要针对上课中的听课情况、知识接受度、注意力是否集中、是否与老师互动、是否遵守课堂纪律等方面进行定量评价。该评价的目的是发现课堂过程中存在的问题，寻找问题内因，侧面获取学生的思维动态。

表 1　自我评价的指标和达成度

姓名	评价内容	评价标准		
		优（90~100 分）	良（80~89 分）	中（60~79 分）
	听课认真度			
	知识接受度			
	课堂互动参与度			
	课堂纪律遵守度			
	总评			

如表 2 所示，组内互评主要针对学习小组成员的积极性、对课题作业的贡献度、实验操作过程中的配合度、团结精神、创新意识等进行评价，从团队协作、集体荣誉感、责任与担当等方面进行综合评价，辅助教师掌握课程思政教学效果。

表 2　组内互评的指标和达成度

组员姓名	评价内容	评价标准		
		优（90~100 分）	良（80~89 分）	中（60~79 分）
	团结协作精神			
	集体作业参与度			
	任务完成贡献度			
	责任与担当精神			
	总评			

如表 3 所示，教师评价是教学活动中最重要的一环。课程思政建设过程中，教师除了对学生知识技能的掌握情况进行评价，还要对学生前沿知识把握、课外竞赛参与等进行评价。

表 3　教师评价的指标和达成度

姓名	评价内容	评价标准		
		优（90~100 分）	良（80~89 分）	中（60~79 分）
	课堂表现			
	专业知识掌握度			
	学科前沿汇报			
	学科竞赛参与度			
	总评			

六、课程思政可供借鉴经验做法

（1）广度、深度与温度并存的课程思政建设模式。建立了基于整体性设计、教学模式和协同育人“三步走”的课程思政建设思路，从“定、挖、融、评、精”完成课程思政的整体性设计，进而提出了“一中心，三维度，五融入”的课程思政实施策略，构建了跨维度多元化的课程思政成效评价体系。

（2）以赛促教，充分发挥教师的主观能动作用。从挖掘思政元素到融合知识点，从顶层教学规划到具体组织实施，从课堂授课到言传身教，流体力学教学团队秉持教师是最好的思政“教材”，通过课程建设、教学改革、教学竞赛、科研项目等主动提升教学技能和教学水平。

（3）积极融合利用信息化教学手段。打破教学时间和空间的限制，有利于调动学生学习的兴趣，实现课程的高阶性、创新性和挑战度。在推进流体力学课程思政建设的过程中，完成了线上线下混合课的建设，有效实现了双促进。

（4）提升学生主体地位，唤醒内在驱动力和创新潜力。通过学习小组和翻转课堂，大大提升了学生的积极性，为懂前沿、重实践、多创新的高级应用型人才的培养提供了新范式和经验。

七、课程思政教学反思

流体力学是一门与自然现象、生产生活、国防工业等密切相关的科学，所蕴含的课程思政元素是极其丰富的，今后可以考虑通过开展校企合作课程建设，适当加入企业导师授课，进一步加强专业基础课与专业课之间的关联。此外，由于课程思政教学深层次的效果具有迟滞性，如何基于中长期反馈结果进行及时、有效的改进也是值得深入探索的问题。

航海导论课程思政教学设计

商船学院　白响恩

一、课程基本信息

◆课程名称：航海导论

◆专业名称：航运管理

◆学时学分：32 课时　2 学分

◆授课对象：非航海类本科生

◆课程类别：专业课

二、课程简介

上海海事大学是具有航运特色的高等学校，航运管理专业是国家级特色建设专业，也是学校培养交通运输管理人才的主干专业。本专业毕业生服务领域面向国际化市场，人才素养和专业技能要求应符合国际化标准。因此，航运人才培养既要重视专业技能训练，更应该注重国家使命感、民族荣誉感、工匠精神、爱国情怀、职业精神的养成，将“立德树人”作为本专业教育的根本任务，构建全员、全程、全方位的“三全育人”格局。航海导论课程是一门面向全校非航运类本科生开设的航运特色类通识示范课，既有受众资源，又有师资条件，能够突显上海海事大学在参与国家“一带一路”倡议进程中的积极作为，也是传播海洋文化和航海文明的重要举措。

三、课程思政教学设计思路

本课程以航海与强国为主线，以船舶和航海活动为对象，综述航海发展简史、航海对人类社会发展的意义与作用、现代航海的主体活动如何实现跨洋洲际航行；同时从航运企事业的行业特征和国际化特色的发展历程介绍海事管理与监督模式、途径与手段以及航运人才培养。课程思政教学设计思路为：

思路 1：以中央精神为纲领、海洋强国战略为方向，结合海上工作实际，引导学生树立正确的航海人文价值观和职业人生观。

思路 2：结合课程思政建设精神，在传授航海专业知识的同时，引导学生树立正确的职业理想，培养正确的职业修养和道德品质。

思路 3：以推进航运强国建设为使命，在增强学生职业自豪感的同时激发使命感，让学生在从事航运工作时主动践行社会主义核心价值观。

思路 4：以航运科技前沿研究成果方向为指引，让学生切实增强职业自信的同时，了解我国在航海领域中存在的短板，培养学生不断创新和科学发展的理念。

思政教学目标：传播航海文化、航海科学技术，普及航海文明，帮助学生全面和系统地认识航海活动在交通强国和海洋强国建设中的地位和作用，增强当代大学生共同建设海洋强国和航运强国的责任心和使命感，引导学生把爱国情、强国志、报国行自觉融入交通强国和海洋强国建设之中。

四、课程思政教学设计与实践

（一）课程思政教学法探索与实践

1. 校企合作模式下的课程思政

航海导论是学校的领航思政课程，也是校企合作课程，共 32 个课时，周学时 3 节课。在课程教学实践过程中，教学团队以及行业专家的共同商讨与研究，课程教学避免了以往思政课程的枯燥乏味式灌输，而是通过邀请一些行业专家（例如船长、引航员、航运企业高级管理人才）和优秀毕业校友，采用校企合作模式讲授与互动交流，不仅激发了学生的听课热情，还能够凸显榜样的力量。通过身边的榜样与学生近距离的交流，耳濡目染，学生就会有奋斗的目标，逐梦的方向，这也是课程思政的意义所在，润物细无声。

2. 混合式学习方法下的课程思政

在课堂教学方面，结合课程教材、PPT、小视频等教学方式，对航海相关理论知识进行讲解。课堂中结合相关航海视频资料和模拟航海工作中的各种日常以及突发情景抛出思考问题，通过集体讨论和交谈的方式带动学生主动参与，体现以学生为主体的课程思政，对学生进行启发式教学。在情景模拟过程中，设计一些角色扮演、心理剧情景再现等环节，从而在充满趣味性课堂教授的过程中自然而然地融入思政教育。活动进行中，让学生记录各自的心理过程以及心得体会，并与老师、同学进行交流。

3. 互联网 + 课程思政

与时俱进也是课程思政的趋势所在，充分利用新时代互联网的发展优势，让思政课程真实地走近学生。航运强国战略的实施，海洋的开发、利用、保护、管控，都离不开船员和海事管理人才，也为海事院校航海教育改革与创新提供了更为广阔的空间和舞台。航海导论课程的知识模块与目前中央宣传部发布的“学习强国”App 中有关航运强国的内容有许多交集，充分利用网络视频来服务课程是一种十分有效的途径。

同时，教学小组还结合课程内容制作航海系列微视频，丰富课堂教学形式，并结合课程思政相关建设精神，在给学生传授航海专业知识的同时，引导学生树立正确的职业理想，培养正确的职业修养和道德品质，提升职业荣辱感和归属感，发扬“不畏艰难、刻苦奋斗、报效祖国”的航海精神，将个人职业理想和社会共同理想结合起来，激励他们传承和弘扬郑和精神、繁荣航海文化、增强海洋国土观念和权益意识。

此外，积极寻求与学生在课后“互动”，通过建立课程教学互动微信群，及时解答同学们的困惑和教学难点，不断为学生引入航运企业的最新信息，实现互动式的“动态教学”。

（二）课程思政教学方案设计

航海导论课程思政教学内容与实施计划见表 1。

表 1　航海导论课程思政教学内容与实施计划

章节	授课内容	思政要点	思政元素	思政方法	授课形式	课外要求
第一章	航海与强国	通过切入我国的航海强国战略，鼓励学生努力学好专业技能，培养正确的	从郑和下西洋的航线说起，其时间之长、规模之大、范围之广都是空前的。它不仅在航海活动上达到了	海上营运中涉及的各个环节为主线，通过通俗易懂的语言、	理论阐述、案例情境模拟、启发式教学。	观看相关视频

（续表）

章节	授课内容	思政要点	思政元素	思政方法	授课形式	课外要求
		道德观念、伦理观念、法治观念，培养他们正确处理海员管理的方式，为管理好、培养好我国航运人才奠定基础。	当时世界航海事业的顶峰，而且对发展中国与亚洲各国家政治、经济和文化上友好关系，作出了巨大的贡献。通过案例讲述，让学生切实感受中国航海文化的魅力以及航海与强国之间的关系。	专业情境明显的图片和海上实践视频相结合。		
第二章	海事管理与监督	以中央精神为纲领、海洋强国战略为方向，结合海上工作实际，引导学生树立正确的航海人文价值观和职业人生观。	在2016年发布的《中国船员发展规划（2016—2020年）》中，提出了要建设一支满足国家战略需要和适应我国航运发展的船员队伍的要求。船员在建设海洋强国、推进“一带一路”，促进水上交通运输发展等方面发挥着重要作用，这对船员的综合素质提出了更高的要求。	将“团队共同目标高于个人目标”的观念植入学生心中，由“专业成才”到“精神成人”。	讲授、互动（提问与总结）嘉宾分享	观看相关视频
第三章	航线选择与设计	结合课程思政相关文件精神，在给学生传授航海专业知识的同时，引导学生树立正确的职业理想，培养	哥伦布的四次航行，为了目标不懈努力的航海精神。无论他是出于什么目的远航的，但是他勇于探索、不断学习的精神，值得我们学习。锻造着	通过为学生引入哥伦布“勇于探索、不轻言放弃、不迷信权威”的航海精神，增强学生职	演示、举例、设问去启发、总结	观看相关视频

（续表）

章节	授课内容	思政要点	思政元素	思政方法	授课形式	课外要求
		正确的职业修养和道德品质。	人类战胜自然的神话，开启了伟大的大航海时代，激励了一代又一代年轻人，从蛮荒时代迈向了工业文明。哥伦布坚强的意志和挑战惊涛骇浪的勇气，不迷信权威、有独立思考的精神是最宝贵的财富。在所有人认为找寻中国、印度应该朝东航行时，他选择了向西，开拓了人类认知的新疆域。追求不确定性，恰恰是不断克服认知局限，推动社会进步的伟大力量。	业自信的同时，引发学生对航海精神的认识和实践。		
第四章	船舶载货与管理	切实增强学生职业自豪感和使命感，让学生在从事航运工作时践行社会主义核心价值观作出共同的努力。	以海上货物装卸和船舶营运中涉及的各个环节为主线，通过通俗易懂的语言和我国无人自动化码头和智能制造新纪录相结合，将思政元素潜移默化地融入教学过程中。	关键的技术要靠自主研发，海洋经济发展前途无量。无人自动化码头、船舶装卸货智能化方向发展，以及我国在航运智能制造方面展现新姿态和新作为。	演示、举例、设问去启发、总结	观看相关视频

（续表）

章节	授课内容	思政要点	思政元素	思政方法	授课形式	课外要求
第五章	船舶定位与导航	弱国无外交，是我国在一次次血泪的经验中得到的教训。让学生理解想要赢得大国的地位，想要在世界范围内获得话语权，国家必须要强大，而国家强盛的根本在于科技，科技和创新是国家综合国力的重要保证。	从1993年7月23日的“银河”号事件说起，让学生了解我国自主研发导航系统的过程，经过二十多年的沉淀，中国才有了现在的成就。引发思考：中国面对一次次的挑衅，选择的是忍辱负重，奋发向上，才有了现在的科研成就。相信在不远的未来，就能实现大国向强国的飞跃。	介绍属于中国人自己的全球卫星导航系统——“北斗”系统。当前世界，一个国家是否强大，最终取决于科技。	以图片展示或解析重点	观看相关视频
第六章	船舶操纵与避碰	结合课程思政相关建设精神，在给学生传授航海专业知识的同时，引导学生树立正确的职业理想，培养正确的职业修养和道德品质。	2017年3月5日，习近平总书记在参加上海代表团审议时强调，城市管理应该像绣花一样精细。用习近平总书记语录鼓励同学们在工作岗位上需要有精细化管理的敬业精神，管理指导公司船员提升敬业精神，在船舶值班期间的任何时候都应使用视觉、听觉以及适合当时环境和情况的一切可用手段保持正规的瞭望。	将习近平总书记的经典语录与课程思政相结合，将习近平新时代中国特色社会主义思想的种子播撒在学生心田，不是仅仅告诉他们如何懂得，而是要以他们能够懂的、能接受的话语体系、教育教学方法，让他们愿意	使用范例、图片、案例解析重点，图文并茂	观看相关视频《闪亮的名字》

（续表）

章节	授课内容	思政要点	思政元素	思政方法	授课形式	课外要求
				去探索习近平新时代中国特色社会主义思想，并且在探索之后愿意把它作为自己以后信仰的方向。		
第七章	船舶通信与协调	团结协作职业素养。	习近平总书记在山东考察时强调“建设海洋强国，必须进一步关心海洋、认识海洋、经略海洋，加快海洋科技创新步伐”，深刻表达了建设海洋强国的信心和决心。可以给学生介绍我国现阶段船舶领域的科技发展情况和未来发展趋势。		案例、提问与总结	观看相关视频
第八章	海上应急与控制	通过“桑吉”四勇士的故事，彰显先锋本色，向学生还原“桑吉”轮救援行动中的惊险与感动，再现中国海上交通的救援力量以及中国	通过结合“桑吉”轮与中国香港籍散货船“长峰水晶”轮发生碰撞的案例，阐述船舶在航行期间发生碰撞事故后，四个身着橙色工作服的伟岸身影逆行而上。他们是被称为“四勇士”的	在烈火毒烟中奋然逆行，《闪亮的名字》致敬“桑吉”轮事故背后的救援英雄。	演示、举例、总结	观看相关视频

（续表）

章节	授课内容	思政要点	思政元素	思政方法	授课形式	课外要求
		人道主义救援的大国担当。	救援英雄，是参与“桑吉”轮救援行动的海上救援力量之一。他们冒死登轮搜救，确认无生还人员后，带回船舶“黑匣子”和发现的两具遇难船员遗体。			
第九章	未来航海的发展与展望	以航运最新科技前沿研究成果方向为指引，让学生切实增强职业自信的同时，了解我国在高端船舶制造方面存在的短板，让学生在工作中践行社会主义核心价值观作出共同的努力。	以邮轮的发展为例，邮轮是船舶工业的“明珠”，关键的造船技术要靠我们自主来研发，海洋经济的发展前途无量。	以邮轮安全管理中涉及的各个环节为主线，通过通俗易懂的语言、专业情境明显的图片和我国邮轮制造新闻事件相结合，将思政元素潜移默化地融入教学过程中。	实例与图解联合、设问去启发、总结	观看相关视频

（三）案例佐证

章节节选——海员的贡献及职业特点见表 2。

表 2　章节节选——海员的贡献及职业特点

授课对象	交通管理、工商管理、物流管理等专业大一、大二本科生
课时	1 学时（45 分钟）
课程章节	第一章 航海与强国

（续表）

教学背景	学生知识背景 本课程为交通管理、工商管理、物流管理等专业大一、大二本科生的一门选修课，学生已开始了高等数学、大学物理等基础课程的学习，在中学阶段也学习了基本的力学知识。
	学生特点分析 本次授课对象为交通管理、工商管理、物流管理等专业大一、大二本科生，他们思维活跃，自学能力强，有很强的求知欲，能够很快理解并掌握知识点，但理论联系实际的能力仍有欠缺，需要教师结合航海实践进行专业引导。
教学目标	知识学习 （1）了解海员的贡献及其职业特征； （2）能够分析海员的管理难点； （3）能够简述海员管理的措施。 
	能力培养 通过自身航海实践案例，阐述海员的职业特点以及管理难点，引导学生自主学习、思考并提高解决海员管理问题的能力。
	素养培养 在整节课中贯穿航海人文思政教育，培养学生的航海人文素养和正确的人生价值观。
教学思想	发挥学生主体作用，注重启发学生基于海员职业特征的航运管理能力的培养。

（续表）

教学分析	内容	海员的贡献、海员职业特点、海员管理难点与管理措施。
	重点	立足于海员职业特点，运用现代人力资源管理理论加强海员的管理。
	难点	人力资源管理不同环节与职业特点之间的关系。 教学对策：结合案例针对人力资源管理全过程不同环节，结合海员职业特点进行管理措施讲解，辅以图片及动画，引导学生记忆。
	研究现状和趋势	介绍海员管理最新的研究方法和进展。
课程思政	思政教学切入点	党的十九大报告提出了建设海洋强国的战略目标，拥有一支数量众多、质量较高、配备齐全的海员队伍，是我国发展海运事业、建设海洋强国的基础之一。海员更是成为我国发展海运事业、加强建设海洋强国的主力军。海员是国际经济社会不可或缺的一份子，当前国际贸易的货物运输中，有 80% 是依靠海运来完成的，离开了海员，世界上有一半的人会挨饿，另一半的人会受冻。
	思政教学方法	以海上营运中涉及的各个环节为主线，通过通俗易懂的语言、专业情境明显的图片和海上实践视频相结合。
	思政教学目的	以中央精神为纲领，海洋强国战略为方向，结合海上工作实际，引导学生树立正确的航海人文价值观和职业人生观。
教学方法		讲授式、提问式、启发式
策略		产生式教学策略
教具使用		船模一个
教学手段		（1）幻灯片：最主要的教学手段，展示重要概念、结论、图片等。 （2）板书：关键字的提出、归纳、总结。 （3）讨论式学习：根据教学设计设置多个情景式问题，训练学生的逻辑思维。 （4）课后拓展：提供文献资料，学生可根据个人兴趣自主延伸学习。

（续表）

蕴含思政元素的教学设计			
步骤	教学内容	教学方法	时间安排
回顾	我国海洋强国战略对海员发展需求以及海员在国际海运贸易中所起的重要地位。	讲授式	3 分钟
引入	以海员流失严重的新闻事件入手，提出思考，引起学生对海员职业特点的兴趣。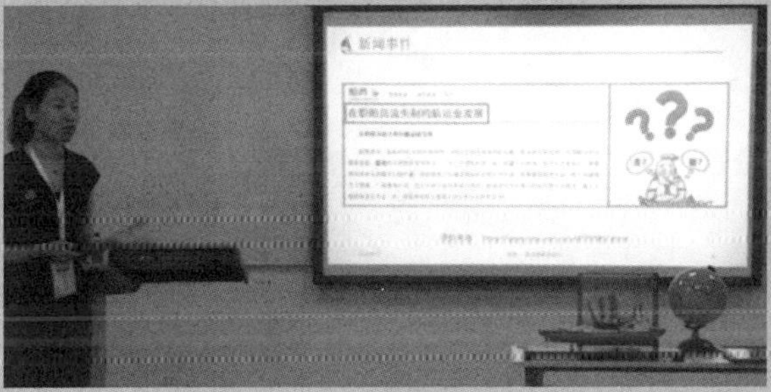	提问式、启发式	5 分钟
操练	介绍海员职业中风险性、艰苦性和封闭性的职业特点及具体表现，探讨海员管理中存在的难点。	启发式、讨论式	15 分钟

（续表）

<table>
<tr><th>步骤</th><th>教学内容</th><th>教学方法</th><th>时间安排</th></tr>
<tr><td>深化</td><td>根据海员职业特点和海员管理难背后的成因，提出针对性的“以人为本”的海员管理措施。

</td><td>讨论式</td><td>15 分钟</td></tr>
<tr><td>总结</td><td>（1）海员的职业特点：风险性、艰苦性、封闭性、严格性。
（2）海员的管理难点：海员招聘难、队伍稳定难、培训提升难、证书管理难。
（3）加强海员管理的措施：选人、育人、用人、留人。</td><td>口述式</td><td>4 分钟</td></tr>
<tr><td>思考</td><td>航运企业如何来挽留已提出辞职的关键海员？

</td><td>口述式、启发式</td><td>3 分钟</td></tr>
<tr><td>思政要点</td><td colspan="3">通过切入我国的航运强国战略，鼓励学生努力学好专业技能，培养正确的道德观念、伦理观念、法治观念，培养他们正确处理海员管理的方式，为管理好、培养好我国航运人才奠定基础。</td></tr>
</table>

（续表）

步骤	教学内容	教学方法	时间安排
板书设计	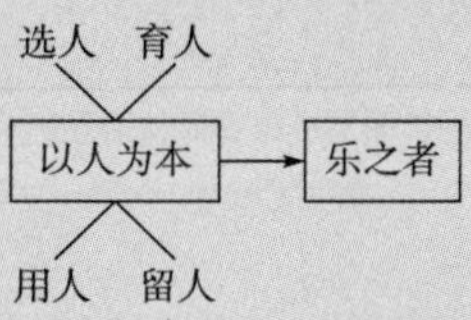		
教学评价	（1）教学督导现场评价； （2）思考题讨论评价。		
关键词	注册海员、航海环境、海员职业特点、海员队伍稳定		
学术前沿	①程晶晶 . 海事部门船员管理问题探究 [J]. 公共管理， 2020，12（1）：84–85. ② YUEN K F. The effect of emotional appeal on seafarers' safety behaviour：An extended health belief model[J]. Journal of Transport & Health，2020，16（3）：1–14.		
参考书目	①交通运输部海事局 . 中国海员史（古、近代部分）[M]. 北京：人民交通出版社，2019. ②查尔斯・弗雷德里克・威廉・弗利，伊婉・玛格丽特・弗利 . 海之龙：利物浦和她的中国海员（中英对照）[M]. 刘迎春，赵志垒，译 . 北京：中国民主法制出版社，2019. ③马海刚，彭剑锋，西楠 . HR+ 三支柱：人力资源管理转型升级与实践创新 [M]. 北京：中国人民大学出版社，2017.		
参考文献	① POULIS K. Value migration：digitalization of shipping as a mechanism of industry dethronement[J]. Journal of Shipping and Trade，2020，5（1）：1655–1675. ②DIONGUE K，SAMB D，SECK MC，et al. Use of MALDI–TOF MS for fungal species distribution of interdigital intertrigo in seafarers，Dakar，Senegal[J]. International Journal for Educational and Vocational Guidance，2020，16（5）：213–232. ③ INTERNATIONAL CHAMBER OF SHIPPING. 2019 Annual Review[R]. London：2019. ④ NUMMINEN O，LEINO–KILPI H，ISOAHO H，et al. Newly graduated nurses' occupational commitment and its associations with professional competence and work–related factors [J] . Journal of Clinical Nursing，2015，25（1/2）：117–126.		

（续表）

步骤	教学内容	教学方法	时间安排
	⑤贾晓惠，郑满，赵小淮．中国高级船员不同职业阶段的职业忠诚度 [J]. 上海海事大学学报，2018，39（3）：57–63. ⑥胡秋艳，韦文杰．我国船员职业素养现状以及培养策略研究 [J]. 中国水运，2018（8）：14–15.		

五、课程思政成效评价

课程考核评价的方法主要以学生参与和教学过程为主体，实现多维度的综合评价与考核。通过“课堂出勤与互动、作业与教学项目参与度、小论文、卷面测试等”建立分类分级考核方法，完善综合评价与考核标准，合理实现教学目标。课程考核方式为考查，期末考核采用试卷形式，试卷采用组长负责制，由组长指定组员轮流命题（A、B 卷），由教务处随机抽选试卷安排统一考试，除特殊情况下个别班级实行单独考试外，一律实行柔性“教考分离”。平时与期末成绩向过程考核倾斜，按照相关教学考核规定逐步调整这一比例，有计划地向“6∶4”过渡，平时成绩由任课教师基于出勤、课堂互动和作业以及课程思政考核等强化评定。课程考核分配见表 3。

表 3　课程考核分配

考核项	考核与评价方式及成绩比例 / %				成绩比例 /%
	过程考核			期末考核	
	出勤	课堂互动和作业	课程思政考核		
航海与强国	2	2	5	3	12
海事管理与监督	2	3	2	5	12
航线选择与设计	2	3	2	5	12
船舶载货与管理	2	3	2	5	12
船舶定位与导航	2	3	2	5	12
船舶操纵与避碰	2	3	2	5	12
船舶通信与协调	1	3	2	5	11

（续表）

考核项	考核与评价方式及成绩比例 / %				成绩比例 /%
	过程考核			期末考核	
	出勤	课堂互动和作业	课程思政考核		
海上应急与控制	1	3	2	4	10
未来航海的发展与展望	1	2	1	3	7
合计	15	25	20	40	100
期末考核形式	☐ 闭卷笔试 ☑ 开卷 / 半开卷 ☐ 小论文 ☐ 报告 ☐ 口试 ☐ 作品 ☐ 口笔试兼用 ☐ 上机 ☐ 技能操作 ☐ 其他（请注明）				

六、课程思政可供借鉴经验做法

1. 多元化混合课程授课模式

基于课堂教学的特点，采用航海模拟器实操、实船观摩、视频公开课等教学法培养学生的创新能力。

2. 紧密关联教学目标与手段的趣味教学法

根据课程内容，结合课程思政相关文件精神制作航海系列微视频，丰富课堂教学形式，引导学生树立正确的职业理想。

3. 教学团队符合“双证管理”要求

课程教学需要基于海上航海情景培养学生知识运用能力，教学中设备使用较多，教师需有相应的海上经历，具备一定实践技能，核心成员均持有船长或大副等适认证书，能够更好地通过一些真实的海上故事进行案例化课程思政教学。

4. 教学资源库建设呈现多元化共享优势

课程课件有统一课程思政编制方案、课程思政案例集，并及时根据时事热点持续更新。教学图片丰富并共享，已建成网上教学资源，实践性较强部分配置了海上实操视频、动画演示小程序再现操作流程，教学团队老中青分组搭配，实行组长负责制。

5. 以学生和教学过程为主体，实现多维度的综合评价与考核

教学团队集中筛选出重点与难点问题，结合海上案例由教授组织探讨和

示范教学。通过“课堂出勤与互动、作业与教学项目参与度、小论文、卷面测试等”建立分类考核方法，完善综合评价与考核标准，合理实现教学目标。

七、课程思政教学反思

（1）突出价值塑造、能力培养和知识传授“三位一体”的教学目标。

（2）养成“思政融入课程”备课习惯，贯穿教学全过程。有意识地融入思政案例，能够更好地实现“润物细无声”的效果。

（3）“课程思政”教学内容将文化传承与时下热点同频共振。

（4）融入方式要恰当，深度挖掘教材中思政元素，最后形成课程思政案例汇编。

（5）应进一步研究如何在教学评价中体现课程思政的目标。

冷藏运输技术课程思政教学设计

商船学院　张　远

一、课程基本信息

◆课程名称：冷藏运输技术

◆专业名称：能源与动力工程

◆学时学分：32 学时　2 学分

◆授课对象：大三本科生

◆课程类别：专业课

二、课程简介

上海海事大学能源与动力工程专业人才培养目标是以工程热物理学科和能源应用为核心，培养具备扎实专业基础、较强实践能力和创新意识、良好团队合作精神、宽广国际视野的具有海事特色的能源与动力工程优秀人才。

冷藏运输技术课程以制冷技术与物流技术为基础，全面系统地介绍食品冷藏链及冷藏运输制冷技术与设备；让同学们掌握冷藏运输制冷技术的相关基础、冷藏运输中的制冷装置与系统、常见冷藏运输方式（铁路、公路、船舶等）、冷藏集装箱制冷技术与设备等，帮助同学们形成冷藏运输设备研制与开发、应用和运行等方面的知识体系。以此为基础，使学生认识到自己在我国冷藏运输技术发展方面的责任感、使命感和危机感，培养其担当精神。

三、课程思政教学设计思路

本课程旨在让同学们掌握冷藏运输制冷技术的相关基础、冷藏运输中的制冷装置与系统等，并围绕课程内容，将思政元素集中在责任与使命、可持续发展理念、安全意识与创新意识等方面。

（1）认识到为推进我国冷藏运输技术的发展所肩负的责任与使命。我国已具备大力发展冷藏运输技术的基础和实力，而现实需求也要求我们加快对冷藏运输技术的推广和应用。因此，通过对我国相关政策、现实需求的介绍，让同学们认识到掌握相关技术，推进我国冷藏运输技术的发展，是大家的责任与使命。

（2）认识到冷藏运输技术可能存在的环境污染问题，提升环境保护意识与可持续发展理念。部分冷藏运输技术涉及制冷剂的使用，会对环境造成破坏（如臭氧层空洞、温室效应等）。这要求同学们在利用、开发冷藏运输技术的过程中，始终秉持“绿水青山就是金山银山”的理念，做到可持续发展。

（3）面对大众对冷藏运输技术的质疑，能够明辨是非，提升安全意识与创新意识。在新冠病毒感染疫情背景下，冷藏运输技术的发展存在争议（如怀疑冷藏运输会造成病毒传播）。作为专业技术人才，不能人云亦云，应该对技术风险作出准确判断，并不断通过技术创新降低风险，提高大众对冷藏运输技术的认可。

四、课程思政教学设计与实践

（一）整体介绍

秉承“学生中心、产出导向、持续改进”的理念，课程以启发式教学、互动式教学为核心方法，结合每章节的知识点，尽可能多地结合典型案例探讨，完成课程思政内容的设计和布局。

教学内容	章节要点	教学要求	教学设计与思政元素	教学方法
第一章：绪论	（1）冷藏运输技术的基本概念；	（1）掌握冷藏运输技术的基本概念，理解主要内容；	（1）结合贝克船长的故事，让大家了解冷藏运输技术的起源。	案例教学

（续表）

教学内容	章节要点	教学要求	教学设计与思政元素	教学方法
	（2）冷藏运输技术的主要设备、关键因素及发展趋势。	（2）了解冷藏运输技术的发展情况及未来的发展趋势。	（2）引入冷鲜肉运输案例，让大家明确冷藏运输的核心概念，并在此过程中，理解冷藏运输与食品安全之间的重要性，明确自己肩负的责任与使命。	
第二章：制冷原理及基本方法	（1）冷藏运输技术涉及的制冷方面的基本原理与概念； （2）冷藏运输技术涉及的核心设备。	（1）掌握冷藏运输技术的基本原理、基本概念； （2）理解核心设备的工作原理与应用情况。	（1）通过对冷藏运输中不同制冷方式的介绍，让大家了解制冷方法的多样性，以及针对不同场景，开发不同制冷方法的必要性。 （2）通过对制冷核心设备的介绍，让大家了解国内外学者在制冷设备方面所做的设备改进与技术创新，明确创新的重要性。 （3）在对制冷剂的介绍中，通过引入南极上空臭氧层空洞、智利彭塔阿雷纳斯市的故事等案例，让大家了解制冷剂的两面性，认识到环境保护与可持续发展的重要性。 （4）课后时间，让同学们进一步调研北京冬奥会制冷的相关内容，并对北京冬奥会制冷采用的创新技术给出分析和评价。通过该案例，增强同学们对国家在制冷领域实力的认可，增强民族自豪感。	案例教学、小组讨论
第三章：公路冷藏运输技术	（1）公路冷链运输方式的具体介绍；	（1）掌握公路冷链运输方式和主要特征；	（1）让大家掌握公路冷链运输方式的基本概念，了解国内外公路冷链运输方式的发展情况，让大家对公路冷链运输方式形成最基本的认识。 （2）结合疫情期间冷链企业的“逆行记”、我国近些年公路冷链运输方式的数据变化（如冷藏运输车生产量、保有量等）、我国某大型乳制品企业集团在酸奶运输过程中所做的技术更新等案例，体会我国在公路冷链运输方面的巨	案例教学、小组讨论

（续表）

教学内容	章节要点	教学要求	教学设计与思政元素	教学方法
	（2）公路冷链运输方式涉及的主要装备和发展情况。	（2）掌握公路冷链运输方式的主要装备。	大发展，在增强大家民族自豪感的同时，认识到技术储备的重要性，增强自己的责任感和使命感。 （3）安排开放式问题，和同学们一起讨论冷藏运输汽车的发展趋势。通过这种讨论，加深大家对技术创新的理解。	
第四章：铁路冷藏运输技术	（1）铁路冷链运输方式的具体介绍； （2）铁路冷链运输方式涉及的主要装备和发展情况。	（1）掌握铁路冷链运输方式和主要特征； （2）掌握铁路冷链运输方式的主要装备。	（1）让大家掌握铁路冷链运输方式的基础知识，对铁路冷链运输方式的基本概念有全面的了解。 （2）结合我国“一带一路”建设的实施、中欧班列的开通与运营现状、“湾区号”中老泰国际冷链专列等典型案例，通过个人或团队交流与讨论，分析我国在铁路冷链运输方面取得的重要成就，增强大家的自信心与民族自豪感。	案例教学、小组讨论
第五章：船舶冷藏运输技术	（1）船舶冷链运输方式的具体介绍； （2）船舶冷链运输方式涉及的主要装备和发展情况。	（1）掌握船舶冷链运输方式和主要特征； （2）掌握船舶冷链运输方式的主要装备。	（1）让大家掌握船舶冷链运输的基本方法，对船舶冷链运输技术形成概念。 （2）针对我国新能源船舶的发展情况、船舶运输货物检测出新冠病毒的案例等，以小组的形式展开讨论，探讨我国在船舶与船舶冷链运输方面取得的突出成果，提升同学们的海洋强国意识与家国情怀，增强大家科技创新的使命感。 （3）课后时间，鼓励同学们调研与船舶制冷相关的科技创新项目，并在随后的课程上进行分享和讨论，以感受我国科研工作者们为船舶冷链运输的发展进步所作出的突出贡献，引导大家的创新意识。	案例教学、小组讨论

（续表）

教学内容	章节要点	教学要求	教学设计与思政元素	教学方法
第六章：冷藏集装箱	（1）冷藏集装箱的具体介绍； （2）冷藏集装箱的发展情况。	（1）掌握冷藏集装箱的主要特征； （2）了解冷藏集装箱的发展情况。	（1）结合国家标准，对常见的冷藏集装箱的内容进行介绍，包括冷藏集装箱的类型、功能和应用场景等，让大家了解冷藏集装箱的分类和用途。 （2）对集装箱的历史和发展进行介绍。进一步选取典型案例，比如我国典型港口（如上海港）在世界范围内港口集装箱吞吐量排名、我国港口的无人自动化创新、我国集装箱的自主制造与研发等，让大家感受到我国在该领域突飞猛进的发展，激发大家的民族自豪感和自信心，并认识到创新的重要性。	
第七章：冷链运输的节能管理	（1）冷链运输的节能管理概念介绍； （2）冷链运输节能管理的计算。	掌握冷链运输节能管理的计算方法。	在对常规节能方法进行阐述的基础上，结合具体的案例对冷链运输中的能源消耗进行计算，利用数据让同学们对冷链运输中的能耗有更直观的认识。	案例教学
第八章：液化天然气运输与储备	（1）液化天然气基本概念及储运设备、方法等； （2）液化天然气再液化原理及设备情况。	（1）掌握液化天然气相关的基本概念，掌握天然气液化的主要方法； （2）掌握液化天然气利用的主要方法。	（1）介绍液化天然气的概念和特点，概述天然气液化的原理、运输等方面的核心内容，并展示液化天然气运输中可能存在的风险与处理方法。 （2）列举我国液化天然气船舶的发展情况、上海港 LNG 泄漏演习等案例，以小组形式进行讨论，分析目前我国在液化天然气船舶领域存在的不足之处，培养同学们的安全意识、规范意识和风险意识。	案例教学、小组讨论

（二）教学实施

知识点举例 1：冷链物流的基本概念

一、教学背景及授课对象分析

教学背景：在冷藏运输技术课程中，冷藏运输（即冷链物流）的基本概念是后续所有内容的基础。在对冷藏运输技术的起源有基本了解后，需要进一步对冷藏运输的具体概念进行定义。这也是本知识点要解决的核心问题。

授课对象分析：在该阶段，同学们刚开始接触冷藏运输技术这门课程，对冷藏运输的相关概念尚未有所接触，因此可以结合具体的案例，让大家对冷藏运输的相关定义和特点等有更深刻的理解。

二、教学目标与思政要点

教学目标：结合“冷鲜肉运输”的典型案例，让同学们理解冷藏运输（冷链物流）的相关概念，以及冷藏运输涉及的核心技术要点。

思政要点：通过对“冷鲜肉运输”案例的反思，理解冷藏运输对实现食品安全的重要作用，明确自己在生鲜食品安全中肩负的责任与使命。

三、教学内容及重点、难点分析

教学内容：冷藏运输（冷链物流）的定义与特征。

重点：冷藏运输（冷链物流）所涉及的核心点。

难点：结合定义与特征，对某种运输方式是否属于冷藏运输进行判断。

四、教学方法

举例法：以“冷鲜肉运输”的案例引出本知识点。

讨论法：让同学们对案例进行讨论，各抒己见。

讲授法：由老师最后整理本知识点的主要内容。

五、教学总结

本知识点通过“冷鲜肉运输”案例引入，让大家思考什么是冷链，案例中是不是冷链，冷链应该包含什么；在大家的讨论过程中，对冷链包含的要素形成基本共识。随后，对冷链相关的基本概念进行介绍，包括定义、特征等。以此为基础，结合冷链的定义、特征等，进一步鼓励大家反思“冷鲜肉运输”案例中冷链运输的重要性，以及未采用冷链运输可能带来的恶劣后果。通过交流与讨论，让同学们认识到冷链的重要性，以及大家在确保生鲜食品安全中所肩负的责任与使命。

相关 PPT：

案例思考

最近，做冷鲜肉经营生意的某集团加盟商王女士向记者反映，为她的加盟店配送冷鲜肉的货车没有制冷设备。

而记者从该集团的网站上和其在央视发布的广告上了解到，其冷鲜肉的宣传为：始终保持在0~7 ℃条件下的鲜肉，冷链生产、冷链配送、冷链销售全程冷链。

宣传广告和事实果真差距这么大吗？记者调查发现，为王女士配送冷鲜肉的车内四壁光滑，并没有看到空调出风口，车厢内也没有凉意。

问题来了：这是冷链吗？

第一节 冷链物流的基本概念

一、冷链物流的定义

1.冷链物流

- 冷链物流对象是指需要保持一定低温环境下的物品，如农产品、禽肉类、水产品、花卉、加工食品、冷冻或速冻食品、冰激凌和蛋奶制品、快餐原料、酒品饮料等，以及特殊的商品。
- 冷链物流是指在生产、仓储或运输和销售过程中，一直到消费前的各个环节中始终处于产品规定的最佳低温环境下，保证食品质量，减少食品损耗的一项特殊的物流活动。
- 冷链物流系统是以冷冻工艺学为基础，制冷技术为手段的低温物流系统，涵盖冷藏、冷链运输、冷链配送与冷藏销售等环节。

第一节 冷链物流的基本概念

3.冷链的共同特征

01 时效性

02 复杂性

03 连续性

04 高成本性

知识点举例 2：冷藏运输汽车的概念、分类与未来发展

<table>
<tr><td>一、教学背景及授课对象分析
教学背景：在冷藏运输技术中，冷藏运输汽车是一种重要的冷藏运输方法，其本身有很多具体的细节需要展开讨论，包括概念、分类、功能、使用场景等。本节主要对冷藏运输汽车的概念、分类以及未来发展进行讨论。
授课对象分析：在该阶段，同学们已经对冷藏运输技术这门课程有比较多的了解，但在具体技术方面，还尚未有接触。本知识点让大家对冷藏运输汽车的相关情况有更多的了解。</td></tr>
<tr><td>二、教学目标与思政要点
教学目标：掌握冷藏运输汽车的概念、功能、分类与未来发展情况。
思政要点：结合新冠病毒感染疫情案例，感受我国冷链相关企业的社会责任感，增强民族自豪感；通过对冷链运输汽车未来发展趋势的讨论，明确创新的重要性。</td></tr>
<tr><td>三、教学内容及重点、难点分析
教学内容：冷藏运输汽车的定义与分类。
重点：冷藏运输汽车的分类。
难点：对不同类型冷藏运输汽车的功能与适用场景进行分辨。</td></tr>
<tr><td>四、教学方法
举例法：通过新冠病毒感染疫情中冷链物流企业的“逆行记”，讨论冷藏运输汽车的重要作用。
讨论法：让同学们对案例进行讨论，发表自己的观点和看法。
讲授法：由老师介绍与冷藏运输汽车分类相关的一些基础知识。</td></tr>
<tr><td>五、教学总结
本知识点通过新冠病毒感染疫情中冷链物流企业的“逆行记”案例引入，让大家思考冷藏运输汽车在疫情中的重要作用；结合讨论结果，对冷藏运输汽车的基本功能有所认识。随后，教师对冷藏运输汽车的基本概念、分类等进行介绍，并展开讨论各种不同类型的冷藏运输汽车；最后，鼓励大家对冷藏运输汽车未来的发展方向进行交流，给出自己的见解。教师也会介绍一些近期我国企业研发出来的新型冷藏运输汽车（如氢能源冷藏运输汽车等）。通过交流与讨论，让同学们认识到冷藏运输汽车在现代生活中的作用，感受我国冷链相关企业的社会责任感，增强民族自豪感，并对技术创新有更多的认识。</td></tr>
</table>

相关 PPT：

2020冷链企业抗击疫情
2020年1月23日，为应对新型冠状病毒的肆虐，越来越多的物流供应链企业加入“抗疫”队伍，千万冷链人也成为“抗疫”路上的最美“逆行者”。
2020

第二节 冷链运输主要装备
敲重点
按照制冷方式分，冷藏汽车的主要类型：
（1）机械冷藏汽车
（2）冷冻板式冷藏汽车
（3）液氮/干冰制冷式冷藏汽车

第二节 冷链运输主要装备
思考：冷藏汽车的未来发展？
（1）多功能、多用途
（2）智能化、自控化
（3）节能、减排、低碳

五、课程思政成效评价

对于课程思政效果的评价，主要从量化角度考虑，教师评价和同学评价均占一定比例（如各占50%）。

在教师评价方面，对课上小组讨论、同学们的案例分享进行量化打分，同时在测试、考试阶段，增加含思政元素的开放性题目的比例，以更加真实、典型的案例为对象，让同学们结合课程所学内容作出自己的回答，以此了解学生对知识点的掌握情况和思政方面的学习效果。

在同学评价方面，鼓励大家提出自己所了解的与知识点相关的案例和事件，在课堂上进行分享；同时，结合评教、投票的方式，让同学们对本课程中的典型知识点与案例进行投票，选出印象较深的案例，并对相关案例给出量化打分评价。

此外，应将同学们参与到与本课程相关的科技创新竞赛、课余公益活动等方面的表现纳入评价范围。

六、课程思政可供借鉴经验做法

在课程整体设计思路上，主要有以下的经验总结：

（1）基于学校学科特色，设计教学思政要点。学校学科特色是课程思政改革的依托，应根据自身情况合理选取思政要点与典型案例。如本课程考虑物流特色，并结合制冷基本原理，选取与两者之间相关的典型事件或案例，完成具有专业特色和思政融合的教学内容设计。

（2）教学方法与补充材料的改变。在教学方法方面，增加交流和互动的时间比例，鼓励同学们针对典型案例进行探讨，发表自己的看法；除了采用指定教材之外，补充一些必要的拓展性资料，如科技领域的前沿资料、重要的案例资料、视频资料等。这不仅可以让课程内容更丰富，同时增强趣味性。

（3）考虑采用多样化的产出评价。思政教育的最终产出不仅仅体现在试卷或者书面的评价，还可以考虑更多方面，比如讨论交流、实习实践、学科竞赛等。鼓励同学们多思考自己了解与课程知识点相关的案例，给出自己的观点，多接触和了解一些工程应用并进行总结，多思考特定背景下的技术创新并提出自己的想法。以上都是评价中值得考虑的内容。

七、课程思政教学反思

（1）本课程技术层面的内容较多，教材本身提供的思政案例较少，这给开展课程的思政设计带来了一些困难。对此，基于文献调研、同行交流，从而获得更多的相关思政案例。

（2）冷藏运输相关案例内容偏重故事讲述，缺乏思政元素提炼。对此，对案例进行深入挖掘，结合案例特色考虑思政元素。

（3）课程思政效果评价方式可以优化。对此，一方面增加了多种不同的评价方式，另一方面，将评价方式量化，以更好地展示课程思政效果。

物流学原理课程思政教学设计

交通运输学院　郑文家

一、课程基本信息

◆课程名称：物流学原理

◆专业名称：物流工程

◆学时学分：32 学时　2 学分

◆授课对象：大二本科生

◆课程类别：专业课

二、课程简介

物流学原理课程主要介绍物流学原理的基本理论和相关概念，通过相关知识的学习，使学生了解我国物流的发展现状、物流的基本概念、物流规划的基本流程，掌握一些基本的管理工具，对物流学科有较为全面的认识和了解。帮助学生较系统地认识物流企业、物流行业、物流专业在国家经济中的重要地位——交通强国建设中的重要环节，从而培育大学生的管理素养，激发学生的爱国主义情怀，增强民族自豪感，激发学生学习的积极性，落实立德树人的根本任务。通过大量物流案例的引入，帮助学生了解学科知识体系和专业课程体系与国家创新发展战略的关系，培养具有创新意识、团队协作能力及有理想信念的综合应用型人才。

三、课程思政教学设计思路

以学校航海、物流专业为特色，通过物流学原理课程教学，培养学生对物流专业和物流知识的基本认知能力，培养学生用学到的内容积极思考与解决相关物流问题的能力。

课程思政的育人目标是培育和塑造学生的价值观，通过“基因式”融入课程，将思政教育贯穿于本课程教学全过程，将教书育人的内涵落实在课堂教学主渠道，让课程体现出“思政味道”、突出育人价值，让立德树人“润物无声”。使学生在理解物流专业基础知识点的基础上，深刻体会到课程中与之相关的思政元素，从而在学到物流专业知识的同时能够培养学生的世界观、人生观、价值观、历史观、国家观和文化观。

物流学原理课程是我校物流专业学生接触的第一门专业必修课。通过课程思政的融入，教师要引领学生“学知识前要学做人”的价值观念。让学生意识到专业知识的学习不仅是为了职业发展，更是为了成为有责任感和道德观念的社会成员。这种教学方式不仅有助于学生在今后的专业课程学习中形成更为全面的视角，还能促进他们在个人和职业成长中形成协同效应。

四、课程思政教学设计与实践

本课程依托学校物流专业特色，重点从国家战略与物流产业发展、改革开放与物流市场变化、物流法律法规与物流产业政策，以及其他相关的素材中，挖掘提炼所蕴含的思想价值和精神内涵。

课程强调中国物流管理领域在促进社会经济发展中的重要作用，着重于培养物流专业人才的全面素养。它着眼于物流业务运营、管理以及物流市场与产业发展，提倡在这些领域融合科学思维和对国家的热爱。同时，课程也注重物流专业人才在世界观、人生观和价值观方面的全面发展，强调诚信服务、德法兼修等职业素养的重要性。这样的教育模式，旨在培养能够理解并积极参与社会经济进步的专业人才。

课程重点关注新发展理念、国家重大战略与物流管理实践中历史唯物观和辩证唯物观的塑造，强化国际视野，培养家国情怀和爱岗敬业的职业使命感。关注行业、国家、国际、文化、历史等多角度的知识性与人文性，强化学生法治教育、诚信服务、职业道德、质量意识和安全意识，培养学生正确认识问题、分析问题和解决问题的能力。重点关注学生创新探索精神和善于发现与解决问题的能力培养，要注重教育和引导学生践行社会主义核心价值观，聚焦中国实际，弘扬集体精神和劳动精神，增强学生创新精神。具体做法从以下三个维度对学生的学习进行循序渐进地培养：

（1）知识维度：了解物流的起源及我国物流的发展沿革；掌握物流系统的基本概念及研究重点；掌握物流的七大基本职能，学会各项职能中的基本理论及基本计算；了解我国电子商务发展下的物流管理及供应链初步知识。

（2）能力维度：通过学习物流学中的七大职能，会对日常生活中的物流现象进行内涵分析，能运用物流学基本原理分析和解决部分数理计算的问题（例如库存优化问题、路径优化问题等），能培养起对行业的热爱，从而对行业热点问题进行关注与分析。

（3）素质维度：结合学校与港航物流行业特色，启发学生关注学习交通强国、海洋强国战略，“一带一路”倡议等，培养学生的家国情怀，树立学生正确的价值观以及“明大德、守公德、严私德”的品格。讲好中国故事，引导学生将自身职业发展与国家富强、民族振兴、人民幸福相结合，培养具有创新意识、团队协作能力及有理想信念的高级物流管理人才。

章节	教学内容（知识点）	思政元素
物流核心概念群——绪论	物流概念、物流与流通、商流、资金流、信息流、物流基本职能、物流分类、物流学及其主要观点。	我国物流发展是与党和国家伟大决策分不开的。交通强国、海洋强国战略，“一带一路”倡议等都是发展物流政策的体现。结合2020年新冠病毒感染疫情阐述物流的重要作用。
物流系统	物流系统、系统概述、物流系统概述、物流系统分析。	从系统的普遍概念引申到习近平总书记有关人类命运共同体的论述，构建人与自然和谐统一的社会是我们的前进方向。
物流管理	物流管理、物流管理概述、物流战略管理、物流成本管理、物流服务管理。	阐述我国绿色物流推进，在这一过程中，需要强化运营管理的高效。从而引申到党和国家各级机关执政为民，全心全意为人民服务的宗旨。
物流七大职能：包装	包装、包装概述、包装材料、包装技术、集装化与集合包装、包装合理化。	包装技术提高及成本节约，体现出社会主义核心价值观，绿水青山就是金山银山。

（续表）

章节	教学内容（知识点）	思政元素
物流七大职能：装卸搬运	装卸搬运、装卸搬运概述、装卸搬运作业、装卸搬运合理化。	以我国港口的发展及港机企业（振华港机）的壮大为引子，进一步深化交通强国与海洋强国。
物流七大职能：仓储保管	仓储保管、仓储保管概述、仓库、库存及其控制方法、储存合理化。	库存成本控制，是社会主义核心价值观的体现。物流仓储作为物流环节中"牵一发而动全身"的环节，如同习近平总书记的"人生第一粒扣子"的论述，从而敦促学生工作和人生都要找准方向，谋求大局。
物流七大职能：运输	运输、运输概述、现代运输方式、综合运输 、运输合理化。	以中国高铁、C919 国产大飞机、北京大兴国际机场等高科技交通案例，体现我国"交通强国"的丰富内涵。
物流七大职能：配送	配送、配送的概念、要素及分类、配送中心及其分类、配送合理化。	强化服务创新，提升快递末端服务能力。引用习近平总书记时常提及"快递小哥"的案例，阐述物流配送在我们国家的重视与重要程度。结合 2020 年新冠病毒感染疫情的案例，提出配送在保证民生方面起到的重要作用。
物流七大职能：流通加工	流通加工、流通加工概述 、流通加工类型和方式、流通加工合理化。	不断提高服务业的能力和水平，增加产品的附加值。
物流七大职能：物流信息	物流信息、信息与物流信息、物流信息技术、物流信息系统。	"十九大"推进信息技术发展与信息网络建设。结合习近平总书记有关网络空间命运共同体的论述和世界互联网大会案例进行探讨。
电子商务物流管理	电子商务物流管理、电子商务概述、电子商务与物流的关系、电子商务下的物流管理。	以淘宝、京东为例，说明我国改革开放以来在电商领域取得的骄人成绩。
供应链物流管理	供应链物流管理、供应链与供应链管理概述、供应链管理与物流管理、供应链管理下的物流管理。	发展合理的供应链系统，让社会经济更加高效有序。结合新冠病毒感染疫情，阐述中国在世界供应链中的重要作用。

（续表）

章节	教学内容（知识点）	思政元素
第三方物流	第三方物流、第三方物流的内涵、第三方物流的优势与风险、第三方物流决策 、第三方物流实施。	持续推进“第三方”物流尤其是民间资本的繁荣。
物流产业	物流产业、物流产业概述、我国物流产业发展现状、制造业与物流业的联动发展。	“一带一路”倡议对物流业的指导作用。结合新冠病毒感染疫情对物流业发展带来的冲击以及我们在这个过程中应该如何应对。
物流发展新理念	物流发展新理念、精益物流、绿色物流、逆向物流、物流金融、智慧物流。	国家“十三五”物流发展明确七大重点，其中之一建设智慧物流。智慧物流对我国的经济发展模式起到重要作用。

教学案例举例：物流核心概念群绪论

第一章		绪论		
主要内容		物流基本概念、物流的发展历史、物流的基本职能等。	时长	45 分钟
教学目标	知识	物流基本概念、物流七大职能的组成。		
	能力	通过本节课，了解货物在社会上的主要流通环节和流程，如何改进？		
	素质	对未来物流行业的思考，未来的物流如何发展？你将在此过程中起到什么作用？		
教学重点		物流的七大职能、物流的整体作业过程。		
教学难点		当今物流各项职能的现状与痛点是什么？各项职能的数理计算难点是什么？		
思政融合点		我国物流的迅速发展反映党和国家的正确领导；我国各种交通方式的建设发展反映交通强国内涵，增强学生的家国情怀；通过物流冷链传播疫情的案例分析增强学生职业道德意识和社会责任感；通过中欧班列作业布置，激发学生的行业热情以及对国家、社会的责任感等。		

（续表）

蕴含思政元素的教学设计		
步骤	具体教学内容	时长
引入	以“4982 亿，6 分钟”两个数据为例，提问学生它们分别代表什么意思，从讨论结果引出 2020 年“双 11”的两个重要数据，从而引发学生的思考“是什么行业能够保证如此重要的数据的实现——物流！”	5 分钟
讨论	向学生提出两个问题供他们进行探讨：①为什么要报考物流专业？②在你的印象中物流是做什么的？从这两个问题可以基本掌握学生对物流专业的了解情况，从而为接下去的课程作铺垫。	5 分钟
展开	详细讲解物流的定义、物流在社会中发挥的重要作用、物流的七大职能、物流在当今社会的痛点以及未来物流的发展趋势等内容。	15 分钟
深化	该部分是课程思政的重点内容。通过对上述“展开”部分内容的讲解，深化我国物流的发展历史，提升学生的民族自豪感，树立“四个自信”；深化我国高铁、洋山港、大兴国际机场内容，阐述我国交通强国、海洋强国的重要观点；深化“疫情”期间物流的重要作用以及防疫漏洞，敲响职业道德意识和社会责任的警钟……	10 分钟
归纳	对课程内容进行归纳，再次提出本章的要点，回顾整节课的知识体系。	5 分钟
总结	以作业或视频案例形式总结本节段的主要知识点，引导学生进一步思考，用学会的知识来分析和解决实际问题。	5 分钟
思考或练习	思考题：学习了本节课程之后，你对物流行业和物流专业有了什么新的理解？和同学们分享你的看法。	

部分教学课件见图 1

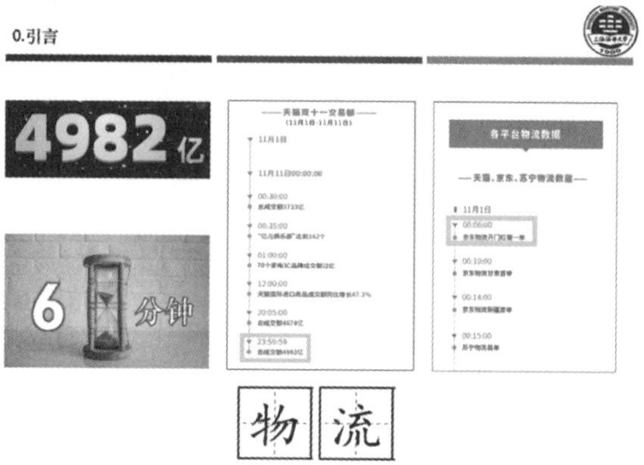

(a)

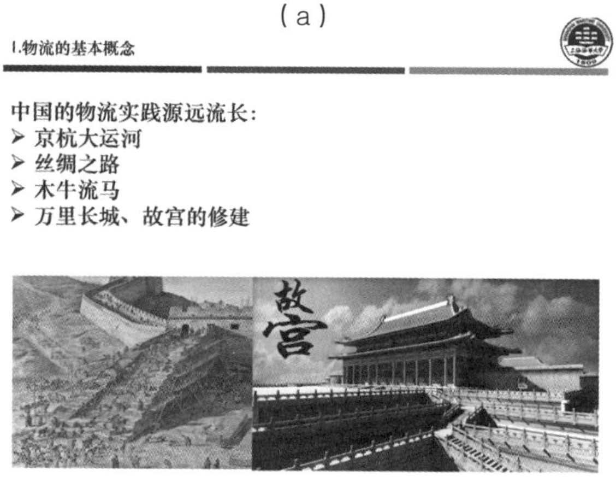

(b)

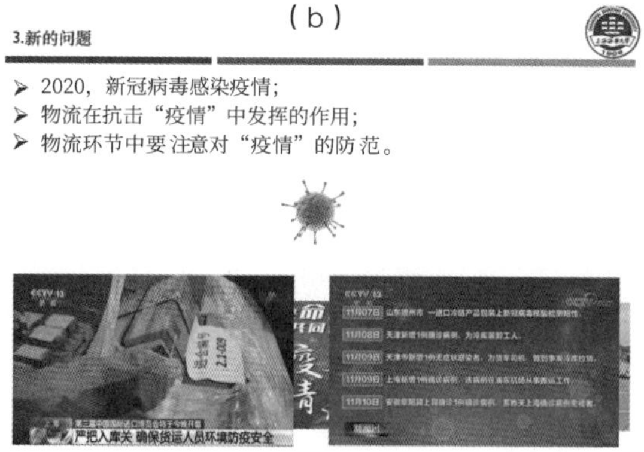

(c)

图 1　部分教学课件

五、课程思政成效评价

通过该课程的思政教学，学生在分析和解决问题的时候会自动引申到课程思政的思考。例如在进行物流包装设计时，他们就会想到有关环保的理念，从而引用习近平总书记的“绿水青山就是金山银山”金句来进行思路指导；再如在进行供应链设计的时候，从上下游企业的紧密关系，联想到习近平总书记的“人类命运共同体”的有关论述，从而将供应链的各个企业作为整体来看待，息息相关，休戚与共。在期末考试的论述题中，学生也能从思政角度对知识层面进行补充。通过这样的授课方式，同学们在家国意识、民族自豪感、社会责任、职业道德等方面均有了很大的提高。形成该成效的主要关键点如下：

（1）基于学生侧的考查，要注重课程思政教学入脑入心、见行见效的有效性评价，既要关注学生获得感方面的理性维度，也要关注学生发展持续性方面的实践维度。

（2）立足于学生、以第一视角充分检验人才培养的效果，必须在“三全育人”的总体工作格局中来看课程思政建设的有效性。

（3）检验思政课是否有效改造了学生的价值观，是否达到了量变引起质变的效果，还必须关注学生的学习、生活乃至今后的工作。

六、课程思政可供借鉴经验做法

（1）通过案例教学给学生介绍典型人物、科学进展、重大事件和时政热点，注重选择中国自己的杰出人物和取得的伟大成就。比如列举新冠病毒感染疫情期间的案例，强调了在特殊时期，物流在保障民生方面的重要性，从而激发学生对行业的认同感和对未来工作的责任心。

（2）对学生思政的学习进行启发研讨，鼓励他们开展课上课后研讨，激发学生自主学习活力。可布置一些与时事相关的作业，让学生感到既有新鲜感，又有一定的讨论价值。例如我在课程教学期间布置的作业包括苏伊士运河堵塞对全球供应链的影响问题研究，“双 11”“618”等购物节带来的物流问题研究等。

（3）多种形式进行思政内容考查。除了在课堂讲授之外，我会要求学生在平时的作业里涉及有关思政的内容，比如在布置包装和运输作业时，学生会主动引用例如“绿水青山就是金山银山”等习近平总书记的名句来铺陈论点；在考试时的开放型试题中加入例如中国经济的发展与物流之间的关系等问题来进一步提高他们的政治意识。

（4）课程思政教师的自我学习。保证教师能在课程思政上有源源不断的灵感，自我学习是必不可少的。比如每天打卡“学习强国”App以获取实际案例；另外作为教师也一定要关注行业热点和国家大事，只有这样，才能把最新最热的时事通过课程思政的方式结合起来教育学生。

七、课程思政教学反思

（1）如何找到好的思政切入点，从而引导学生发现问题、分析问题、思考问题，在不断启发中让学生水到渠成得出结论。

（2）以何种方式促进学生自主思考思政问题，不能搞填鸭式的“硬灌输”，要注重启发式教育。

（3）如何在案例讲解之后及时升华主题，加深学生的思维意识。课程就是要讲好中国的故事，不仅老师讲，而且要组织学生自己讲，这样他们才会在故事中有收获并且铭记于心。

国际物流运输管理课程思政教学设计

交通运输学院　高　洁

一、课程基本信息

◆课程名称：国际物流运输管理

◆专业名称：物流管理

◆学时学分：48 学时　3 学分

◆授课对象：物流管理专业本科生

◆课程类别：专业课

二、课程简介

物流管理专业致力于培养符合上海海事大学办学宗旨，具备社会主义核心价值观、高度社会责任感、使命感、良好的科学文化素养、国际视野、良好的物流管理理论基础、扎实的物流管理知识及港口和航运实践技能、深厚的人文素养和优秀的创新能力的航运人才。毕业生可满足社会需求，在交通运输领域从事物流相关的决策、规划、组织等工作，服务国家物流发展战略，具备物流、港口和航运专门知识。一般情况下，物流专业本科学生毕业后 5 年左右，能够在交通运输行业，特别是物流、港口和航运相关领域，从事公路、海事、铁路等系统工程技术应用和管理方面的工作，具备熟练的物流项目规划、分析、设计和组织等专业技能，能够研究和解决物流领域的实际问题，具备高尚的职业道德，具备较强的继续学习能力，能够适应物流和相关领域的创新发展和现代化发展的需要。

本课程是物流管理专业的必修课，为 48 学时 3 学分，在专业课中占有重要地位。

三、课程思政教学设计思路

通过课程讲解，让学生掌握国际物流运输领域的基本概念和相关知识；通过资料阅读及案例讨论，培养学生分析和解决相关问题的能力，让学生了解我国在国际贸易、国际物流与供应链管理、国际货物运输和“一带一路”倡议等方面的大政方针，从而体会到我国日益增强的综合国力和科技研发水平，培养爱国情怀和民族自豪感；通过课程思政元素的融入，帮助学生理解在国家进一步高水平对外开放大格局下，建立支撑“一带一路”倡议和全球贸易的全球物流体系、全球供应链体系的必要性，明确建立、优化这一体系并确保安全可持续运行是本专业学生的职业素质和责任。

（1）知识目标：使学生熟练掌握国际物流运输的相关概念、重要理论及方法，能熟练使用现代工具和信息检索能力，并了解物流行业标准和职业规范。

（2）能力目标：培养学生理论联系实际能力、分析问题能力、解决问题能力、积极思考和解决国际物流运输中存在的问题，并能持续改进和优化方案。培养学生的创新能力、团队协作能力、文献撰写能力以及沟通表达能力。

（3）素质目标：发挥学生的主体性作用和独立思考能力，培养学生的社会责任意识和可持续发展意识，培养拥有家国情怀、职业操守和国际视野的物流国际化专业人才。

始终明确“立德树人”的教学宗旨，通过精心设计的思政案例和生动自然的课堂形式，让思政元素“润物无声”地融入课程知识，让学生体会到我国日益增强的综合国力和科技研发水平，培养学生的爱国主义情怀和民族自豪感，更好地树立正确的世界观、人生观、价值观和职业道德，旨在培养精通国际物流供应链专业理论知识、通晓国际物流相关规则并熟识国际物流运输实践的复合型人才。

四、课程思政教学设计与实践

（一）整体介绍

在国际物流运输管理课程所需掌握的基本知识点中融入课程思政要素和典型案例，以培养具有正确价值观，拥有良好品格和素养的国际化物流类专业人才。思政要素体现为：通过展现我国改革开放以来在物流领域所取得的巨大进步和成就，体现中国力量，激发学生的“四个自信”和爱岗敬业的精神；通过介绍“一带一路”倡议和我国企业构建全球化物流和供应链体系的努力，让学生感受到中国企业的责任、担当和共享的精神；通过探讨港口和航运业的能源消耗与污染气体排放问题，引发学生思考港航业的可持续发展、人类命运共同体和中国的大国担当；通过分析国际贸易、保险、支付等相关案例，培养学生的职业操守和诚实守信的品质。

本课程从互动式教学、翻转课堂和 PBL 教学法三个层次开展案例教学。

（1）互动式教学。借助智慧树或学习通平台，在智慧教室中使用答疑、签到、抢答、投票等功能，大大提升学生参与课堂问答和讨论的积极性。

（2）翻转课堂。教师从传统课堂中的知识传授者和课堂管理者转变成学习指导者和促进者，学生则由被动接受者转变成为主动研究者。

（3）PBL 教学法。通过小组作业和交流的方式，以项目为主线、教师为引导、学生为主体，改变了以往“教师讲、学生听”的被动教学模式，创造了学生主动参与、自主协作、探索创新的教学模式。

章节	教学内容（知识点）	学时	教学手段	教学重点、难点	思政元素
第一章：国际物流与国际贸易	（1）国际贸易概述； （2）绝对优势、比较优势； （3）要素禀赋、国际产品生命周期理论等； （4）国际贸易业务流程。	4	课堂讲授（多媒体）	（1）能对影响运输方式选择的各种因素进行分析。 （2）理解国际贸易的驱动因素。 （3）掌握绝对优势、比较优势、要素禀赋、国际产品生命周期等国际贸易理论，并能进行相关计算。	我国国际贸易总额呈现稳步增长趋势，持续保持世界第一货物贸易国地位。

（续表）

章节	教学内容（知识点）	学时	教学手段	教学重点、难点	思政元素
第二章：国际供应链管理	（1）国际物流的概念、特点与分类；（2）国际物流的发展历程及趋势；（3）国际物流系统。	4	课堂讲授（多媒体）	（1）掌握国际物流运输业务的相关流程和概念。（2）了解物流管理和供应链管理概念的异同。（3）掌握国际物流和国内物流的差别。	介绍全球领先的第三方物流企业和我国领先的物流企业。1991 年至今，我国物流业规模呈现快速增长态势。
第三章：国际海港	（1）国际物流基础设施概述；（2）国际海港；（3）集装箱码头装卸基础知识；（4）集装箱码头装卸工艺；（5）运河；（6）国际空港。	6	课堂讲授（多媒体）	（1）了解不同的物流基础设施，特别是国际运输基础设施以及国际上最新的发展动态。（2）了解集装箱码头的布局。（3）了解集装箱码头的不同装卸工艺方案。了解国内外港口自动化、智能化、绿色化等技术的发展。（4）了解巴拿马和苏伊士运河。（5）了解国际空港的基础设施。	2022 年全球前十大集装箱港口，中国占据七席。了解我国各大港口的自主研发和创新技术，关注我国港口在绿色可持续发展方面所采取的措施。
第四章：国际贸易术语与国际贸易	（1）国际贸易术语概述；（2）国际贸易术语惯例；（3）适用于海运和内河水运的规则；（4）适用于任一或多种运输方式的规则。	4	课堂讲授（多媒体）	（1）掌握国际贸易术语的主要作用、制定人。（2）熟悉 Incoterms 2020 版中的主要贸易术语的内涵及要点。（3）结合案例进行分析和运用。	通过国际贸易术语的相关案例，培养学生的契约精神和职业操守。

（续表）

章节	教学内容（知识点）	学时	教学手段	教学重点、难点	思政元素
第五章：国际支付方式	（1）国际支付概述；（2）现金预付、赊销；（3）信用证；（4）跟单托收；（5）国际支付方式的选择。	4	课堂讲授（多媒体）	（1）掌握不同的国际支付方式（现金预付、赊销、信用证、跟单托收等）的流程和优缺点。（2）熟悉信用证和跟单托收这两种国际上使用频率较高的支付方式。（3）了解各国各地区在国际支付方式选择上的偏好。	了解我国国际支付中的风险管理、风险规避，了解我国信用环境，培养风险意识、诚信理念、契约精神和国际视野。
第六章：国际货物运输保险	（1）国际货物运输保险概述；（2）海上货运风险概述；（3）常见的海上货运风险；（4）共同海损的认定及共同海损分摊；（5）国际海洋货运保险；（6）国际航空货运保险。	6	课堂讲授（多媒体）	（1）了解国际海运和国际空运过程中的货运风险。（2）熟悉海上货物运输涉及的主要保险条款（平安险、水渍险、一切险等）和对应的承保范围。（3）掌握共同海损的界定标准，能区分共同海损中的牺牲和费用。（4）会进行案例分析并能进行共同海损分摊的理算。	通过国际货物运输保险相关案例，明确货运保险的基本原则，培养风险意识、诚信和职业操守。
第七章：国际海上货物运输	（1）国际海上货物运输概述；（2）班轮运输；	4	课堂讲授（多媒体）	（1）掌握海上货物运输的组织方式（班轮和租船）的特点和区别。（2）了解货运船舶的类型、船舶的尺寸等。	国际上现已形成新加坡、伦敦、上海三大航运中心领衔的格局，中国港口群强势

（续表）

章节	教学内容（知识点）	学时	教学手段	教学重点、难点	思政元素
	（3）租船运输； （4）国际海上货物运输相关国际公约。 （5）船舶类型； （6）船舶吨位及尺寸； （7）无船承运人。			（3）掌握方便旗和第二船籍登记的内涵。 （4）掌握海上承运人责任公约(《海牙规则》《海牙—维斯比规则》《汉堡规则》《鹿特丹规则》中对承运人责任限制的规定）。 （5）掌握无船承运人的概念和单证的流转。	崛起。了解我国港航物流企业为构建“一带一路”全球物流体系所作的努力。关注我国航运企业的可持续发展。
第八章：国际航空货物运输	（1）国际航空货物运输概述； （2）航空运输设施与设备； （3）航空运输组织管理； （4）国际航空运费计算； （5）案例分析。	4	课堂讲授（多媒体）	（1）了解航空货运的组织方式（班机、包机、租机等）。 （2）了解飞机的类型（客机、客货两用机、全货机等）。 （3）会区分航空货运中的轻泡货和重货，了解空运的运费等级，并能进行空运运费的计算。	通过全球知名的货运机场——香港国际机场的介绍，深化交通强国理念，提高历史使命感和时代紧迫感。
第九章：国际陆上货物运输及多式联运	（1）集装箱运输； （2）公路及铁路运输； （3）国际多式联运概述；	4	课堂讲授（多媒体）	（1）了解公路运输和铁路运输。 （2）重点掌握多式联运的定义、特征及国际物流中常见的多式联运方式。	了解新亚欧大陆桥和中欧班列在国际物流中发挥的巨大作用。

（续表）

章节	教学内容（知识点）	学时	教学手段	教学重点、难点	思政元素
	（4）国际多式联运的业务流程及相关单证； （5）大陆桥、小陆桥及微桥运输。			（3）能区分大陆桥、微桥和小陆桥。	
第十章：国际物流中的海关实务	（1）海关与关税； （2）进口税费的计算； （3）贸易壁垒； （4）出入境检验检疫； （5）海关监管场所及区域。	4	课堂讲授（多媒体）	（1）掌握关税的等级和税率。 （2）了解协调编码制度。 （3）了解国际贸易中的非关税贸易壁垒。 （4）了解其他进口税费的构成及税率，并会计算进口关税、消费税等税额。 （5）了解国际和国内的主要对外贸易区。	了解我国企业在出口过程中所面临的贸易壁垒，讨论应对策略，激发爱国意识和行业振兴的自强精神。
第十一章：国际物流单证	（1）国际物流单证概述； （2）发票、出口单证&进口单证； （3）提单； （4）海洋货物运输保险单； （5）航空运单； （6）信用证。	4	课堂讲授（多媒体）	（1）了解在进出口过程中所使用的发票、出口单证、进口单证及运输单证的主要作用及提供方。 （2）能看懂信用证的内容。 （3）能进行提单、空运单等单证的制作。	在单证的编制过程中，明确法律规范，强化风险意识，培养诚实守信、细心严谨、为客户服务的理念。

（二）教学实施

<table>
<tr><td colspan="2">第七章</td><td colspan="3">国际海上货物运输</td></tr>
<tr><td colspan="2">本讲主要内容</td><td>班轮运输特点、相关方、船期表、航线。</td><td>预计时长</td><td>45 分钟</td></tr>
<tr><td rowspan="3">教学目标</td><td>知识</td><td colspan="3">班轮运输的基础知识、职业规范。</td></tr>
<tr><td>能力</td><td colspan="3">理论联系实际和分析问题能力。</td></tr>
<tr><td>素质</td><td colspan="3">独立思考、社会责任意识、职业操守和国际视野。</td></tr>
<tr><td colspan="2">教学重点</td><td colspan="3">班轮运输特点、班轮航线、船期、港航物流体系要素构成。</td></tr>
<tr><td colspan="2">教学难点</td><td colspan="3">开辟班轮航线需要考虑的因素、班轮港航物流体系要素构成、全球港航物流体系的构建。</td></tr>
<tr><td colspan="2">思政融合点</td><td colspan="3">我国已成为航运大国，并正在为建设航运强国而努力；“21 世纪海上丝绸之路”的战略构想；我国班轮运输企业着力于构建全球港航物流体系。</td></tr>
<tr><td colspan="5">蕴含思政元素的教学设计</td></tr>
<tr><td colspan="2">步骤</td><td colspan="2">具体教学内容</td><td>时长</td></tr>
<tr><td colspan="2">引入</td><td colspan="2">提问了解国际上有哪些知名的班轮公司？中国有哪些知名的班轮公司？</td><td>5 分钟</td></tr>
<tr><td colspan="2">展开</td><td colspan="2">介绍班轮运输特点、相关方、船期表、班轮航线等方面知识。</td><td>10 分钟</td></tr>
<tr><td colspan="2">深化</td><td colspan="2">融入思政，对知识点进行拓展和深化。让学生了解我国的港航物流企业为“一带一路”倡议和全球物流和供应链体系的构建和完善所作的努力和贡献。
港口装卸效率是影响班轮船期的重要因素之一。世界银行和集装箱航运市场研究机构 IHS Markit 发布的“2021 年全球集装箱港口绩效指数（CPPI）”对全球港口的集装箱卸货速度等进行评比，中东和亚洲港口占据前十。在新冠病毒感染疫情等因素影响下，全球物流业面临重大挑战，中国港口为保证全球物流供应链的通畅作出了不可替代的贡献。报告强调了东亚港口的韧性，特别是中国港口有效应对疫情挑战的能力。
案例：中远海运积极构建“一带一路”航运新格局
中远海运牵头成立全球最大班轮联盟——“海洋联盟”，为“一带一路”提供服务。截至 2019 年，中远海运在“一带一路”</td><td>20 分钟</td></tr>
</table>

（续表）

步骤	具体教学内容	时长
	沿线投入的集装箱船和运力占集装箱总营运船队规模的 58%，开辟“一带一路”沿线班轮航线 195 条；投资经营的港口码头遍及亚洲、欧洲、南美和非洲；开辟中欧陆海快线，助力中欧“一带一路”建设。 　　希腊比雷埃夫斯港是“21 世纪海上丝绸之路”西端的重要枢纽。2021 年，中远海运完成了收购比雷埃夫斯港港务局 67% 的股权。中远海运接管后，比雷埃夫斯港走出了风雨飘摇的状态，一跃成为地中海第一大港，也是多家国际集装箱班轮公司在地中海东部地区的重要枢纽港。该项目是“一带一路”关键节点上的典范项目，充分体现了共商、共建和共享的精神。	
归纳	班轮运输具有“四固定”特点；港口装卸效率是影响船期的重要因素；开辟班轮航线需考虑诸多因素。	5 分钟
总结	我国的港航物流企业为“一带一路”倡议和全球物流和供应链体系的构建和完善作出重大贡献。	5 分钟
思考或练习	我国在全球物流和供应链体系的构建和完善方面还能做些什么？	

2021 年全球集装箱港口绩效指数（CPPPI）见图 1。

ADMINISTRATIVE APPROACH		
Port Name	Rank	Total Points
KING ABDULLAH PORT	1	217.914
SALALAH	2	197.675
HAMAD PORT	3	194.823
YANGSHAN	4	183.455
KHALIFA PORT	5	182.649
TANGER-MEDITERRANEAN	6	178.096
NINGBO	7	170.696
JEDDAH	8	161.493
GUANGZHOU	9	161.331
YOKOHAMA	10	159.234

中东和亚洲港口占据前十。报告强调了东亚港口的韧性，特别是中国港口有效应对疫情挑战的能力。

ADIDJAN	360	-216.138
DAR ES SALAAM	361	-248.798
POINTE-NOIRE	362	-320.281
NGQURA	363	-359.179
DURBAN	364	-386.098
CAPE TOWN	365	-410.746
LUANDA	366	-442.446
SAVANNAH	367	-464.721
VANCOUVER (CANADA)	368	-573.524
LONG BEACH	369	-952.470
LOS ANGELES	370	-954.086

图 1　2021 年全球集装箱港口绩效指数（CPPI）

2022 全球集装箱港口绩效指数（CPPI）见图 2。

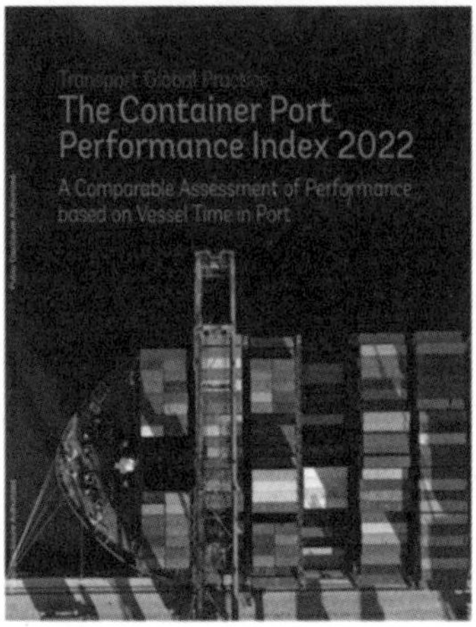

Port Name	Overall Ranking	Port Name	Overall Ranking
Yangshan	1	Jeddah	29
Salalah	2	Pipavav	30
Khalifa Port	3	Dammam	31
Tanger Mediterranean	4	Coronel	32
Cartagena (Colombia)	5	Xiamen	33
Tanjung Pelepas	6	Barcelona	34
Ningbo	7	Callao	35
Hamad Port	8	Port Klang	36
Guangzhou	9	Incheon	37
Port Said	10	Jebel Ali	38
Hong Kong	11	Fuzhou	39
Cai Mep	12	Marsaxlokk	40
Shekou	13	Yarimca	41
Mawan	14	Dalian	42
Yokohama	15	Lazaro Cardenas	43
Algeciras	16	Wilmington (USA-N Carolina)	44
King Abdullah Port	17	Kobe	45
Singapore	18	Nagoya	46
Posorja	19	Shimizu	47
Tianjin	20	Mundra	48
Buenaventura	21	Sohar	49
Busan	22	Rio Grande (Brazil)	50
Yeosu	23	Piraeus	51
Chiwan	24	Port Of Virginia	52
Kaohsiung	25	Yantian	53
Djibouti	26	Tokyo	54
Laem Chabang	27	Altamira	55
Colombo	28	Haifa	56

2022年全球集装箱港口绩效排名中，上海洋山港排名第一。宁波舟山港排名第七，广州港排名第九。

图 2　2022 全球集装箱港口绩效指数（CPPI）

中远海运的“一带一路”倡议（1）见图 3。

中远海运：
在高质量共建“一带一路”倡议中展现“航运力量”

- 2013年9月，习近平主席在出访中亚国家期间首次提出共建“丝绸之路经济带”，同年10月在出访东南亚国家期间又提出共同建设“21世纪海上丝绸之路”，二者共同构成了“一带一路”重大倡议。

图 3　中远海运的“一带一路”倡议（1）

中远海运的“一带一路”倡议（2）见图 4。

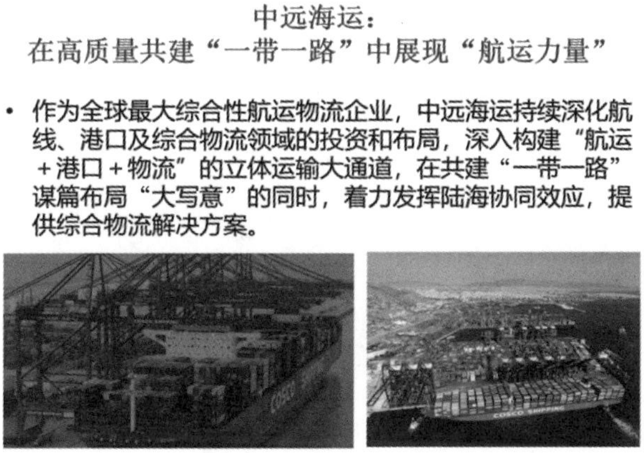

图 4　中远海运的“一带一路”倡议（2）

五、课程思政成效评价

本课程体现了一定的高阶性、创新性和挑战度。通过融入课程思政元素，学生在学习国际物流与运输管理专业知识的同时，了解到了国际物流行业实践、我国物流业的发展历程和国际物流业的最新发展动态和趋势，也体会到了我国日益增强的综合国力、科技研发水平和不断提升的国际行业地位。学生们在职业素养、社会责任、可持续发展意识、家国意识、民族自豪感和职业道德等方面均有了很大提升。综合来看，学习扎实、理解深入、知识面广、自主学习能力强和综合分析能力强的学生取得了更优异的成绩，达到了本课程预期的教学效果。

六、课程思政可供借鉴经验做法

本课程在讲解知识点的同时，进行了知识拓展和开放话题的讨论，注重培养学生的自主学习、综合分析、沟通协作和语言表达等能力。通过翻转课堂，老师和学生有更多互动，学生参与讨论的积极性大为提高。课程作业和知识点密切相关，学生需要自主查找资料并进行深入阅读，了解行业实践，对课程思政要点开展研讨。学生们从不同角度对相关主题进行较为深入的分析，撰写报告，并进行课堂展示和交流。学生的资料查找和分析能力、报告撰写和演讲能力都得到了锻炼和提高，也以更自然的方式吸收内化了课程思政的内容。

七、课程思政教学反思

教师自身的品德修养决定了课程思政课的成败。教师需要提高自身的修养，持续关注国家大政方针和行业动态，不断发掘好的思政元素和切入点，并持续改进和完善课程思政的教学设计和教学方法。

学生的主动参与是课程思政课效果的体现。教师需要改变传统的说教式的教学手段，通过案例教学、情景模拟等更为生动的方式，鼓励学生主动参与课堂教学活动，并充分调动学生的信息查找能力和自主学习能力，实现知识传授和价值引领的双目标。

航运公共管理与政策课程思政教学设计

交通运输学院　章　强

一、课程基本信息

◆课程名称：航运公共管理与政策

◆专业名称：交通运输

◆学时学分：32 学时　2 学分

◆授课对象：大三本科生

◆课程类别：专业课

二、课程简介

航运公共管理与政策是上海海事大学交通运输专业的选修类课程，注重将公共管理、公共政策一般理论与方法和航运管理实践相结合。该课程与国际航运管理、海事安全与政策等课程共同构成交通运输专业人才培养方案课程体系中的航运特色课程群，其功能在于凸显本专业人才培养的航运特色，助力复合型人才培养目标的实现。

三、课程思政教学设计思路

培养同时掌握现代管理和港航专业知识，精通现代管理和港航理论与实务的复合型人才是上海海事大学交通运输专业人才培养的重要目标。航运公共管理与政策课程旨在基于公共管理和公共政策的一般理论，联系我国及世界主要航运国家和地区的航运实践，对航运公共管理与政策中的系列问题予以介绍和分析，以期能够拓宽课程学习者宏观层面的航运视野，增进对航运业的深刻理解。本课程蕴含着涉及国家治理现代化、国家观与历史观、政府职能转变、“一国两制”等丰富的思政元素，开展课程思政教学的目的在于引导学生树立正确的国家观和历史观，坚定“四个自信”；培养学生经世济民、务本维新的职业素养，提升思辨和解决实际问题的综合能力；传授学生有关航运公共管理关键主体行为逻辑以及主要航运公共政策背后基本动因的专业知识。

本课程开展课程思政建设具有升华航运专业知识以及将航运知识与课程体系中诸如管理学原理、交通规划理论与方法等其他课程专业知识融会贯通的两大作用，在教学实践中始终坚持“以专业课程知识点为基本载体，以思政教学知识点为重要支撑，以专业课程知识点引出思政教学知识点，以思政教学知识点回应专业课程知识点”。

四、课程思政教学设计与实践

（一）整体介绍

航运公共管理与政策基于课程内容的内在联系以及专业知识传授的基本目标，将课程内容划分为航运公共管理三大主体、航运公共政策基础理论、中国航运政策、世界主要国家和地区的航运政策等四大模块，各教学模块对应不同的专业知识点。教学模块和知识点设置注重体现教学内容学习的高阶性、创新性和挑战度，使得学生通过课程学习能够增进对航运公共管理与政策的深刻理解并提升自身的综合能力。课程思政的教学知识点实际上是基于专业知识点延伸而来的，正是对专业知识点中思政元素的挖掘和发展才得到相应的思政教学知识点，而思政教学知识点的讲授无疑是对专业知识点内容的升华和深化。在教学实践过程中，则强调思政教学知识点融入的专业知识点讲授的合理性和逻辑性，避免出现“贴标签”“两张皮”。

知识单元		知识点			课程思政的教学知识点
序号	描述	序号	描述	要求	
1	航运公共管理三大主体	1	航运公共管理概念与特征： 航运公共管理的基本概念，明确三大主体；探讨航运公共管理主要特征。	掌握	国家治理体系现代化
		2	航运政府部门： 我国航运行政管理的基本架构、地方港航领域承担行政职能事业单位改革试点、航运市场失灵与政府职能。	掌握	政府职能转变
		3	航运公共企业： 公共企业与国有企业的关系、我国航运国有企业的改革历程、我国航运国有企业的内在问题与外在挑战。	掌握	国有企业是党和国家事业发展的重要基础
		4	航运非营利组织： 非营利组织兴起的原因以及主要功能、我国及国际上主要的航运非营利组织、航运非营利组织在航运业发展中的作用、我国航运非营利组织面临的发展问题。	掌握	共建共治共享社会治理格局
2	航运公共政策基础理论	5	航运公共政策： 航运公共政策的概念与主客体、航运公共政策的本质与目标、航运公共政策的实施手段与主要实践形式、航运公共政策产生的根本动因。	掌握	以人民群众利益作为政策制定和执行的出发点和归宿
		6	航运公共政策分析讨论： 公共政策分析的价值选择、政策模型、基本途径等。	熟练	

（续表）

知识单元		知识点			课程思政的教学知识点
序号	描述	序号	描述	要求	
3	中国航运政策	7	中国古代的主要航运政策： 我国古代航运政策的主要发展阶段、我国古代的主要航运政策（宋朝饶税政策、元朝官本船政策、明清海禁政策等）。	熟练	我国悠久的航运发展史
		8	中国近代的主要航运政策： 西方列强对我国航运政权的攫取、民族航运业的初创与发展、航政体系的初步建立。	熟练	了解近代中国所经历的屈辱历史，深刻汲取落后就要挨打、就要受欺负的教训，增强励精图治、奋发图强的历史使命感和责任感
		9	当代中国的主要航运政策： 计划经济时期我国主要的航运政策、改革开放以来我国主要的航运政策（货载保留政策、班轮运价备案政策、沿海运输权政策、船舶排放控制区政策、区域港口一体化政策等）。	掌握	改革开放前的实践探索为改革开放后的实践积累了条件，改革开放后的实践是对前一时期的坚持、改革和发展
		10	中国香港的航运业发展及其主要航运政策： 香港航运业的发展历程、香港的自由港政策、税收优惠政策、船舶开放登记政策等。	掌握	“一国两制”
		11	中国台湾的航运业发展及其主要航运政策： 台湾航运业的发展历程、台湾的航运补贴扶持政策、船舶登记政策等。	掌握	两岸关系和平发展
4	世界主要国家和地区的航运政策	12	美国国际航运政策： 美国航运政策发展的主要历史阶段、不同阶段的政策基本取向、美国沿海运输权政策、货载保留政策、运价管理政策、受控承运人政策等。	熟练	引导学生正确认识世界和中国发展大势，正确认识中国特色和国际比较；引导学生认识到中美关系的重要性

（续表）

知识单元		知识点			课程思政的教学知识点
序号	描述	序号	描述	要求	
		13	欧盟航运政策的发展： 欧盟航运政策发展的主要历史阶段、不同阶段的政策基本取向、欧盟的海运竞争政策、船舶登记政策、海洋环境保护政策等。	熟练	引导学生正确认识世界和中国发展大势，正确认识中国特色和国际比较；引导学生认识中欧“四大伙伴关系”的重要性

（二）案例佐证

题目		我国沿海运输权政策
章节		第六章 中国的航运公共政策 / 第四节 新中国的航运公共政策（改革开放时期）
授课对象		交通运输专业大三本科生
教学目的		1. 使学生理解沿海运输权的基本概念； 2. 使学生掌握我国沿海运输权政策的基本政策内容； 3. 使学生掌握我国围绕自由贸易试验区建设对沿海运输权政策所作的突破与发展的内容。
教学思路		以问题为导向，通过案例分析和启发式提问等形式，引导并组织学生开展小组讨论和探究性学习，发挥学生主体作用。结合思政元素，开展课程思政教学，注重培养学生辩证地思考问题、分析问题和解决复杂问题的能力。
教学分析	内容	1. 通过提问的形式，考查学生对上一节课重要知识点的掌握情况； 2. 由何为“沿海运输权”的问题引出，阐明沿海运输权的基本概念，并阐释为什么世界上绝大多数国家均采取沿海运输权保护政策； 3. 以案例为先导，基于我国现行相关法律法规的规定，阐述我国沿海运输权政策的基本政策内容，引导学生思考沿海运输权政策的关键要点： 3.1 航线方面的要求 3.2 运营船舶的船旗要求 3.3 船舶运营人的要求 4. 围绕自由贸易试验区建设，我国在沿海运输权政策方面的突破与发展； 5. 结合本节课知识点，布置课后作业及要求，并提出下节课预习任务。
	重点	上述第 3 点和第 4 点教学内容（含 3.1~3.3）
	难点	上述第 3 点教学内容（含 3.1~3.3）

（续表）

思政元素	1. 在阐明沿海运输权的基本概念和解释为什么世界上绝大多数国家均采取沿海运输权保护政策时，引导学生深化国家主权意识，指出实施沿海运输权保护政策关系国家主权与安全； 2. 基于法律法规条款阐述我国沿海运输权政策的基本政策内容时，引导学生牢固树立依法治国理念，深刻认识依法治国是社会主义法治的核心内容，是党领导人民治理国家的基本方略； 3. 围绕自由贸易试验区建设进程中我国沿海运输权政策的突破与发展，引导学生认识新发展阶段我国将继续全面深化改革开放，在扩大开放中实现高质量发展。
教学方法	1. 讲授演示法、启发式教学法、案例教学法； 2. 重点、难点分析及解决：沿海运输权政策是我国航运公共政策体系的重要内容，由于沿海运输权关系到国家主权与安全，所以我国对沿海运输权总体上采取保护性政策，对此，需要基于对相关法律法规条款的阐述来帮助学生具象化地理解这种“保护性”。同时，要结合我国当前深化对外开放的实践，阐明新时期围绕自由贸易试验区建设，我国在沿海运输权政策方面所作的政策突破，进而帮助学生理解在风险可控条件下，沿海运输权政策所展现出的“开放性”。

蕴含思政元素的教学设计

步骤	教学内容	教学方法	时间安排
回顾	对于上一节课有关“外商投资经营国际海上运输及其辅助业务政策”的内容，通过小案例和提问的形式，考查学生的掌握情况。	案例引入、课堂提问	5 分钟
思考	通过提出“何为‘沿海运输权’”的问题，引发学生思考，进而讲授阐述沿海运输权的基本概念。同时，适时引入有关国家主权保护的思政元素进行思政教学知识点的讲解。	课堂提问、师生互动、讲授启发	5 分钟

（续表）

步骤	教学内容	教学方法	时间安排
探究	以交通运输部水运局多次发布的“关于使用外国籍船舶临时从事国内水路运输准入前公示”为案例，引导学生思考沿海运输权政策应当主要涉及哪些政策要点。组织学生进行分组讨论，各组选派代表阐述讨论结果，教师予以点评。	分组讨论、代表阐述、教师点评	8 分钟
阐释	结合学生课堂讨论的内容，联系《中华人民共和国海商法》《中华人民共和国国际海运条例》《中华人民共和国国内水路运输管理条例》的具体条款规定，向学生详细阐释我国沿海运输权政策的主要内容及其关键政策要点（航线方面的要求、运营船舶的船旗要求、船舶运营人的要求）。同时，适时引入有关依法治国的思政元素进行思政教学知识点的讲解。	师生互动、讲授启发	8 分钟
	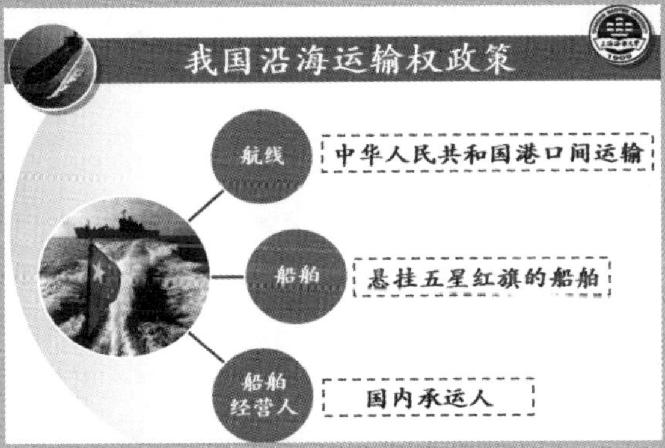		
引入	介绍中国（上海）自由贸易试验区设立的背景，并由此引出我国以自贸区为试验田，对沿海运输权政策的突破与发展。	讲授启发	2 分钟
思考	通过向学生提问，引导学生思考“若对沿海运输政策予以突破，潜在的政策突破点可能会有哪些？”	课堂提问、师生互动	2 分钟

（续表）

步骤	教学内容	教学方法	时间安排
探究	基于学生对上述问题的回答，结合我国自贸区建设进程以及有关沿海运输权政策的发展动态，向学生阐述我国在沿海运输权政策突破与发展方面的具体内容。同时，适时引入有关全面深化改革开放的思政元素进行思政教学知识点的讲解。	师生互动、讲授启发	8 分钟
	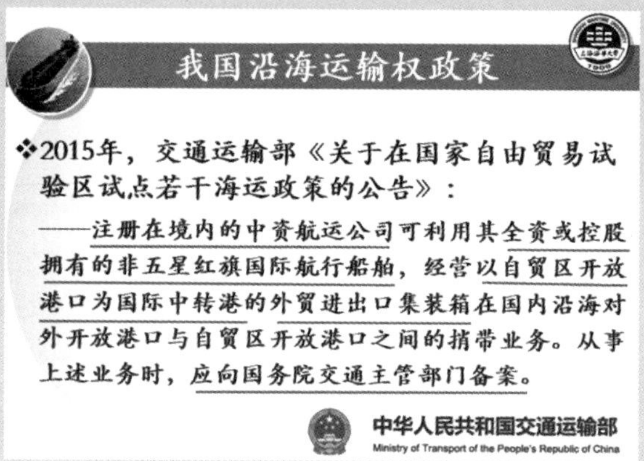		
总结	对本节课所讲授的三大主要内容模板即何为沿海运输权、我国沿海运输权政策的基本内容、我国沿海运输权政策的突破与发展进行总结。	师生互动、讲授启发	2 分钟
深化	结合本节课的知识点，布置课后思考题：沿海捎带政策与现行的内外贸同船运输以及国轮捎带运输政策有着怎样的联系。课上简要介绍该思考题的考查要点，告知学生要充分理解本节课内容，同时课后需要查阅资料，再完成这道题目的回答。	讲授启发	3 分钟
要求	提出下节课的课前任务：下节课内容是中资方便旗船特案免税登记政策，要求学生提前预习课件，观看本课程在智慧树在线教育平台上的相关教学视频，深入理解该政策的基本内容。	讲授	2 分钟

（续表）

步骤	教学内容	教学方法	时间安排
课后习题	沿海捎带政策与现行的内外贸同船运输以及国轮捎带运输政策有着怎样的联系？		
参考资料	①王学锋 . 航运公共管理与政策 [M]. 2 版 . 上海：上海交通大学出版社，2022. ②邬倩倩 . 我国沿海运输权开放问题研究 [D]. 大连：大连海事大学，2016. ③李巧玲 . 基于自贸区沿海捎带政策对我国沿海运输权的思考 [J]. 海峡法学，2018，20（1）：3-8.		

五、课程思政成效评价

本课程注重收集学生对课程思政教学效果的反馈。为有效测度课程思政教学的实施效果，了解学生对课程思政教学的接受程度，明晰影响教学效果的关键要素，通过合理编制调查问卷，面向授课对象进行调查。2021 年 1 月，本课程面向上海海事大学 2017 级与 2018 级已修读本课程的相关专业的学生开展问卷调查（收回有效问卷 269 份），结果显示：就课程教学效果评价而言，75.46% 的学生评价为优秀，22.3% 的学生评价为良好。有超过 94% 的学生认为老师在航运公共管理与政策课程授课过程中，结合课程专业知识点所延伸拓展的思政教学元素对他们的思想政治观念产生了积极影响。其中，在认为本课程对其思想政治方面产生较大积极影响的学生群体中，有 88.24% 的学生对本课程的教学效果评价为优秀。上述结果说明课程思政建设有助于提升教学效果，同时也表明开展课程思政可以增进学生价值认同，并对学生产生积极的思想引领。

本课程还注重对学生课程思政学习情况的考查：一方面，通过课堂提问的形式，基于学生的讨论发言了解其对课程思政元素的知晓程度；另一方面，在考试试卷中设置一定分值（一般为 15 分）的具有课程思政价值导向的开放式问答题，通过学生的作答内容掌握学生的学习情况，并作出合理评价。

六、课程思政可供借鉴经验做法

本课程在课程思政教学实践中，探索构建了具有一定普遍适用性的“六位一体”课程思政教学模式（图 1），可供同行借鉴共享。具体而言，以明确育人目标为先导，始终坚持立德树人的价值导向；以转变教学观念为要义，深刻认识到专业课程除了传授专业知识外，还肩负着根植理想信念、引领主流价值的重任；以突出行业背景为特色，充分彰显航运业鲜明的行业色彩及其对国家经济社会发展的重要价值；以深挖行业思政元素为手段，聚焦我国航运业发展的悠久历史、感人事迹、伟大成就，精心提炼航运业本身所蕴含的丰富思政元素。从航运业本身挖掘思政元素不仅可以与航运管理专业知识保持较高的契合度，而且可以增进学生对航运业的认知，增强行业认同感和未来从业的荣誉感；以强化专业知识与思政元素有机融合为关键，做到专业知识点和思政教学知识点的彼此呼应和相得益彰；以丰富的教学方式为补充，集成运用线上线下混合式教学、校企合作教学、案例教学等多种模式，充实传统单向的课堂授课模式。

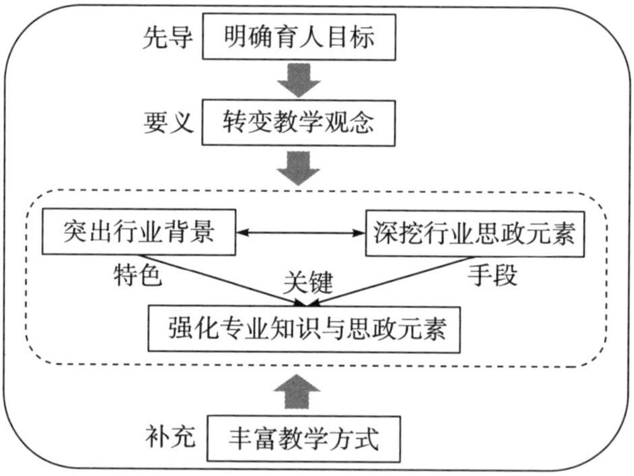

图 1 “六位一体”课程思政教学模式

七、课程思政教学反思

基于本课程多年课程思政建设的实践经验，有如下三方面问题仍待进一步探索解决：①思政教学知识点的讲授深度如何恰当把握，以更好地发挥其在专业课教学中“画龙点睛”的效果；②现有专业课程教材对课程思政教学内容未有充分体现，应探索编写与课程思政教学相配套的课程教材；③课程思政教学对授课对象思想政治观念与行为的短期和长期影响值得探索研究，以更好地评价课程思政的教学成效。

海洋旅游开发课程思政教学设计

经济管理学院 刘 伟

一、课程基本信息

◆课程名称：海洋旅游开发

◆专业名称：旅游管理

◆学时学分：32 学时 2 学分

◆授课对象：大三本科生

◆课程类别：专业课

二、课程简介

海洋旅游开发是上海海事大学旅游管理专业必修课程。本课程探讨了海洋旅游发展概况，归纳了海洋旅游相关理论基础，分析了海洋旅游资源开发内容，分别从旅游产品、市场、产业、经济、文化、环境和管理等方面论述了海洋旅游实现可持续发展的途径。学生通过对本课程的学习，能全面系统地掌握海洋旅游开发的理论及实践知识，并且理解海洋自然环境对人类自身的要求，认识到生活、生产与海洋环境的关系，体会到海洋资源的宝贵以及海洋强国的战略意义，从而了解海洋旅游资源、熟悉海洋旅游文化、提升海洋保护意识、维护海洋权益、探索海洋发展前沿。

三、课程思政教学设计思路

紧密依托上海海事大学具有优势的航运、海事教育资源，经济管理学院旅游管理专业多年来坚持“水上”这一办学特色，在我国旅游管理专业人才培养领域较早开设了船舶与航运概论、邮轮旅游运营、水上旅游管理、旅游港口管理、海洋旅游开发、邮轮游艇经济等一批特色课程，形成了独特的专业教学与实践实习体系。

建设海洋强国，要在开发、利用、保护、管控海洋方面拥有强大的综合实力，在这些方面，发展海洋旅游都能起到重要而独特的积极作用。高校本科生作为海洋意识宣传教育的核心群体、海洋文化建设的主力军，学习海洋旅游开发课程具有重要意义。全民族海洋意识的提高，是发展海洋旅游经济的根本。

课程教学内容注重专业教学目标和课程德育目标相结合，在知识传授中强调价值引领，将德育教育融入课程教学过程。指导学生做到知行合一，提高课程教学和思政教育的双重效果。

知识目标引导学生全面系统地掌握海洋旅游开发的理论及专业知识，以便在未来的旅游工作岗位上能熟练地运用海洋旅游规划与开发、管理的技术和方法。

能力目标培养学生的海洋意识和实践实务分析技能，为学生将来从事海洋旅游经营管理工作奠定良好的基础。

素质目标使学生意识到海洋旅游业的综合性、系统性，培养学生在各行业具备应对旅游相关群体的组织管理能力及危机公关处理意识。

四、课程思政教学设计与实践

从党的十八大报告、十九大报告到党的二十大报告，以及“十四五”规划和 2035 年远景目标纲要，都把海洋强国放在突出的位置加以强调。习近平总书记指出：“经济强国必定是海洋强国、航运强国。”围绕“知海、爱海、护海、卫海”，加强海洋意识宣传教育和海洋文化建设，为海洋强国建设提供强大的思想基础、舆论环境、社会共识与精神动力。加强海权意识教育，捍卫国家海洋权益。开展“海洋命运共同体”意识教育，树立尊重海洋、人海平等观念。推进海洋文化建设，讲好海洋故事，建立人海连结，厚植海洋情感。

海洋旅游开发课程具有实时性强、内容综合、实践性强等特点。授课教师通过案例分析、角色转换等教学方法，激发学生对当前海洋旅游开发问题的研讨兴趣，培养学生分析问题、解决问题的能力，达到全面提高学生综合素质、增强教学效果的目的。

（一）更新教学观念，体现现代教育思想

按照专业必修课程的培养目标，本课程内容设计体现现代教育思想。理论环节具有基础性、研究性、前沿性，及时把学科最新发展资讯和教改教研成果引入教学；实践环节引入本课程相关即时话题进行探讨，强化学生的海洋旅游、保护、权益等意识，培养学生的研讨、创新能力。

（二）融入思政元素，改革教学方法手段

课程学习目的是培养学生能独立思考且对海洋旅游以及海洋经济、环境、权益等有所认识，能将不同的知识融会贯通，本课程将加大应用性和方法性的教学研究。增加实践教学，将情景模拟训练及案例分析等融入课堂教学，要求学生进行角色体验、团队协作、即时讨论、即兴演说等训练。

（三）理论结合实践，迎合院校专业特色

采用现代科技的多种方式引导学生参与海洋旅游活动，同时通过其接触到的旅游者和潜在旅游者进行海洋旅游实践，了解并体会海洋资源的宝贵以及它的真实价值，从而了解海洋旅游资源、熟悉海洋旅游文化、提升海洋保护意识、维护海洋权利权益、探索海洋发展前沿。

海洋旅游开发课程——思政元素融入教学大纲见表 1。

表 1　海洋旅游开发课程——思政元素融入教学大纲

章节	授课要点	思政元素	授课形式	课外学习要求
绪论	海洋旅游发展的原因、机遇及意义。	中国海洋国土范围，强化海洋权益意识。	讲授法	查新版中国地图，了解陆海范围。
第一章：海洋旅游和海洋旅游业	海洋旅游的概念、特点、功能，海洋旅游的历史发展，海洋旅游业的含义及海洋旅游业的发展战略。	东西方海洋旅游的发展历史、现状对比。	讨论法	有条件的可以参观中国航海博物馆，了解海洋发展历史。

（续表）

章节	授课要点	思政元素	授课形式	课外学习要求
第二章：海洋旅游活动的形式和分类	海洋旅游活动形式的单元分类、区域分类、地理分类。	中国海洋旅游活动形式及所在海域、沿海城市的发展概况。	讨论法	利用假期旅游机会选择沿海城市观光度假，同学间互通体会。
第三章：世界著名邮轮公司及著名邮轮	世界著名邮轮公司、世界著名邮轮。	中国邮轮港口发展概况、产业链发展（设计、建造、航线等）。	案例分析	有条件的可以参观国内外或上海本地邮轮港口。
第四章：世界海洋旅游概况	四个海洋旅游热点地区：地中海区、加勒比海区、大洋洲区和东南亚区。	中国海洋旅游业在国际海洋旅游业发展中的地位及其竞争力，“一带一路”倡议。	讨论法	图书馆查找书籍、期刊，了解世界海洋旅游发展概况。
第五章：中国海洋旅游概况	中国海洋旅游区划，中国国家级旅游风景名胜区、旅游度假区（海洋部分）。	中国海洋旅游区、海洋保护区的划定，及沿海经济带、国际旅游岛等发展战略，海洋强国战略。	讨论法	图书馆查找书籍、期刊，了解国内海洋旅游发展概况。
第六章：海洋旅游资源	海洋旅游资源的含义、分类，海洋对人类生存和发展的意义，海洋旅游资源的系统介绍。	强调人海关系，全球气候变化对海洋旅游发展的影响，海洋资源对中国发展的重要意义。	讲授法	对比旅游资源分类，了解海洋旅游资源分类的异同。
第七章：海洋旅游资源开发和海洋旅游可持续发展	海洋旅游资源开发的内容、条件等，海洋旅游产品和市场的含义，海洋旅游市场布局、定位，海洋旅游发展的意义与趋势，挑战与对策。	海洋旅游环境保护及中国相关海洋、海岛、邮轮游艇等相关法律法规。	案例分析	搜集海洋旅游开发过程中经济、社会、环境效益，结合较好和较差的案例并评述。
第八章：海洋旅游规划与管理	海洋旅游规划原则、内容、方法，海洋旅游管理的含义、职能，海洋旅游管理现代化的内容、途径。	中国沿海城市、海岛旅游发展模式，无居民海岛规划与开发。	讲授法	搜集国内外海洋旅游规划的典型案例。

（续表）

章节	授课要点	思政元素	授课形式	课外学习要求
第九章：海洋旅游文化	海洋旅游文化的含义、类型、发展方向。	东西方海洋文化内涵及异同，中国传统海洋文化传承与弘扬。	案例分析	列举东西方海洋文化种类并评述其传承和发展过程。
第十章：海洋旅游安全基本知识	海洋旅游常见病症、事故及防护措施，海洋旅游安全工作。	中国经典的海洋旅游安全危机处理事件及过程分析。	案例分析	搜集海洋旅游安全事故并评述原因和对策。

海洋旅游开发课程——思政教学案例应用见表 2 。

表 2　海洋旅游开发课程——思政教学案例应用

课程名称		海洋旅游开发		
本讲知识点		海洋旅游资源评价——价值视角	预计时长	45 分钟
教学目标	知识	海洋旅游资源的三大价值：历史文化价值、艺术欣赏价值、科学研究价值。		
	能力	在海洋旅游资源开发的过程中，具备海洋旅游资源价值评价的基本能力：调研、探究、赏析、创意、评述、传承等。		
	素质	跨学科知识点的融合积累：海洋文化、旅游美学、海洋科技等。		
蕴含思政元素的教学设计				
步骤		具体教学内容	素材准备	时长
引入		海洋旅游资源总体评价内容：“三三六”评价法。引入知识点：海洋旅游资源三大价值——历史文化价值、艺术欣赏价值、科学研究价值。	教材、课件展示	5 分钟
展开		分别阐述海洋旅游资源的三大价值内涵：历史文化价值、艺术欣赏价值、科学研究价值。	教材、课件展示	5 分钟
深化		案例分析：妈祖文化的传承与创新。 历史文化价值：妈祖诞生的典故、妈祖文化的形成与推广、妈祖文化的国际影响及世界认知（思政元素：海上丝绸之路、人类非物质文化遗产）。	课件展示、案例分析、网络图像	25 分钟

（续表）

步骤	具体教学内容	素材准备	时长
	艺术欣赏价值：妈祖文化对物质文化和精神文化景观的促进（思政元素：海洋强国）。 科学研究价值：在多学科领域留下宝贵的精神财富，给人类发展传播优良的道德理念（思政元素：文化自信）。		
归纳	（1）对海洋旅游资源的评价，价值评价是其中一个方面，要注重整体评价和价值评价的关系。 （2）三大价值所述内容在海洋旅游资源体现上兼而有之。 （3）海洋旅游资源的价值是在不断传承和创新的。	课件展示	5 分钟
总结	结语：传承海洋民俗文化、保护海洋生态环境、维护海洋和平发展，是全球、全人类的共同呼声。 点题：海洋旅游资源的价值体现——发展海洋强国、建设美丽中国、树立文化自信。 课后思考： （1）海上丝绸之路为妈祖文化的传承和弘扬奠定哪些作用？ （2）归纳妈祖文化在海洋旅游业发展中的价值体现。 （3）中国传统海洋文化如何深度融入海洋旅游业的发展？	课件展示、课后思考	5 分钟

海洋旅游开发课程——课堂教学及微课录制见图 1。

图 1　海洋旅游开发课程——课堂教学及微课录制

五、课程思政成效评价

海洋旅游开发课程——课程思政教学质量评价见表 3。

表 3 海洋旅游开发课程——课程思政教学质量评价

开课学期	课程名	教师	开课院系	得分	评教等级
2018—2019（一）	海洋旅游开发	刘伟	工商与旅游管理系	90.2442	A
2019—2020（一）	海洋旅游开发	刘伟	工商与旅游管理系	92.3788	A
2019—2020（二）	海洋旅游开发	刘伟	工商与旅游管理系	96.2703	A+
2020—2021（二）	海洋旅游开发	刘伟	工商与旅游管理系	94.9306	A
2021—2022（二）	海洋旅游开发	刘伟	工商与旅游管理系	94.3889	A
2022—2023（二）	海洋旅游开发	刘伟	工商与旅游管理系	95.5682	A+

海洋旅游开发课程——第三届课程思政教学竞赛三等奖见图 2。

图 2 海洋旅游开发课程——第三届课程思政教学竞赛三等奖

海洋旅游开发课程——思政融入课堂案例学生演讲片段见图 3。

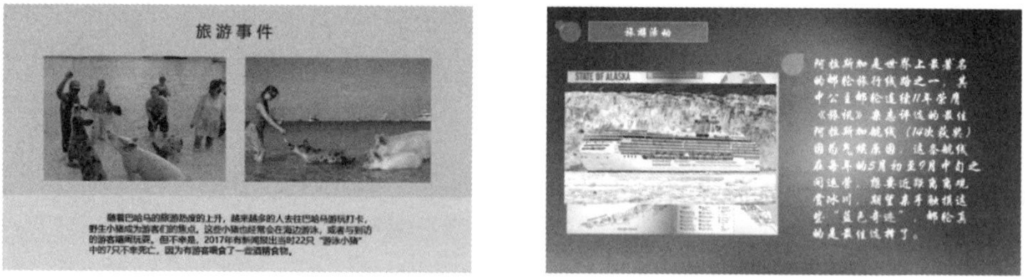

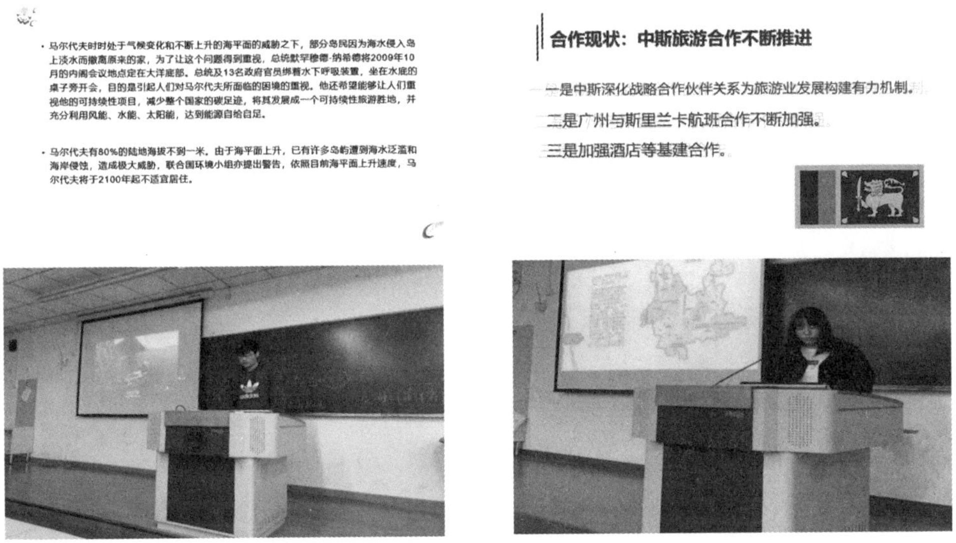

图3 海洋旅游开发课程——思政融入课堂案例学生演讲片段

“课程思政”课外实践指导——学生申报科创项目见表4。

表4 “课程思政”课外实践指导——学生申报科创项目

2019年4月—2020年3月	长三角地区田园休闲旅游产品开发研究	结题
2019年4月—2020年3月	上海市“国字号”特色小镇统筹发展研究	结题
2020年4月—2021年3月	长三角地区传统村落文化传承与保护研究	结题
2020年4月—2021年3月	重大事件对我国旅游产业发展的影响研究	结题
2021年4月—2022年3月	“SH railway”上海地铁文化之旅平台	结题
2021年4月—2022年3月	“蜜糖漫游记”旅游社交平台策划	结题
2022年4月—2023年3月	“上海海事大学法律援助中心”创建及公众平台运营设计	结题
2022年4月—2023年3月	“耕海探洋”公众平台运营设计	结题
2022年4月—2023年3月	“哇哦博物馆”公众平台运营设计	结题
2023年4月—2024年3月	红色旅游创意短视频策划与推广研究——以上海市为例	中期
2023年4月—2024年3月	元宇宙背景下红色文旅开发与数字化应用研究	中期
2023年4月—2024年3月	“心意市集”创意手作校园联谊平台策划	中期
2019—2023年	上海海事大学本科生科创导师：指导50余名学生	

课程相关教学成果：

[1] 刘伟 . 海洋旅游学 [M]. 北京：旅游教育出版社，2016.
[2] 李华，刘义军，刘伟，等 . 邮轮旅游地理 [M]. 北京：旅游教育出版社，2016.
[3] 刘伟 . 高校本科《海洋旅游开发》课程建设探索 [J]. 海事高教研究（内刊），2019（12）：4–5.
[4] 刘伟 . 本科《海洋旅游开发》思政示范课程建设的思考 [J]. 海事高教研究（内刊），2020（11）：27–29.
[5] 刘伟 . “课程思政” 教学案例开发及教学融入策划 [J]. 海事高教研究（内刊），2022（11）：26–28.

六、课程思政可供借鉴经验做法

2020 年，教育部《高等学校课程思政建设指导纲要》强调：全面推进课程思政建设，就是要寓价值观引导于知识传授和能力培养，帮助学生塑造正确的世界观、人生观、价值观，这是人才培养的应有之义，更是必备内容。新时代全面推进课程思政建设，必须努力在思想政治工作和教育教学实践中，把课程思政建设提升到如盐在水的境界，努力追求春风化雨、润物无声的育人效果。基于此，总结了课程思政教学实施过程中的几点经验做法，归纳如下。

在教学内容方面：进行专题教学、案例辅助。如：选取思政元素与基础知识融会贯通的案例进行课前微视频录制，课前或课堂让学生观看，并针对相关内容提出问题，进行随堂开放性讨论。

在教学手段方面：演讲与课件演示相结合，教师授课与学生讨论相结合，语言文字与音像资料相结合。如：学生课堂问答、参与讨论与平时成绩挂钩，提升学生课程前、中、后期学习的积极性与参与度。

在教学方法方面：构建“对话式”教学方法。搜集科技前沿知识，抓住学生的求知欲和好奇心，营造自主性、协作式的学习氛围。如：学生组成研讨小组，选取感兴趣的课堂知识进行专题演讲，采取“你讲师生评”的方式。

在教学资源方面：激活学生的积极性，组织师生联手共建教学资源。如：学生主题演讲的多媒体课件、图文影像、网站链接等都被随时保存记录，课堂案例、讨论专题资料及课下整理的拓展资讯教学后整理保存，并适时在班级课程群进行资源共享。

七、课程思政教学反思

海洋旅游开发课程在思政建设与教学实践过程中，虽然取得了一定成效、总结了一些经验，但是在教学内容、手段、方法、资源等方面仍有欠缺，思考归纳如下。

在教学内容方面：还需要与时俱进，深入挖掘课程专题蕴含的思政教育资源，注重价值塑造、知识传授与能力培养相统一。课程思政融入课堂教学、作业讨论各环节，达到润物无声的育人效果。

在教学手段方面：线下课堂教学与线上教学平台相结合，尽可能录制每个专题的核心知识点和典型思政案例的微视频，以学生学习为中心实行翻转课堂，开展线下与线上混合式教学模式。

在教学方法方面：还需要校院创设更多的教学平台和实习基地，组织学生积极开展社会实践，促进学生自我教育，使课堂教学与社会实践相互支撑，不断拓展课程思政建设方法和途径。

在教学资源方面：积极开发、整理多媒体课件，构建、组织网络课程和线上教学内容，持之以恒地收集、更新与课程相关的文本、资讯、图片、试题、案例等教学资源。

总之，课程思政，任重道远，作为高校教育工作者，我们还需要不断努力。

中级财务会计课程思政教学设计

经济管理学院　章　雁

一、课程基本信息

◆课程名称：中级财务会计

◆专业名称：会计学（含方向班）

◆学时学分：64 学时　4 学分

◆授课对象：会计学（国际会计）专业本科生

◆课程类别：专业课

二、课程简介

中级财务会计是上海海事大学会计学专业的核心课程之一。通过本课程的学习，学生应当掌握企业财务会计核算的基本理论和方法，掌握流动资产、非流动资产、负债、所有者权益、收入、费用、利润等业务的确认、计量及其报告，以及财务会计报告的编制与分析。本课程师资队伍经验丰富，建设基础扎实，依托国家一流本科专业，被评为上海市精品课程。本课程的主要目标如下：

第一，掌握财务会计基本理论与企业实务操作方法。本课程是会计学专业的核心课，课程内容与国际会计惯例接轨，旨在帮助学生理解财务会计的基本理论及应用原则，学会应用会计准则核算企业实际经济业务，并编制完整规范的财务报表。

第二，提升会计学专业学生的应用能力和创新能力。随着云计算、移动互联网、大数据等新技术的不断涌现，用人单位对会计人才的需求正在发生变化。本课程整合各类资源和技术，以财务报告为核心，提升学生的实践应用能力和创新能力。

第三，培养社会主义建设需要的优秀财经人才。上海海事大学会计学专业是国家一流本科专业。本课程在上海市精品课程的建设基础上，利用互联网技术不断深化和改革，引入丰富教学资源，引导学生深刻理解习近平新时代中国特色社会主义思想、社会主义核心价值观和会计职业道德规范要求，旨在为国家建设培养国际化、复合型、职业操守水平高的优秀会计人才。

三、课程思政教学设计思路

现代会计之父、教育家潘序伦曾经高屋建瓴地指出："立信，乃会计之本。没有信用，也就没有会计。" 我们认为，"会计诚信"是"诚信"在会计领域的具体反映，两者是个别与一般的逻辑关系。"会计诚信"具有"诚信"的普遍含义与一般特征。置于市场经济环境之下的会计诚信具有明显的社会属性特征，简言之，会计诚信表达了会计行业对社会的一种职业承诺，即客观公正、不偏不倚地对经济活动的过程及结果作出如实反映与及时监督，并有助于会计信息使用者和利益相关者进行各项决策。

不论是中国古代的"四柱清册"，还是国际公认的"复式记账"原理，其基本功能就是将资金的来源与去向表述清楚。现代会计理论的不断发展，更是为了不断研究会计如何真实可信地反映经济活动中的资金运动。会计理论本身就具有防止假账的要求和功能。我们应在会计理论与实务教学中始终融入"不做假账"的信念，通过教学使学生更好地树立正确的诚信意识。

社会主义核心价值观在个人层面所要求的"爱国、敬业、诚信、友善"，其内化于个人的职业伦理，是人生意义在职业生涯的自然呈现，同时，也是外在于个人的一种职业道德，是经济得以增长、社会得以发展的精神力量之源。上海海事大学的"忠信笃敬"校训根植于中国传统文化的土壤，源于《论语·卫灵公篇》，其中"言忠信""行笃敬"是一个人立身行事的内在要求，也蕴含了学校的精神追求和办学理念。会计学科理论性强的特质属性使得会计理论教学难度较大，对于没有实践基础的学生来说，做到理论联系实际相当困难，若教师在会计诚信教育中只重说教会导致学生无法真正理解会计诚信并运用会计诚信原则，不能达到会计诚信教育的预期目的。课堂教学可采取课堂讲解、案例剖析、课堂讨论、互动教学等多种形式，运用反思教育、启发式教育等多种方式。

党的二十大报告指出，“教育是国之大计、党之大计。培养什么人、怎样培养人、为谁培养人是教育的根本问题。育人的根本在于立德。全面贯彻党的教育方针，落实立德树人根本任务，培养德智体美劳全面发展的社会主义建设者和接班人。”党的二十大精神对立德树人目标的实现具有巨大的促进作用。以党的二十大精神融入思政课堂为契机，为本课程思想政治教育成效的进一步突破和提升提供了实践遵循。

知识目标：从确认、计量、报告的维度掌握各项会计要素，即财务报表要素的账务处理与信息呈报。

能力目标：基于本课程的学习，培养学生对于经济业务或会计事项的识别能力，运用本课程的知识点分析和解决企业中相关账务处理与报表编制的能力。

素质目标：综合运用上述知识和能力，塑造在日后工作中的职业素养与会计精神，执业以明理为先；立身以至诚为本。

会计核心素养与能力全景图见图 1。

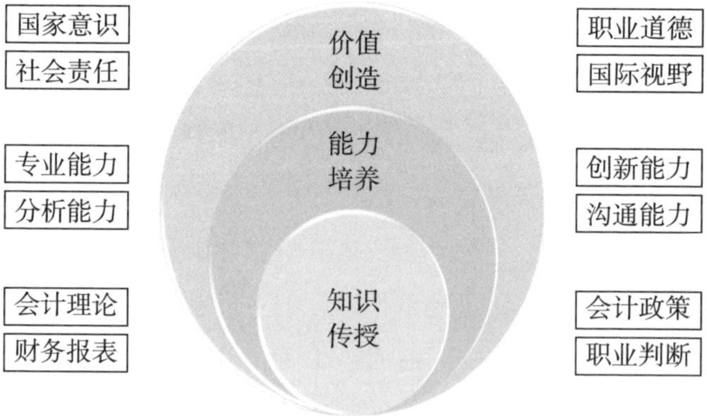

图 1　会计核心素养与能力全景图

四、课程思政教学设计与实践

（一）教学框架设计

合理利用互联网络，整合优质教学资源，将党的二十大报告中的内容以具体案例或事迹的形式引入课堂，打造思政课堂“活教材”，真正触及学生灵魂。以党的二十大精神进课堂为契机，打造课程思政路径，是提升课程思政教学实效性的有效路径。依托党的二十大精神宏大深厚的内涵，将思政元素“专业化”，结合会计学的未来求职素质要求、潜能发展特点、职业道德规范等筛选职业、行业或有感召力和容易激发共情的典型案例，融入本课程的专业教学设计，让课程思政真正服务学生的个人职业生涯发展及人生规划。具体教学框架设计如下：

1. 第一章：财务会计的基本理论（2 学时，支撑知识目标）。

章节内容要点：财务会计的理论体系。

教学要求：掌握财务会计的定义、财务会计的主要特点、企业会计准则；财务会计理论体系，包括财务会计的环境假设、财务报告的目的、财务会计对象、会计信息的质量特征、财务报表的基本要素、财务会计确认计量的基本要求。

思政要点：会计伦理、会计责任担当。

2. 第二章：货币资金（2 学时，支撑知识目标）。

章节内容要点：现金、银行存款、其他货币资金。

教学要求：掌握现金的构成，现金的管理与控制，备用金的建立、支用报销、收回，银行结算方法与银行存款余额调节表，其他货币资金的具体内容及会计处理方法。

思政要点：日清月结、内部控制。

3. 第三章：应收项目（3 学时，支撑知识目标）。

章节内容要点：应收账款、应收票据、其他应收款。

教学要求：掌握应收账款的确认、计量及会计处理方法，坏账的确认及会计处理方法，利用应收账款筹措资金，应收票据的确认、计量、贴现等核算内容及方法，其他应收款的核算、预付账款的核算等。

思政要点：收取货款的权利需以如期如数提供符合质量要求的商品或劳务为前提，所谓商业信用、崇正义、对价取之有道。

4. 第四章：存货（6 学时，支撑知识目标和能力目标）。

章节内容要点：存货盘存、存货计价。

教学要求：掌握存货的概念和范围，存货数量的盘存方法，以历史成本为基础的存货计价方法，以非历史成本为基础的存货计价方法，存货计价中的成本与市价孰低规则。

思政要点：期末存货计价与本期销货成本体现沧海横流、潮涨潮落。

5. 第五章：投资（8 学时，支撑知识目标和能力目标）。

章节内容要点：以公允价值计量且其变动计入当期损益的金融资产、以摊余成本计量的金融资产、以公允价值计量且其变动计入其他综合收益的金融资产、长期股权投资。

教学要求：掌握以公允价值计量且其变动计入当期损益的金融资产的取得、持有收益的确认及会计处理；以公允价值计量且其变动计入当期损益的金融资产期末计价，以及处置。以摊余成本计量的金融资产的取得、利息收入的确认及会计处理；以摊余成本计量的金融资产减值、处置。以公允价值计量且其变动计入其他综合收益的金融资产的取得、持有收益的确认及会计处理；以公允价值计量且其变动计入其他综合收益的金融资产的期末计量，以及处置。长期股权投资成本的确认，股权投资持有期间投资收益确认的成本法及权益法。

思政要点：投资者理性、风险与报酬同在。

6. 第六章：固定资产（5 学时，支撑知识目标和能力目标）。

章节内容要点：固定资产计价、折旧、减值。

教学要求：掌握固定资产的特点及范围，各种方式下取得固定资产的计价，固定资产折旧，固定资产减值，固定资产退废的处置。

思政要点：固定资产是企业的底子，盘好家底，条分缕析 。

7. 第七章：无形资产与其他资产（4 学时，支撑知识目标和能力目标）。

章节内容要点：无形资产、商誉、投资性房地产。

教学要求：通过本章学习，学生应掌握无形资产的确定、成本的摊销核算方法；理解对商誉的不同摊销方法及其对资产计价、收益确定的影响；理解投资性房地产的相应会计处理方法。

思政要点：搞好研究开发，提高企业创新能力。

8. 第八章：流动负债（5 学时，支撑知识目标和能力目标）。

章节内容要点：流动负债的分类与计价、账务处理。

教学要求：掌握负债的基本特征，可确定性流动负债的分类与计价，应付账款、应付票据、应交税费、应付职工薪酬、应付股利、应付利息、其他应付款以及一年以内到期的长期负债等的核算内容及方法，或有负债及其会计处理。

思政要点：流动负债关乎企业现金流量，如何期限错配，未雨绸缪。

9. 第九章：非流动负债（7 学时，支撑知识目标和能力目标）。

章节内容要点：应付债券、长期借款、长期应付款、预计负债。

教学要求：掌握非流动负债的特点与分类，应付公司债券的发行、种类、发行价格的确定、溢折价发行的摊销方法；长期借款、长期应付款的核算内容及方法；预计负债的计算与账务处理。

思政要点：非流动负债影响企业资本结构，如何统筹兼顾，如何在资本市场上融资，避免违法、违规操作。

10. 第十章：所有者权益（4 学时，支撑知识目标和能力目标）。

章节内容要点：实收资本、盈余公积、未分配利润、其他综合收益。

教学要求：掌握所有者权益的定义和特征、股份有限公司的所有者权益、投入资本和留存收益的会计处理。

思政要点：培养学生对于组织的责任感和奉献精神，树立正确的价值观。

11. 第十一章：收入（4 学时，支撑知识目标和能力目标）。

章节内容要点：收入、确认、计量。

教学要求：掌握收入的定义和特征，收入确认的前提条件和一般标准，收入确认的具体方法。

思政要点：引导学生树立脚踏实地，勤于创业、善于创造的实践理念。

12. 第十二章：费用、利润（4 学时，支撑知识目标和能力目标）。

章节内容要点：期间费用、营业利润、利润总额、所得税费用。

教学要求：掌握费用的定义和特征、费用的分类、确认与计量；利润的含义和内容，利润的确定和构成。

思政要点：培养学生静以修身、俭以养德的品质，量入为出的观念，防止铺张浪费的不良作风。

13. 第十三章：财务报表列报（4 学时，支撑知识目标和能力目标）。

章节内容要点：利润表、资产负债表、股东权益变动表、现金流量表。

教学要求：掌握资产负债表的报表格式与编制方法；利润表的报表格式与编制方法；所有者权益变动表的格式与编制；现金流量表的编制方法。

思政要点：资产是企业的底子，利润是企业的面子，如何守住底子、护好面子，运用辩证的思维看待底子与面子。现金流量是企业的日子，如何过好日子。

14. 第十四章：会计调整（2 学时，支撑知识目标、能力目标和素质目标）。

章节内容要点：会计政策及其调整、会计估计及其调整、前期差错更正。

教学要求：掌握会计信息披露的重要性与披露的内容；会计政策及其变更、会计估计及其变更、会计差错的更正。

思政要点：信息披露需充分可信，言务清，言务尽。培养学生树立正确的职业理想，培养正确的职业修养和道德品质。

（二）案例教学方法与手段

本课程综合运用以下教学方法与手段，采用案例教学、文献阅读、启发研讨和实践教学的方法，将职业道德、家国情怀、法治精神、企业社会责任、创新理念、终身学习、大国工匠的思政元素融入课程教学全过程，具体方法如下：

1. 案例教学

（1）选择典型案例、经济发展、重大事件和时政热点，让学生及时了解会计与经济发展的最新动态。

（2）注重从中华优秀传统文化和社会主义先进文化中发掘资源，让学生树立文化自信的理念。

2. 文献阅读

（1）结合专业知识、学理阐释、社会现实，推荐专业文献让学生阅读，拓宽学生视野。

（2）解读经典文献，引导学生深入思考会计学原理和实践。

3. 启发研讨

（1）把专业知识和学生关心的问题相结合，启发学生思考时事热点和典型案例，学会使用专业理论解释公司实务。

（2）开展课上课后研讨，让学生广泛参与课程教学，激发自主学习活力。

4. 实践教学

（1）通过把感性认识与理性认识结合起来，提高学生思考问题和解决问题的能力。

（2）组织学生实地考察、仿真实验、企业实习与参观、参加案例大赛等活动，提高学生对实务知识的认知能力。

（三）会计诚信教学设计与实施流程

<table>
<tr><td colspan="2">知识点</td><td>应收款、存货、收入、利润、现金流量、关联方关系及其交易。</td><td>预计时长</td><td>45 分钟</td></tr>
<tr><td rowspan="3">教学目标</td><td>知识</td><td colspan="3">本教学设计运用会计诚信审视案例企业在应收款、存货、收入、利润、现金流量、关联方关系及其交易的会计失范。要求通过本案例的学习，掌握财务舞弊的五种识别方法，明确会计诚信就是会计从业人员对会计信息使用者作出的承诺，即保证会计信息的真实有效和会计工作的客观公正。</td></tr>
<tr><td>能力</td><td colspan="3">具备分析问题产生原因及解决问题的基本能力。</td></tr>
<tr><td>素质</td><td colspan="3">要求学生具备会计诚信与职业道德、高度的社会责任感、会计人的使命感。</td></tr>
<tr><td colspan="2">教学重点</td><td colspan="3">经济业务的应对技能与甄别造假的方法。</td></tr>
<tr><td colspan="2">教学难点</td><td colspan="3">如何针对不同的经济业务的不同特点，分别进行相应的甄别与防范。</td></tr>
</table>

（续表）

思政元素	（1）收取货款的权利需以如期如数提供符合质量要求的商品或劳务为前提，所谓商业信用、崇正义、对价取之有道。 （2）引导学生树立脚踏实地、勤于创业、善于创造的实践理念。 （3）培养学生静以修身、俭以养德的品质，量入为出的观念，防止铺张浪费的不良作风。 （4）信息披露须充分可信，言务清，言务尽。培养学生树立正确的职业理想，培养正确的职业修养和道德品质。		
蕴含思政元素的教学设计			
步骤	具体教学内容	素材准备	时长
引入	“诚”是指会计从业人员要对自己从事的会计行业忠诚，不利用自己的职务来谋取私利。“信”是指会计从业人员要讲信誉，在工作中做到客观公正，不伪造会计信息，树立会计公信力。从整体上看，会计诚信就是会计从业人员对会计信息使用者作出的承诺，即保证会计信息的真实有效和会计工作的客观公正。	PPT 课件	1.5 分钟
展开	明确国际国内会计诚信现状：会计诚信缺失问题在全世界范围都存在，会计诚信问题面临着更为严峻的考验。	PPT 课件	3 分钟
深化	在课程案例的实施过程中，本课程始终坚持引导学生深入思考与讨论，以国际会计惯例为基础，结合我国企业会计准则的最新发展，通过上市公司财务报表解释和分析会计要素确认、计量、记录与报告方法。财务造假严重挑战信息披露制度的严肃性，必须坚决从严从重打击。	教材、PPT 课件、小视频、相关图片	30 分钟
归纳	案例企业财务舞弊案中的造假手段和造假原因具有一定的普遍性，其采用虚增营业收入和利润的造假手段，是我国上市公司在财务舞弊中最为常用的手段，其造假原因包括受经济利益的驱使，“一股独大”的公司治理结构，会计诚信的缺失等。	PPT 课件	7.5 分钟

（续表）

步骤	具体教学内容	素材准备	时长
总结	引用朱镕基同志给国家会计学院的题词“诚信为本，操守为重，坚持准则，不做假账”，对中华优秀传统文化与会计精神进行分析总结。	PPT 课件	3 分钟

教学活动见图 2。

（a）

（b）

（c）

图 2　教学活动

五、课程思政成效评价

本课程通过思政案例与专业理论相结合的教学方式，取得的主要成效如下：

（1）以学生为中心，推进了从“教”向“学”的转变。本课程更新教学理念，采用案例教学法、启发式教学法、演示教学法，将理论与实践紧密结合，推动课堂革命和学习革命，引导学生深入思考社会责任、会计职业道德与诚信的重要性，并积极参与课堂讨论。

（2）线上资源与线下教学融合，激发了学生学习兴趣。本课程注重提高学生自主学习能力，培养学生职业判断能力。通过有关习题与案例，采用课前引导案例的方式，帮助学生掌握重点和难点。通过新颖的思政案例提高学生的学习兴趣。

（3）提高学生自主学习能力，培养了职业判断能力。“经济越发展，会计越重要”，随着人工智能、区块链、云计算、大数据的快速发展，财务与业务深度融合，“核算型会计”转向“决策型会计”，“人工会计”转向“智能会计”。在此背景下，本课程注重引入最新上市公司案例，引导学生学会职业判断。

（4）打破了“课程思政”是“思政课程”同义转换的误区，实现思想政治教育功效的系统性延展。通过“课程思政”的设计与实践，挖掘了中级财务会计课程中蕴含的潜在思想政治教育资源，使课程本身具有一定的思想政治教育功能。这是课程人才培养任务的正本清源，是对课程立德树人效能的不断发掘，从而实现了知识传授与价值引领的有机结合。

（5）提升了课程教师的“传道、授业、解惑”的职业责任感，使之时刻不忘立德树人初心，始终牢记为党育人、为国育才使命，一贯秉承“有理想信念、有道德情操、有扎实学识、有仁爱之心”，毕生笃信“三寸粉笔、三尺讲台系国运；一颗丹心、一生秉烛铸民魂”。课程相关教学成果：章雁．关于本科“中级财务会计”实施课程思政教学的思考 [J]. 商业会计，2020（7）：103–105.

六、课程思政可供借鉴经验做法

（1）教学方法丰富。启发式 + 讨论式 + 探究式教学方法的逐层使用，促进了教学与思政的融合。从学习通讨论预热，到课上的讨论，课后的梳理总结，教师的作用是引导，学生是主角，激发了学生参与的积极性，促进了风险知识中的爱国情感的融入。

（2）教学手段多样。新闻 + 案例 + 讨论多手段综合运用，提升思政教学成效。以新冠病毒感染疫情为切入点，引入身边的小案例，如医生、快递员。

这易引起共鸣，在课上讨论中学生们可以相互启发，激发情感。

（3）思政主线突出。紧紧围绕爱国情怀、社会责任感这一条思政主线，多角度融入教学之中，逐层深入思政目标，逐级升华思政情感。从探讨“会计”一词提出的历史渊源开始，逐步引导学生理解“天下未乱计先乱、天下欲治计乃治”的治国安邦理念。接着，我们会介绍“现代会计之父”潘序伦的“立信精神”，“会计强国”战略的定位。从课前的准备与预热，到课上的思考与讨论，到课后的梳理与反馈，使得家国情怀与会计精神等得以不断夯实、凝练、升华。

七、课程思政教学反思

本课程思政教学是否能够成功，还取决于能否持续地进行改进和提高，主要包括以下三个方向：

（1）实施“润物细无声”的课程思政教学。课程思政的教学不仅要旗帜鲜明地引入故事、时事等案例进行讲授，更需要教师身体力行地在课堂讲授中和课下与学生的交流中，为人师表、以身作则，对学生进行“春风化雨”般的知识讲授和价值引领，在潜移默化中培养大学生理想信念、价值取向、政治信仰和社会责任，全面提高大学生缘事析理、明辨是非的能力，力求让学生成为德才兼备、全面发展的人才。

（2）实现理论、实务和案例教学的三线合一。本课程将会计基本理论和企业主要业务及真实案例有机融合，通过三线合一的教学模式打破时空限制，不断扩充课程容量，挖掘新的思政元素，增加师生互动、生生互动。

（3）将会计诚信作为课程的基本出发点。鉴于按照会计准则生成的会计信息质量的重要性，本课程努力提高学生的职业道德素养，通过典型案例润物无声地引导学生树立诚信意识和职业操守，诚信为本，坚持原则，具有社会责任感，迎接社会发展对会计工作提出的新要求和新挑战。

内部控制课程思政教学设计

经济管理学院 董 理

一、课程基本信息

◆课程名称：内部控制

◆专业名称：财务管理

◆学时学分：32 学时 2 学分

◆授课对象：财务管理专业本科生

◆课程类别：专业课

二、课程简介

财务管理专业培养从事公司理财、资本运营、金融证券、税务咨询等方面业务的专门人才。学生在系统掌握现代企业财务管理、金融、税收、会计、经济学和管理学等专业理论及知识的基础上，接受金融、投融资管理、税收筹划等方面的基本训练，具备分析和解决企业财务管理、金融、税务等问题的基本能力。毕业生主要在会计师事务所、银行证券等金融机构，国有企业、外资企业，以及物流、交通运输业相关企业、部门等从事财务管理相关工作。

内部控制课程重在培养财务管理专业学生的专业实践能力，基于中华人民共和国财政部等五部委联合颁布的《企业内部控制基本规范》和《企业内部控制规范应用指引》，既系统地讲授内部控制的基本理论、方法及相关案例，又分项介绍各重要经济事项的控制程序和方法。

内部控制是现代化财务管理人才必备的知识。通过学习本课程，学生将明确企业内部控制的必要性和重要性、了解内部控制的发展历史、我国企业内部控制规范体系及其实践，掌握内部控制设计与运行的方法，提高遵守财经法规、杜绝舞弊行为的思想认识，完善财务管理专业课程的思想和知识体系框架。

三、课程思政教学设计思路

财务管理专业是上海海事大学传统特色专业之一，主要培养财务管理专门人才。财务管理的工作对象是“资金”，即直接与金钱打交道的工作。俗话说，金钱最能腐蚀人心，财务管理工作者理应在工作中遵纪守法，严控金钱诱惑的风险。

内部控制的目标是保证企业经营管理合法合规、资金安全、财务报告及相关信息真实完整，提高经营效率和效果，促进企业实现发展战略。其本质是风险防范，而涉及资金的舞弊和造假、违法违规又是风险防范的重中之重。因此，在财务管理专业知识体系中，内部控制是专业教育不可或缺的一门课程。本课程内容与财务管理工作者思想道德素质的培养具有天然的紧密联系，思政教学应立足于反舞弊、防造假，深入挖掘课程各个知识点天然具备的思政元素。

（一）课程思政建设目标及相关内容重点

（1）知识目标：通过本课程的教学，使学生全面了解企业内部控制的基本目标和基础理论，理解内部环境、风险评估、控制活动、信息沟通、内部监督和内部控制评价五大内部控制要素的内容，掌握企业整体层面和各业务层面的内控知识和方法。

（2）能力目标：注重培养学生“提出问题—分析问题—解决问题”的专业素养和实践能力。课程以系统论、控制论和信息论为指导，以“理论—案例—实践”为主线，按照“目标—风险—控制”的逻辑，努力提升学生的实践技能，学会内部控制设计和运行的方法，掌握风险管理的先进技术和工具，能够熟练地对企业的内部控制与风险管理情况作出分析和评价。

（3）思政目标：教学中注重提炼、升华和强调内部控制五大要素中固有的反舞弊、防造假的思政元素，使学生在学习课程知识的同时，潜移默化地提高思想道德认识水平，特别是提高财务人员的职业道德素质，诚信为本、廉洁奉公。

（二）课程思政建设的功能与作用

建立健全内部控制是贯彻财会法律法规、加强会计核算、保障资金安全、提高财会信息质量，提升企业运营水平和风险管理的能力，帮助企业实现战略目标，促进企业可持续发展的必然要求，也是从员工思想源头上遏制企业各类违法违规、贪污舞弊行为的最佳办法。授课时融入思政元素，具有两个方面的作用。

一方面，各个章节授课时大力强调思政元素，提高内部控制理论知识的教学效果，促使学生深入理解作为内部控制主体的企业全体员工发挥的关键作用。如果每位员工都能做到业务能力足够强，具备符合社会主义核心价值观的职业道德，责任感和使命感异常坚定，人企合一，内部控制就能做到最好，从而，企业贪污舞弊、做假账等违法违规事件就会减到最少。

另一方面，在内部控制课程的实践教学中，以案例分析讨论为契机，紧紧围绕“人”的核心，对学生实施启发式思想政治教育，特别注意抓住案例中的反面典型分析，引导财务管理专业学生，不能只单纯学习如何管理资金，而是要将财务管理的专业知识大厦建立在深厚的社会主义道德伦理的基础之上，使其坚如磐石，自觉、自愿、自发地防范金钱诱惑带来的风险。

四、课程思政教学设计与实践

（一）整体介绍

本门课程的思政教学，立足于各章节内容天然具备的思政元素，将教师课堂讲授和学生课外学习有机结合。一方面，在课堂教学中，教师注重加强思政元素的讲授，多传播和弘扬正能量和积极的“三观”；另一方面，不拘泥于教材和课堂，结合课程知识点布置相关的课外学习要求，使学生能够身体力行，主动深入思考，在学习专业课知识的同时，不知不觉提高自身的思想道德修养。

章节	授课要点	思政元素	授课形式	课外学习要求
内部控制概论	主要介绍内部控制的概念、目标；产生及中西方的各自发展历程；内部控制和风险管理的关系。	教学中注重引导学生了解西方的内部控制发展史，以及我国的内部控制发展史。 财政部、证监会、审计署、原银监会、原保监会联合制定并发布了适合我国大中型企业的《企业内部控制基本规范》和《企业内部控制基本规范配套指引》。	课堂教学	上网搜集文献资料，比较国外 COSO 版内控文件与我国五部委联合发布的内控文件的异同。 思考：为什么我国不宜照搬照抄 COSO 原版内控文件。
内部控制第一要素：内部环境	内部环境是影响、制约企业内部控制设计、实施与监督的各种内部因素的总称，是内部控制存在和发展的基础。主要包括组织架构、发展战略、人力资源、社会责任和企业文化。	教学中注重引导学生认识到制度建设只是一种“硬约束”，应当融入积极向上的、符合社会主义核心价值观的企业文化的“软约束”，使得“制度他控”和“员工自控”相结合，以实现内部控制的目标。特别强调高层管理人员应当带头垂范、以身作则，决不能知法犯法、徇私舞弊。	课堂教学结合案例分析讨论	上网搜集资料、调研一家实际企业的组织架构、发展战略、人力资源、社会责任和企业文化的相关情况和实例。 思考：企业进行内部环境建设时，如何实现“制度他控”和“员工自控”相结合？
内部控制第二要素：风险评估	风险评估是及时识别、科学分析和评价影响企业内部控制目标实现的各种风险，并采取适当的策略和措施应对风险，将其控制在可接受水平之内，是实施内部控制的重要环节。主要包括目标设定、风险识别、风险分析和风险应对。	教学中注重引导学生识别和分析由于员工的职业道德缺失引发的各种舞弊行为带来的风险及其后果。	课堂教学结合案例讨论分析	搜集实际企业由于舞弊风险识别不清、防范不到位，从而引发不良后果的各类案例，判断其舞弊动因和舞弊类别，提出风险防范策略或措施。 思考：怎样才能有效提高员工职业道德水平，从而更好地防范职业道德缺失引发的舞弊风险？

（续表）

章节	授课要点	思政元素	授课形式	课外学习要求
内部控制第三要素：控制活动	控制活动是根据风险评估结果，结合风险应对策略，采取确保企业内部控制目标得以实现的方法和手段，是实施内部控制的具体方式。主要包括不相容岗位分离控制、授权审批控制、会计系统控制、财产保护控制、运营分析控制、绩效考评控制、文件记录控制、信息技术控制、预算控制等。	教学中注重引导学生熟悉各类控制活动的要求和方法，关键是执行某项控制活动的员工要提高自身职业道德修养，在思想上正确认识，对其足够重视，执行到位，以将风险控制在可接受水平之内。	课堂教学结合案例讨论分析	选取一项自己感兴趣的企业业务，调研该业务在企业实践中通常采取哪些控制活动。 思考：企业员工在执行控制活动的实践中，如何做到思想上正确认识，以确保控制活动发挥实效？
内部控制第四要素：信息与沟通	信息与沟通是及时、准确、完整地收集与企业经营管理相关的各种信息，并使这些信息以适当的方式在企业有关层级或部门之间进行及时传递、有效沟通和正确应用的过程。主要包括信息的收集机制及企业内部和外部的沟通机制、信息系统等。	教学中注重引导学生知晓，如果信息沟通机制不畅通，就会产生信息不对称问题，舞弊产生的机会就会增大；而舞弊是企业应重点控制的领域，建立反舞弊机制对于企业有重要意义。	课堂教学结合案例讨论分析	搜集几个实际企业建立反舞弊机制的实例，分析这些反舞弊机制是否明确了举报、投诉的处理程序、办理时限和办理要求，是否建立了举报人保护制度。 思考：如何建立畅通的信息沟通机制，以确保反舞弊工作落到实处？
内部控制第五要素：内部监督和内部控制评价	内部监督和内部控制评价是企业对其内部控制设计和运行的健全性、有效性进行监督检查与评估，形成书面报告并作出相应处理的过程。内部监督有日常监督和专项	教学中注重引导学生遵守“财务会计人员职业道德”和“会计伦理”，对于监督检查中出现的内部控制缺陷要勇于揭露，而不是隐瞒不报；特别是对于贪污、侵占或挪用企业资产、高管	课堂教学结合案例讨论分析	在上海证券交易所的官方网站上，查阅上市公司发布的内部控制评价年度报告。搜集内控报告中出现的内部控制缺陷，以及整改措施；分析其内控缺陷产生的原因，

（续表）

章节	授课要点	思政元素	授课形式	课外学习要求
	监督两种方式；内部控制评价是由企业董事会或类似权力机构实施的定期评价，是对内部控制有效性的定期确认，是监督结果的总体体现。	人员滥用职权、员工串通舞弊、财务报告造假等重大缺陷，坚决予以揭发，并且采取有效措施进行整改。		根据所学知识自行提出整改措施，并与公司实际采取的整改措施进行对比分析。
企业业务活动的内部控制	主要包括资产业务内部控制、购销及投资、筹资业务内部控制，以及其他业务内部控制。	教学中注重引导学生在办理各类业务活动中涉及资金、资产时，要严格按照相关规章制度和流程秉公办理，绝对不能中饱私囊、串通舞弊，徇私枉法。	课堂教学结合案例讨论分析	选取一项自己感兴趣的企业业务活动，调研并分析：该业务办理的流程和制度是什么？内部控制的重点是什么？业务中哪些环节涉及资金、资产，如何避免贪污舞弊现象的出现？
实际企业内部控制案例分析、讨论	对于企业实际发生的、因为内部控制未能做好而导致不良后果的事件案例，从内部控制五要素角度进行原因剖析，并提出相应的改进措施。	教学中注重引导学生基于社会主义核心价值观，从诚实守信、爱岗敬业、遵守职业道德、提高社会责任感等方面对实际企业案例进行讨论，发现内部控制缺陷，分析原因，并提出改进措施。同时，教育学生在未来工作中应当按照规章制度秉公办理，不能再犯案例中的错误。	企业实际案例分析以及课堂分享、讨论	选取一个自己感兴趣的、企业内部控制失败引发不良后果的案例，从内部控制五要素的角度去逐一分析，找出每个要素点上存在的缺陷，重点分析“人”的道德原因对内部控制缺陷产生及内部控制成败的重要影响，并提出相应的控制策略。

（二）教学实施

以“人员引进与开发的风险及控制”完整知识点为例进行教学设计，如下表所示。

知识点		人员引进与开发的风险及控制	预计时长	45 分钟
教学目标	知识	本部分涉及内部控制五大要素中的第一要素——内部环境。通过学习，掌握内部环境五个方面之一的“人力资源管理”中的首要环节“人员引进与开发”的风险及控制；深入理解国家五部委 2008 年联合颁布的《企业内部控制基本规范》中的第二章第六条。		
	能力	具备分析人员引进与开发风险产生的原因及提出风险控制措施的基本能力。		
	思政	引导学生树立符合社会主义核心价值观的人生观和价值观，以备毕业后走上工作岗位时能够具备良好的职业道德：若作为招聘者，应注意招聘德才兼备的求职人员，且以德为先；若作为应聘者，应当树立符合社会主义核心价值观的价值取向，做好本职工作，遵纪守法、远离贪腐、洁身自好。		
教学重点		三种不同类型人员引进与开发的风险点及其控制。		
教学难点		如何针对人员引进与开发的不同风险点，对应进行有效的风险控制。		

蕴含思政元素的教学设计

步骤	具体教学内容	素材准备	时长
引入	课程简要回顾：“内部环境”构成了一个企业的氛围，是其他四个内部控制要素的基础。“人力资源”是内部环境中最重要的方面，影响整个企业内部控制的质量，是达到内部控制最高目标“促进企业实现发展战略”的关键。	教材、PPT 课件	5 分钟
展开	人员引进与开发是人力资源管理各环节中的首要环节，其内部控制目标是企业应确保聘用和选拔的人员素质符合两点要求：①良好的道德素养；②专业胜任能力。	教材、PPT 课件	5 分钟
深化	人员引进与开发的主要风险点有三个：①高管人员德不配位，影响企业声誉，导致组织的发展战略难以实现；②核心技术人员管理不完善，可能导致人才流失，或关键技术、商业秘密和国家机密泄露；③一般员工道德	教材、PPT 课件、针对风险点的三个相关课程思政案例、	20 分钟

（续表）

步骤	具体教学内容	素材准备	时长
	缺失，监守自盗，危及组织的资产安全。通过案例配合知识点教学，引导学生树立符合社会主义核心价值观的人生观和价值观，将来毕业后走上工作岗位时能够具备良好的职业道德，远离贪腐、洁身自好。	相关图片、小视频	
归纳	人员引进与开发的关键控制点：员工招聘；从形式和程序两个方面简要介绍员工招聘；重点关注招聘对象的专业胜任能力和道德情况，招聘标准尤其要注重“以德为先”。“德”的标准要基于“社会主义核心价值观”之公民基本道德规范，即爱国、敬业、诚信、友善。	教材、PPT 课件、相关图片	10 分钟
总结	引用朱镕基先生给国家会计学院的题词“诚信为本，操守为重，坚持准则，不做假账”，从财务会计从业人员职业道德角度进行分析总结。	PPT 课件、相关图片	5 分钟

部分课件见图 1。

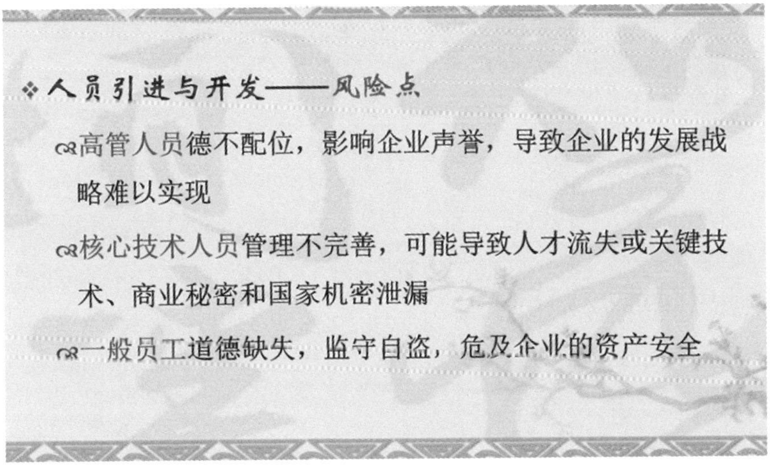

（a）

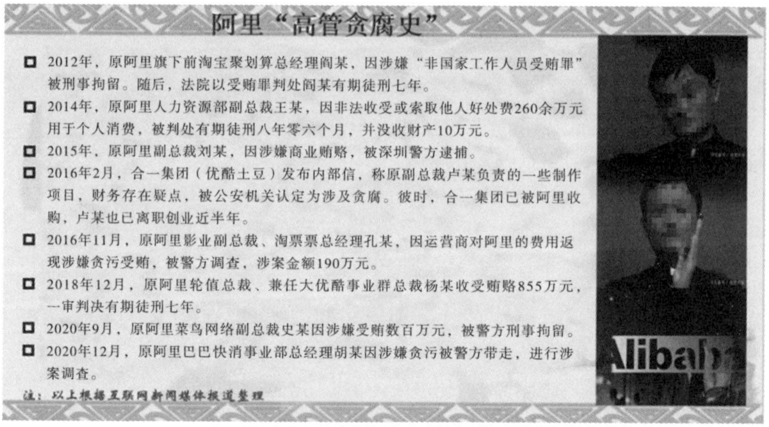

（b）

（c）

图 1　部分课件

五、课程思政成效评价

课程思政建设成效应进行多元化评价，即从学生、教师和课程三个角度评价。

（一）学生角度

对学生的评价，应从学生平时课堂表现和期末考试成绩两方面综合评价。

教师课堂上充分利用案例教学，启发和引导学生积极参与案例讨论，鼓励学生发言，如果学生能对案例中阐述的企业管理者贪污舞弊、违法违规的行为有清醒的认识和判断，发言展现出较高的道德认知水平，可以给予肯定和表扬，以及较高的平时分；反之，教师必须纠正学生的不当思想和言论。

本课程考核具有特殊性，期末考试多为案例分析主观题型，学生需判断案例中企业内部控制的缺陷，并针对缺陷提出相应的改进措施，而内控缺陷往往源于管理者的道德缺失。学生在作答时，应展现出其个人思想道德认识方面的水平，包括诚实守信、爱岗敬业、遵守职业道德、具备为人民服务的社会责任感等方面。

（二）教师角度

对教师的评价，应从授课前、授课中和授课后三个阶段综合评价，包括授课前，课程相关的思政材料是否准备充分；授课时，思政元素与原有知识点的教学结合力度和程度；授课后，授课对象思想道德水平的提高程度，以及相关的后续思政教学改进。

（三）课程角度

课程思政建设的目的是提高大学生的思想道德水平。对课程的评价，应从财务管理专业学生在本科就读期间思想道德水平的整体塑造中，内部控制课程思政教学所贡献的塑造价值这方面进行评价，即对比学生修读该课之前与修读该课之后的思想道德水平，如果学生有显著提升，那么该课程的思政建设就是有成效的。

六、课程思政可供借鉴经验做法

（1）只有融入实践的理论教学，才能让学生感同身受，达到课程思政建设的目标。教师在备课时，多搜集一些与思政内容相关的实际企业案例至关重要。这些案例最好是与时俱进的，例如上市公司康美药业前几年披露的内部控制评价报告和审计报告表明其内部控制无效，被证监会处罚。同时，将案例内容匹配到相关的章节，康美药业的案例可以匹配到内部控制第五大要素“内部监督和内部控制评价”这一章的课程思政元素；教师在授课时，当堂利用互联网搜索、展示康美药业披露的内部控制评价报告，引导学生结合教材和课程内容来阅读和理解该报告。

（2）课程思政教学的对象是选修该课程的大学生，是否能通过授课切实提高学生思想道德认知水平是检验该课程思政教学成败的标准。也就是说，学生在上课后应比上课前有所提高，这门课的思政教学才是有意义的。任课教师可以设置调查问卷，在开课前和结课后分别发放给学生，通过问卷作答，判断学生思想道德认知水平是否有所提高，以检验思政教学的效果，并以此作为后续改进的依据。

七、课程思政教学反思

（1）引入课程思政的最终目的是，既要通过课程思政的引入提高专业课的教学效果，又要通过专业课的教学发挥课程思政在当代大学生思想道德建设中的重要作用。因此，课程思政的内容应当以“润物细无声”的形式切实融入专业课各章节的理论和实践教学当中，而不是生搬硬套与专业课毫无干系的知识。如果专业理论知识与课程思政内容形成“两张皮”的状态，不仅不能实现教学目标，还有可能给学生造成困惑、降低教学效果。因此，如何做好专业知识和思政元素的融合，在课程思政建设中非常重要。目前来看，“融合”这项工作，是由各位专业课任课教师在其个人理解范围内，发掘思政元素，没有统一的参照标准和规范性。如果任课教师本身思想道德认知水平就不够，很容易出现各行其是、杂乱无章的情况。所以，如能有统一的课程思政建设参照标准和规范性，将有助于增强课程思政建设的总体效果。

（2）课程思政教学是一个支持学生将专业知识内化形成思想品德，并外化形成行为和习惯的过程。符合社会主义核心价值观的良好的“思想品德”“行为习惯”的形成，对于个人来讲，是一个长期过程，不是一蹴而就的，也不是一门专业课的思政教学能完成的任务。内部控制课程思政元素的侧重点主要在于反舞弊和防造假，其他专业课的思政元素侧重点可能会有所不同，如能进行多门专业课程思政教学联动、互补有无，可能会使得课程思政教学获得更好的育人效果。

工程力学课程思政教学设计

物流工程学院　乔　榛

一、课程基本信息

◆课程名称：工程力学

◆专业名称：轮机工程

◆学时学分：48 学时　3 学分

◆授课对象：大二本科生

◆课程类别：学科基础课

二、课程简介

上海海事大学轮机工程专业培养德、智、体、美、劳全面发展的，能独立从事船舶与海洋工程领域科学研究或解决相关工程技术问题的人才，为国内航运公司、造船企业、船舶检验机构和海事管理部门培养知识面宽、适应性强并具有创新能力、应变能力、设计能力、分析问题和解决问题的能力的技术人才。

工程力学是该专业的一门基础必修课。课程以静力分析为基础，研究构件受力后的变形和破坏规律，为使构件达到既安全又经济的要求设计受力形式、选择适当的材料、确定合理的形状和尺寸、提供必要的理论基础和计算方法。课程涉及的力学原理广泛应用于机械、建筑、航空、船舶等工程领域，理论性和实践性并重，在思维方法和研究问题的方法上能够给予学生重要的启迪。不仅为后续课程和其他科学技术的学习奠定扎实的基础，还可以增强工程创新意识，全面提高综合素质和关键能力。

三、课程思政教学设计思路

工程力学的课程思政教学总体设计基于 OBE 理念展开。以成果为导向，多角度、多维度挖掘思政元素，在教学过程设计中充分体现以学生为中心，并基于考核评价主动反思、持续改进。

上海海事大学是一所以航运、物流、海洋为特色的综合性大学，其轮机工程是国家级特色专业，2013 年入选教育部卓越工程师教育培养计划，2019 年入选国家级一流本科专业。轮机工程专业要培养的是管理船舶所有机电设备和动力装置的机电全能工程师。随着科学技术的不断发展，先进技术在船舶上得到了广泛应用，船舶运输从传统的劳动密集型向科技型转变，对专业人才的实践能力和思维能力提出了更高的要求。随着社会环境的多元化发展，形成正确的人生观和价值观也越来越重要，是学生实现正向、可持续发展的保证。

总的来说，在新工科大背景下，我们要培养的是德智体美劳全面发展，既能满足当前社会实际需求又能引领未来工程发展需求的创新型技术人才。以这一成果为导向，考虑课程性质，在进行课程思政教学总体设计时分成大学生教育、工程师教育、卓越工程师教育 3 个层级，并列出了关键的素养要求，结合课程内容，列出了 5 条思政目标。在具体实施时，适度引入低阶目标，重点强调和核心渗透高阶目标。具体课程思政教学总体设计见图 1。

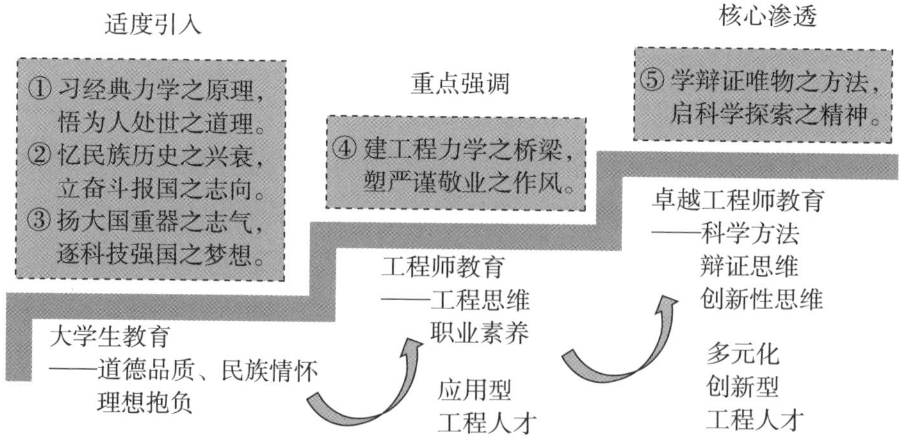

图 1　工程力学课程思政教学总体设计

四、课程思政教学设计与实践

（一）课程思政教学实践整体介绍

1. 优化教学内容，有意、有机、有效融入思政元素

在总体设计方案指导下，课程已经积累了 30 余项思政案例，详见课程大纲，在授课过程中灵活选用。下面通过几个案例介绍思政元素的挖掘和融入方法。

1）学辩证唯物之方法，启科学探索之精神

毛主席曾指出："你们学自然科学的，要学会用辩证法。"在工程力学的教学中，不仅要教授力学知识，更重要的是教会学生使用辩证唯物主义方法论分析和解决问题。

（1）矛盾的基本原理和方法论。事物的矛盾法则是唯物辩证法最根本的法则，全面准确地把握矛盾的方法论是解决复杂问题的关键。例如：构件设计时的主要内在矛盾就是安全性和经济性，我们要在对立中把握统一，才能得到合理的设计；理论分析的简化和实际工程的复杂是一对矛盾，我们要提出合理的假设，集中力量解决主要矛盾，但也不能忽略次要矛盾；摩擦有不利摩擦和有利摩擦之分，我们看待问题要有一分为二的辩证思维，采取合理的措施扬长避短；等等。

（2）基于实践的科学研究方法。经典力学的研究过程就是基于实践提出假说，进行理论推导，通过实践进行检验，在各种试错中，不断逼近客观世界规律的过程，这和辩证唯物主义的世界观和方法论是完全一致的。课程中基本构件的应力分析均采用了这种研究方法。另外，教学计划中设置了两个实验，使学生深刻体会理论与实践的辩证关系，培养理论联系实际的科学精神。

（3）真理的条件性和具体性。任何真理都有自己适用的条件和范围，在教学的过程中要特别提醒同学们不能生搬硬套，建立更加全面、科学的认识观。比如，材料力学的所有理论推导都建立在连续性、均匀性、各向同性三个假设基础之上。又如，基本构件的应力和变形分析都用到了胡克定律，因此公式仅在材料弹性范围内适用。

（4）认识过程的反复性。在教学中适当地引入一些力学史的内容，使学

生深刻体会到人们对一个事物的正确认识往往要经过从实践到认识，再从认识到实践的多次反复才能完成。比如，弯曲正应力的计算通过多位学者的不懈努力，历经 200 多年才得到正确的结论。在这个过程中，大胆的批判精神和锲而不舍的求真精神尤为可贵，也是科学发展的动力所在。

2）建工程力学之桥梁，塑严谨敬业之作风

力学与工程之间是一种“魂”与“体”的关系，只有两者相结合，才能让力学有落脚点，工程设计也显现出了内在逻辑性。力学分析大都是抽象的、简化的，工程问题则是具体的、综合的，并且和社会发展息息相关。例如：引入龙门吊大梁的上拱要求，体现学习梁的变形计算的实践意义；讲解材料的拉伸力学性能时强调规范对于工程的指导意义，并学会以发展的眼光看待问题等。

培养严谨敬业的工作作风是工程师教育不可推卸的责任。在工程实践中，任何懈怠疏忽都可能造成人身伤害、财产损失的严重后果。因此要慎之又慎，对知识的理解也要深刻全面。引入事故案例可以起到很好的教育效果。如在讲解平面力系向一点简化知识点时，引入无锡高架桥垮塌事件；在讲解梁的合理强度设计知识点时，引入上海一居户阳台整体坍塌案例。分析事故原因的过程，是夯实学生对知识理解的过程，也是建立责任意识的过程。

3）习经典力学之原理，悟为人处世之道理

经典的力学原理有时也揭示了为人处世的道理，对学生的人生观、价值观进行引导。比如：古代欹器有“虚则欹，中则正，满则覆”的状态变化，对应原理是重心位置的改变，启示我们做人要掌握一定的尺度，以适度为好；针对低碳钢在拉伸过程中经历的线性、屈服、硬化和颈缩四个阶段，把载荷比喻成挫折，变形比喻成付出，可以看到低碳钢坚忍不拔、越挫越勇和勇攀高峰的高贵品格，我们也当如此。

4）忆民族历史之兴衰，立奋斗报国之志向

课程中学习到的很多名词、参数或公式是以国外学者的名字命名的，但实际上中国古代劳动人民早已通过实践获得了相近的结论。比如，东汉经学家郑玄揭示了力与形变的正比关系，比胡克定律的提出早了 1000 多年。又如，弯曲正应力的计算公式由法国力学家纳维埃提出，可以推导出圆木取方最安全经济的方式。而早在北宋时期，土木建筑家李诫在其编撰的书籍中就已经给出了合理的方案。

中国历史上有很多称奇的卓越技术，但是由于数千年的封建专制统治，我们在将这些技术转化为科学的道路上落后了。新中国成立后，中国选择了正确的道路，科技飞速发展。作为祖国科技发展之未来，当代大学生要建立道路自信，认清学科的差距，奋力直追，在近代科学史上留下更多中国学者的名字。

5）扬大国重器之志气，逐科技强国之梦想

结合学校的航运特色和专业培养定位，在课程教学中引入港口机械及船舶工程领域的先进技术，坚定学生投向港航现代化的信心，增强民族自豪感。例如：在讲解“对称弯曲正应力”时，以岸边集装箱起重机的大梁设计为案例，从图片中的“ZPMC”标志自然地引出上海振华重工，介绍其带领中国港机走向世界，全球份额达到 82% 的奋斗历史，借助于丰富的视频资源，使学生切实感受到中国工程机械领域的辉煌成就。在这个过程中，学生还能充分体会到专业知识学习的价值，增强使命感。

2. 以学生为主体，深化自主学习意识

（1）在教学方法上，围绕“以学生为中心”的教育理念，采用启发式、案例式教学，从方法论的角度剖析问题，以培养学生的独立思考能力、应用力学知识解决复杂工程问题的能力及良好的职业规范。

（2）在教学过程中，借助于“超星学习通”平台组织多样化的教学活动，充分调动学生参加课堂活动的积极性和主动性；鼓励和督促学生克服思想惰性，指定知识点负责人，使班级成为学习共同体，深化责任意识；发掘身边的力学原理教具，培养学习兴趣。鼓励学生积极参加科创类实践活动，把已有的知识运用于实践，充分发挥科学理论对实践的指导作用。

（3）在考核环节中，提高过程性评价占比，采用小班教学的模式，考虑个性化差异，关注学生在课程进展过程中的习惯、思维成长，并及时给予合理的激励，逐渐形成学习的主动性。

（二）教学设计案例

第 11 章	弯曲应力		
第 2 节	对称弯曲正应力		
本讲主要内容	对称弯曲正应力的计算及其应用。	预计时长	45 分钟
教学目标	知识	熟悉利用“三关系法”推导纯弯曲应力的过程，能够利用弯曲正应力公式求解受弯构件的应力计算和强度问题。	
	能力	深刻理解基于实践的科学研究方法，培养利用理论分析、解决工程问题的能力。	
	素质	培养大胆创新的批判性思维，与时俱进，开拓创新；激发民族自豪感和使命感。	
教学重点	纯弯曲梁的变形特点及提出的假设； 利用“三关系法”推导纯弯曲梁截面应力的计算公式。		
教学难点	中性层概念的理解；“三关系法”中两个静力学平衡方程的建立。		
思政融合点	★引入岸桥为背景——彰显大国重器的国际影响力； ★讲解弯曲正应力的推导过程——学习现代科学研究方法及辩证唯物主义基本原理和方法论； ★引入古代文献关于圆木取方的记载——体现古代劳动人民的实践智慧和精益求精的工匠精神； ★引导学习学科史——历史是最好的教科书，也是最好的清醒剂，确立科技报国的伟大志向。		

蕴含思政元素的教学设计

步骤	教学内容	设计意图
引入 （3 分钟）	工程结构无论多么复杂，本质上都是由多个基本构件组合而成的。以港口机械——岸桥的前、后大梁设计作为引入。 提出问题：如何保证结构的安全性？受弯构件截面上的弯矩引起的应力如何计算？	结合学校特色，引入工程案例，建立理论计算和实践应用之间的关系。

（续表）

步骤	教学内容	设计意图
	 **扬大国重器之志气** 在国家的大力支持和振华的不懈努力下，中国港机装备的全球份额已经从 5 年前的 70% 增加到 82%。纵览全球海岸线，我们可以自豪地说，中国制造在搬运着整个世界。	通过中国港机设计制造取得的伟大成就激发学生的民族自豪感。
讲授新课 （25 分钟）	（1）以模型演示的方式，引导学生观察实验现象，总结纯弯曲变形特征，并引出基本假设。  （2）利用“三关系法”推导纯弯曲梁截面上任一点的正应力计算公式：①利用几何关系推导出截面上的应变；②由物理关系得到截面上的应力分布情况；③利用静力学关系，建立平衡方程，得到截面上正应力计算公式和中性轴的位置。	带领学生观察实验现象，讲授纯弯曲梁截面应力计算公式的推导过程，揭示其中蕴含的科学研究方法，提高学生对真理的认识。

（续表）

步骤	教学内容	设计意图
	（3）定义抗弯截面系数，推导出最大应力表达式。 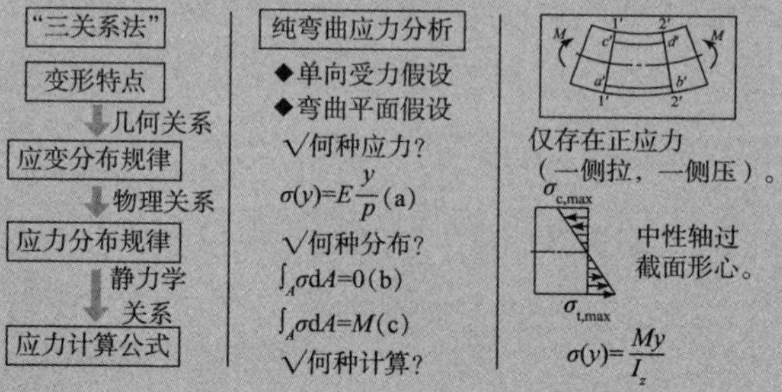 （1）理论推导前进行了矩形截面梁的纯弯曲试验，观察其变形情况，凸显了实践在科学研究中的重要意义。 （2）弯曲正应力公式的适用条件体现了真理的条件性。	
知识拓展 （5分钟）	讲述弯曲正应力计算公式的研究历程。  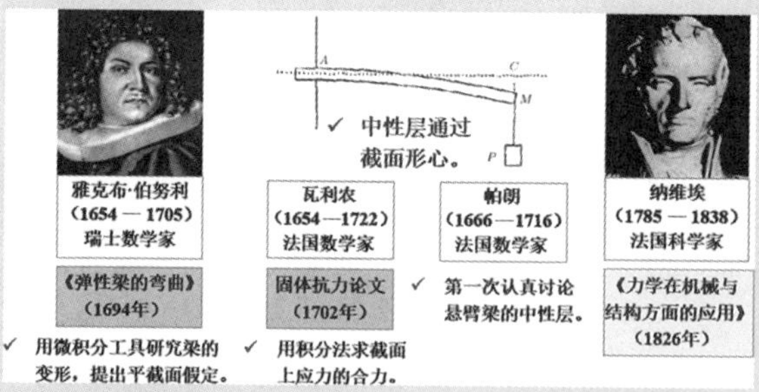 **学辩证唯物之方法** （1）认识具有反复性，由于受主客观条件的限制，人们对一个事物的正确认识往往要经过从实践到认识，再从认识到实践的多次反复才能完成。	从历史中汲取启示，鼓励学生要与时俱进，开拓创新。在实践中认识和发现真理，在实践中检验和发展真理。

（续表）

<table>
<tr><th>步骤</th><th>教学内容</th><th>设计意图</th></tr>
<tr><td></td><td>（2）材料力学的研究过程就是提出假说，通过实践进行检验，在各种试错中，不断逼近客观世界规律的过程，这和辩证唯物主义的世界观和方法论是完全一致的。
启科学探索之精神
大胆的批判精神和锲而不舍的求真精神是科学发展的动力所在。</td><td></td></tr>
<tr><td>应用巩固
（10 分钟）</td><td>案例讨论：
矩形木梁怎样从圆木中取材能获得最大的强度。
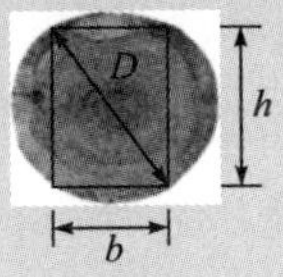
$b^2+h^2=D^2$
$\sigma_{\max}=\frac{M}{W_Z}$ ⇨ $W_{Z\max}$
$W_Z=\frac{bh^2}{6}=\frac{b(D^2-b^2)}{6}$
令 $\frac{dW_Z}{db}=0$ 得：$b=\frac{\sqrt{3}}{3}D$
$h=\frac{\sqrt{6}}{3}D$ $\boxed{\frac{h}{b}=\sqrt{2}}$
忆民族历史之兴衰
我国北宋时期土木建筑家李诫编撰的《营造法式》（1103 年）中关于圆木取方的叙述：凡梁之大小，各随其广分为三份，以二分为厚。这和理论推导得到结果非常接近，比伽利略的研究还早 500 多年，充分体现了我国古代劳动人民的无限智慧和精益求精的工匠精神。</td><td>案例讨论，引导学生思考，解决实际问题。引入中国历史上的土木建筑成就，启发学生磨炼精益求精的工匠精神。</td></tr>
<tr><td>总结
（2 分钟）</td><td>（1）总结本节知识点，引出下节课的内容：弯曲切应力的计算。
（2）推荐课外书籍：《关于两门新科学的对话》《力学史》。

作者: [意]伽利略
出版社: 北京大学出版社
ISBN: 9787508690322

作者: 武际可
出版社: 上海辞书出版社
ISBN: 9787532631483</td><td>以史为鉴，激励学生肩负起建设科技强国的使命和责任。</td></tr>
</table>

（续表）

步骤	教学内容	设计意图
	立奋斗报国之志向 数千年的封建专制统治使我们在将卓越技术转化为科学的道路上落后了。在中国科技飞速发展的今天，我们应该奋发向上，肩负起把中国建设成为新时代科技强国的使命。	
备注	以上思政元素根据课程进展和学生的反映动态调整和选取。	

五、课程思政成效评价

工程力学课程于 2020 年被列为校级课程思政示范课建设项目。经历两年多的教学改革，形成了丰富的思政教育资源，取得了较好的成效，评教结果均为 A+。在课堂教学的过程中，学生的积极性和参与度显著提高，采用的教学案例和教具启发学生思考，在理论学习和实践应用中搭建了一座桥梁，从力学视角看世界，给学生留下了深刻的印象，最终的考核成绩也有较大提高。在 2022 年新冠病毒感染疫情的特殊背景下，学生们在校严格遵守学校的安排，积极参加志愿者活动的同时也没有耽误课程的学习，体现了强烈的责任意识和持之以恒的坚韧态度。

课程建设成果获得了同行的普遍肯定。在 2021 年上海海事大学第三届课程思政教学比赛、2021 年临港五校课程思政示范活动、2022 年首届上海市课程思政教学设计展示活动中都取得了特等奖的好成绩，校内外专家在进行点评时予以很高的评价。课程负责人多次应邀参加课程思政建设经验分享活动，针对“理工科的思政元素挖掘与融入”这一主题进行讲座汇报，从课程思政建设过程中的困惑、课程思政建设的总体指导思想、工程力学课程思政案例分享等方面展开介绍，受到了广泛的肯定。课程节段入选新华网课程思政案例库，累计学习近 4 万人次，取得了较好的社会辐射效果。

六、课程思政可供借鉴经验做法

（1）渗透辩证唯物主义的世界观和方法论。当从辩证法的视角去看待问题时，可以有更加深刻、透彻的理解。例如：在梁的弯曲正应力章节中，介绍伽利略是第一个研究弯曲应力的科学家，他第一次将实验引入了力学研究，建立了实验观测、假设、分析与推导的现代科学研究方法，因此被称为“现代科学之父”。事实上，拉压杆和圆轴扭转横截面上的应力也都是相同的研究思路。通过方法论的讲解，学生学习到的就不是一个个零散的知识点，而是分析问题的方法。

（2）以研促教。课程主讲老师有丰富的港口及海洋工程项目经验，与学校的航运和物流特色契合度很高，采用自身经历或看到的案例，能够做到言之有物，容易被学生接受。比如：介绍参研的代表着国家及国际领先水平的项目，无须浓墨重彩就可以增强学生的民族自豪感；带领学生利用学到的理论知识分析事故发生的原因，理论与实践相结合的同时，告诫学生对待工作、学习，要秉承严谨的作风等等。

（3）与时俱进，关注学科发展。充分利用信息平台，建立学生交流群，分享学科的发展历史、优质的参考书籍及公众号、有趣的案例分析、关键问题的研究进展、时事资讯等，帮助学生建立一个立体的学习环境，充分认识到课程知识的广泛应用价值。

七、课程思政教学反思

（1）课程思政和专业教育的同向同行。横向来看，工程力学作为面向多专业的学科基础课，如何使课程思政内容灵活地契合各专业的培养目标？纵向来看，同一专业中，本课程如何更好地配合其他课程实现协同育人？这些问题都需要从专业培养计划的角度构建课程思政总体框架。

（2）课程思政教学效果的量化考核。目前的课程思政考核评价主要体现在课堂表现和日常行为中，以学生自评和集体互评相结合的方式开展，考核机制还有待进一步完善。需要多学习课程思政建设的相关文献，借鉴好的评价机制，结合课程进行实践，更加客观真实、科学有效地反映课程的思政教育成效。

电机与电力拖动基础课程思政教学设计

物流工程学院 朱立勋

一、课程基本信息

◆课程名称：电机与电力拖动基础

◆专业名称：电气工程及其自动化

◆学时学分：48 学时 3 学分

◆授课对象：大二本科生

◆课程类别：专业课

二、课程简介

上海海事大学电气工程及其自动化专业主要培养具备扎实的数理、电工电子、电气工程等基本理论和专业知识，具有在港口、物流和海洋新能源领域进行电气相关产品设计、制造及生产组织管理的卓越人才，尤其侧重为大型国有港口和海洋新能源企业培养勇于创新敢于实践的应用型、复合型电气工程高级卓越工程师。

电机与电力拖动基础是电气工程及其自动化专业以电机为研究对象的专业核心必修课，主要介绍工业生产中常用类型电机和变压器的基本结构、运行原理、工作特性和拖动控制等内容，主要培养具有能在港口、物流和海洋新能源领域解决工程设计和运维中电机和变压器的选型、维护和排除故障等问题的“厚基础、宽口径”且德、智、体全面发展的高级工程技术人才。

三、课程思政教学设计思路

电机与电力拖动基础课程具有理论性强、知识点多和与工程实际联系紧密等特点，需要综合运用机械结构、电路分析和电磁场分析等知识进行学习。因此本课程不仅可以培养学生的逻辑思维和理论联系实际的能力，还可以将多种思政元素与课程内容进行结合，“润物无声”地进行价值引领和思政教育。本课程的培养目标如下：

（1）知识目标。以港口机械装备和海洋新能源发电装备中经常用到的直流电机、交流电机和变压器为研究对象，运用大学物理和电路理论的基础知识，掌握直流电机、交流电机和变压器的运行原理和拖动方法，为学生今后从事港口航运和新能源行业中电机与电力拖动控制系统设计与应用方面的工作打下坚实基础。

（2）能力目标。通过本科课程的学习，培养学生正确科学地运用唯物辩证法对电机进行全面的、系统的和整体的分析能力，使学生具备对电机及其拖动系统进行数学建模的能力和解决电机与电力拖动设计工程问题所需的专业知识和技能。

（3）思政目标。本课程的思政目标是将抽象的理论知识与马克思主义哲学思想和人文思政元素进行深度融合，通过具体的知识点让学生重点理解马克思主义哲学原理的深刻内涵，通过电机技术的发展体会社会主义现代化建设成果的来之不易，实现知识传授和思政教育的双管齐下。

基于上述培养目标，本课程首先通过介绍我国港口自动化码头，海洋风力发电厂和新能源汽车等世界领先行业都离不开电机的应用，激发学生对电机的学习兴趣，增强学生的民族自豪感与自信心，使学生认识到掌握关键技术，提高自主创新能力对国家的重要性。通过讲述我国电机行业的发展史，可以展现我国电机工作者的艰苦奋斗、敬业奉献的职业信念和务实严谨、勇攀高峰的创新精神，让学生体会现阶段社会主义建设成果的来之不易。在理论知识的教学中，电机数学建模、建立等效模型、特性分析和实验研究等内容，可以让学生进一步体会理论联系实际、抓住主要矛盾、透过现象看本质和辩证的马克思主义原理，使学生树立正确的当代马克思主义哲学观，培养学生的科学精神和科学家精神。

四、课程思政教学设计与实践

（一）教学设计

自 1821 年法拉第发现电磁感应定律以来，人们对电机及其拖动技术的研究就没有停止过，并将其应用到生产生活的各个方面。传统的电机与电力拖动基础课程主要围绕知识点进行讲授，内容晦涩抽象，难以调动学生学习的积极性。本课程在新工科的背景下，将当今世界人们广泛关注的海洋新能源发电、自动化物流等新技术与课程内容相结合，并将抽象的电机结构利用三维视频的方式进行展示，努力提高学生对本门课程的兴趣。同时，本课程更重要的目标是深挖课程内知识点的思政元素，努力突破专业知识与课程思政之间的壁垒，实现知识传授、能力培养和价值引领之间的深度融合。

在课程思政建设方面，本课程以立德树人的主要任务为中心点，抓住专业知识教育和思政教育两个方面，采用线下教学、“海大学习通”线上平台和互联网自我探索三种教学渠道，进行直流电机、变压器、交流电机和同步电机四大部分的教学，利用发展历史对比法、时事热点追踪法、教学内容联想法、反面教材警示法和实践启发探究法五种方法深挖思政元素，将家国情怀、责任担当、个人素养、科学精神、工程师精神和综合素养六大思政元素融入其中。图 1 为采用时事热点追踪法讲述我国高压直流输电现状的课件，通过对我国特高压直流输电技术在世界处于领先地位的介绍，提高学生的民族自豪感与自信心，培养学生的家国情怀，要向科技工作前辈学习不畏艰难、勇往直前的工程师精神和创新精神。

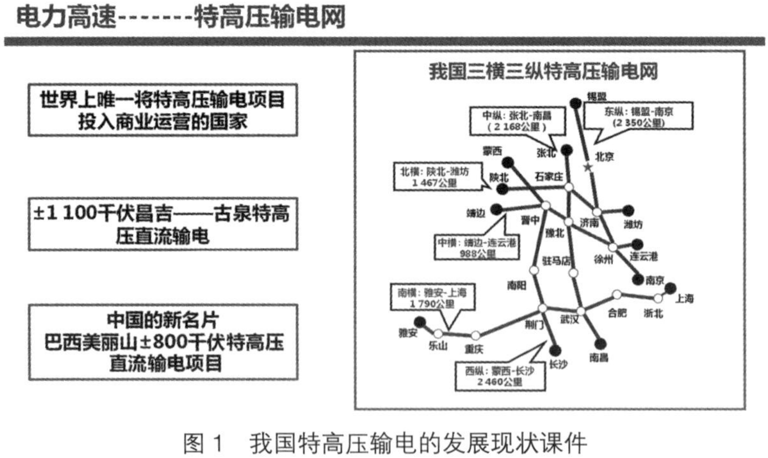

图 1　我国特高压输电的发展现状课件

图 2 通过我国全自动化码头这一大国重器的发展历程，激发同学们的民族自豪感。进而引导学生思考全自动码头中有哪些重要的电气设备，哪些地方会用到电机，都是何种类型的电机。通过让学生自主学习和研究这些电机的发展现状，找出目前在电机领域的关键技术和存在的“卡脖子”问题，进而使学生深刻意识到自己的使命和担当，只有掌握扎实的科学文化知识，才能为祖国的繁荣富强贡献自己的力量。

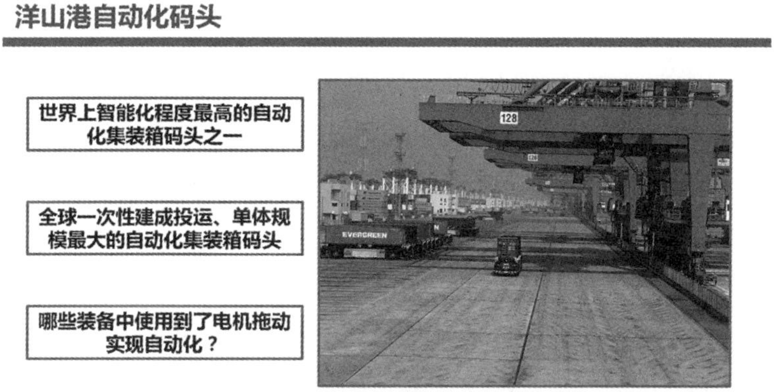

图 2　洋山港自动化码头发展现状课件

章节	知识点	思政元素
绪论	电机的发展史	通过介绍电机从直流电机到交流电机、控制电机、特种电机的四个发展阶段，引出我国电机发展的历史、现状和未来展望，培养学生积极投身祖国建设，勇于探索、敢于创新和攻坚克难的爱国奋斗精神。通过洋山港自动化码头的介绍，让学生体会电机在国民经济中的重要作用，并介绍我国“航运强国”的发展战略。
第一章：电机的基本原理	电磁感应原理	通过介绍磁通量变化产生感应电动势的电磁感应原理，揭示电与磁的内在联系，引出电磁感应在电工、电子技术、电气化和自动化等方面的广泛应用对推动社会生产力和科学技术的发展发挥了重要的作用，培养学生刨根问底的钻研精神，并通过电与磁的相互转化总结矛盾论的辩证思想。
	电机的基本结构	通过介绍电机主要由定子、转子、机座、轴承、端盖和风扇等部件组成，以及对各个部件作用的了解，培养学生精益求精的工匠精神。通过电机复杂的结构，让学生体会电机研发的重要性，尤其随着工业 4.0 的发展，各行各业的自动化和智能化程度越来越高，对电机的需求量会进一步增长。企业需要加大创新和研发投入，不断创新电机结构，以适应科技的发展。

（续表）

章节	知识点	思政元素
第二章：电力拖动系统的动力学基础	生产机械的负载转矩特性	通过学习负载转矩与转速无关的恒转矩负载特性、负载转矩与转速成反比的恒功率负载特性和负载转矩与转速的二次方成正比的通风机负载特性，得出在不同工况要应用不同的负载特性，引出同一方法不可能适用所有问题的真理，培养学生具体问题具体分析的能力，不能以偏概全，一概而论。
	电力拖动系统的稳态条件	通过对电力拖动系统稳态运行和不稳定运行的对比分析，引出稳定是国家繁荣，社会发展的前提，我们要坚定不移地维护党和国家稳定的局面。 在航运中，电机技术的应用主要体现在船舶电力推进系统上。电力推进系统在船舶领域的应用已经有几十年的历史，结合航运背景下船舶电力推进技术的发展史。
第三章：直流电机原理	直流电机的基本原理	通过分析直流电机的基本原理与结构，引入直流电机在家用电器以及机器人等多个领域中的应用，激发学生的学习兴趣。并通过与交流电机进行对比分析，引导学生要善于使用类比总结的学习方法。 引导同学们思考船舶电力推动的原理。并介绍在船舶电力推进领域一些关键的核心技术，如大功率电机、能量管理系统等，目前仍被国外厂商所掌握。这导致国内船舶电力推进技术的发展受制于人，需要依赖进口。激发学生的学习动力。
	电枢绕组感应电动势	通过分析直流电机的电枢绕组，引出精益求精的工匠精神。再通过对直流电机的感应电动势的推导，培养学生严谨的科学思维和脚踏实地的工作精神。
	直流发电机的自励建压	通过分析并励直流发电机的自励建压必须满足的三个条件（电机的主磁场必须有足够的剩磁、由励磁绕组产生的磁势与剩磁磁势的方向必须相同和励磁回路的总电阻必须小于临界电阻），引出只有个人的努力方向和国家的发展方向一致，才会取得成功；历史告诉我们，每个人的前途命运都与国家和民族的前途命运紧密相连。国家好，民族好，大家才会好。
第四章：直流电机拖动基础	直流电机的四象限运行	直流电机的四象限被用来描述电机的四种运转状态：正向电动、回馈发电制动、反接制动和反向电动。通过分析使用四象限来描述电机的运行状态的方法，引出矛盾双方在一定条件下可以相互转化的哲学理念，培养学生多角度看待问题的能力。

（续表）

章节	知识点	思政元素
	直流电机的调速实验	通过实验验证直流电机的调速原理和内在规律，引出实践是检验真理的唯一标准的辩证唯物主义观点，培养学生能够持续学习，主动适应复杂工程环境的能力，锻炼学生团结合作和责任担当的意识。
第五章：变压器	变压器的基本结构	通过分析变压器的基本结构和主要部件的功能，引入视频“特高压变压器的心脏——线圈”，展示超高压变压器线圈的绕制过程，介绍线圈车间绕线班班长曾国荣的事迹，彰显一丝不苟和精益求精的工匠精神。
	变压器的等效电路	根据电机的磁路和电路，分析空载和负载时的变压器内部的磁场，理解变压器的工作原理，得到变压器的等效电路。通过对这一研究变压器的基本思路的梳理，培养学生科学思维的态度、脚踏实地的工作精神，以及理清思路解决问题的能力。
	变压器的运行特性	通过在分析变压器外特性时忽略励磁电流的影响，引导学生分析和处理问题时要抓住主要矛盾，忽略次要矛盾，要看主流。 引入船舶电力推进系统需要大功率的变压器来提供稳定的电力供应的内容。介绍目前船舶推进电力变压器的存在的技术难点，以及会产生的影响。
	变压器的并联运行	通过分析三相变压器的联结组与变压器的并联运行条件，引出社会需要法律法规，培养学生遵纪守法的意识。
	变压器的效率	通过分析变压器的能量传递关系和效率特性，引出社会和国家需要协调发展才能使效率最大化——引入协调发展的理念，培养学生多方面发展的意识。同时引出能源的珍贵性，以及只有技术的不断创新才能使效率更大化，培养学生节能环保的意识和勇于创新的科学精神。
	变压器的空载试验和短路试验	通过分析变压器的空载试验和短路试验，培养学生实事求是的工作态度和精益求精的工作精神。通过对试验原理的学习，培养学生分析解决问题的能力。
第六章：交流电机的旋转磁场	交流电机的电枢绕组	通过对交流电机的电枢绕组的绕制原理的讲解，引出绕组独特的外观特点，以及与直流电机绕组的对比分析，从而培养学生学习迁移的能力和对称美学的欣赏能力。

（续表）

章节	知识点	思政元素
	三相电枢绕组的磁动势	通过对正弦磁场下交流绕组的感应电动势公式的推导及其谐波分析，培养学生求真务实的科学精神。 从单相绕组通入正弦电流产生脉振磁动势到对称三相绕组通入对称三相正弦电流产生旋转磁动势，引入量变到质变的飞跃，培养学生积少成多的学习精神。
第七章：异步电机原理	异步电机的原理	首先介绍我国的大国重器之一，全自动化码头。然后引导学生思考全自动化码头里面重要的电机设备有哪些，用什么样的电机，进而引入异步电机的概念。 根据电磁感应原理，当定子绕组通入三相对称交流电，则产生切割转子绕组的旋转磁场，从而转子绕组产生感应电动势和电流，转子导体的电流在旋转磁场的作用下，受到力的作用而旋转。通过对异步电机原理的分析，得出异步电机的定子与转子如同一对相互依存并相互排斥的矛盾体，从而引出矛盾的同一性和斗争性的辩证唯物主义观点，培养学生辩证唯物主义的科学观和世界观。
	异步电机的电磁关系	通过对异步电机的电压平衡方程和磁势平衡方程的推导，以及异步电机等效电路的导出，培养学生积极探索，求真务实的科研精神。
	异步电机的功率与转矩	通过与直流电机的机电能量转换进行对比分析找出异同点，培养学生的对比分析能力和善于总结的习惯。通过异步电机电磁转矩的三种表达形式的推导和分析讨论，引出同一问题有多种不同的表达形式，而不同的表达形式又对应不同的解决方法，培养学生灵活运用不同方法解决问题的工程师精神。
第八章：同步电机的原理	同步电机的基本结构	通过介绍哈尔滨电机厂的国际领先成果，领会哈电的开拓进取和原始创新的精神，激发学生的行业自信和爱国情怀。大容量同步发电机设计研发需要高效、高性能、高可靠性的技术。然而，这种技术的研发难度大，投入成本高，目前仅有包括我国在内的少数几个国家掌握该项技术。我国已经将该项技术推广到“一带一路”共建国家，帮助当地建设火电站。
	同步电机的并网条件	通过对同步发电机的并网条件（相序相同、频率相同、电压波形相同、电压幅值和相位相同）的分析，引导学生要严格按照科学规律办事，否则会产生严重后果。
第九章：交流电机的拖动基础	交流电机的启动	通过讲解交流电机的多种启动方式，培养学生具体问题具体分析的辩证思维。
	交流电机的调速	通过多种调速方式优缺点的对比，体现事物两面性的哲学思想。

（续表）

章节	知识点	思政元素
第十章：电力拖动系统电动机的选择	电动机的绝缘等级与工作制分类	通过对电动机的绝缘等级与工作制进行分类，培养学生纵观全局和多角度看问题的能力。根据不同工况，因地制宜地选择合适型号的电动机，培养学生具体问题具体分析的能力。

（二）教学案例

1. 知识点

直流电机的基本原理。

2. 教学目标

（1）知识目标：了解直流电机的基本结构，理解直流电机的运行原理，掌握直流电机运行特性的分析方法。（10 分钟）

（2）能力目标：培养学生根据直流电机的结构，构建直流电机数学模型的能力，并可以利用构建的数学模型，对直流电机的运行特性进行分析。（25 分钟）

（3）思政目标：根据直流电机内部复杂的结构，培养学生精益求精的工匠精神。根据直流电机运行原理的分析，让学生掌握利用矛盾论对具体对象进行分析的能力。（10 分钟）

3. 课前导入

通过播放一段关于直流电机运行状态的三维视频，使学生直观地掌握直流电机的基本结构。通过视频告诉学生，尽管所有电机都是基于电磁感应定律运行的，但一台电机的内部结构还是非常复杂的，只有坚持执着专注、精益求精、一丝不苟、追求卓越的工匠精神，才可以生产出质量可靠、性能精良的产品。

1）问题讨论

根据播放的视频，老师布置如下几个问题供学生进行分组讨论分析，并邀请每个小组派代表陈述自己的观点。

（1）直流电机电枢绕组内的感应电动势是直流的还是交流的，为什么？

（2）哪些方法可以改变直流发电机输出电压的大小，为什么？

（3）直流电机运行时有哪些优缺点？

学生以小组的形式进行自主学习，不仅可以培养团队合作精神和沟通能力，还可以培养学生的自主探索学习的能力。

2）问题分析

问题（1）：教师通过反复播放直流电机模型运行的视频，引导学生明白，尽管是直流电机，其内部电枢绕组上的感应电动势是交流的，该交流电需要通过换向器转换成直流电。根据直流电机内部不仅存在交流电，也存在直流电这一知识点，引入事物内部是普遍存在矛盾的哲学原理。

首先向大家介绍毛泽东在1937年发表了《矛盾论》，它是马克思主义哲学史上系统深刻地阐述对立统一规律的哲学专著，其论述紧密结合中国革命的实践，因而具有鲜明的中国特色，为中国共产党的思想路线奠定了哲学基础，丰富和发展了马克思主义。然后说明任何事物内部都是有矛盾的，电机也不例外。事物的内部矛盾推动了事物的运动和发展。直流电机由于有了直流和交流的内部矛盾，使得其可以正常工作。

问题（2）：首先引导学生，要想知道改变输出电压大小的方法，需要知道输出电压的计算方法，不能凭直觉去想象，培养学生严谨的科学精神和工程师精神。之后推导输出电压的计算公式，从公式中可以看出，电枢绕组串联的支路越多，电机输出的感应电动势越大。因此可以让学生体会到团结的力量，将更多的导体“团结”起来，可以得到更大的感应电动势。如果广大人民群众团结一心，就没有攻克不了的困难。一个人可以走得很快，但一群人才能走得更远。让学生们明白，想要成就一番事业，单凭一个人的智慧是远远不够的，群体的智慧可以让困难变得更容易解决，让眼界更加广阔，更容易取得成果。

问题（3）：根据前面分析得到的直流电机的运行原理，分析总结直流电机的优缺点，并让学生思考事物两面性的辩证思想，分析事物要从正反两面进行全面分析。

4. 课程小结

通过对直流电机的结构、原理和运行特性分析得出的结论，引导学生思考即使最简单的电机，从设计到制造，都离不开老一辈工程师技术的积累和我国完整的工业体系的支撑，体会新中国社会主义现代化建设过程中老一辈技术工作者的艰难与不易，提倡同学们在享受社会主义建设成果的同时，还要努力学习，为社会主义建设增砖添瓦，奉献自己的一份力量。

五、课程思政成效评价

（一）对学生的评价

围绕学生的学习效果对课程思政的成效开展评价，主要从知识传授、能力培养和价值塑造三个指标开展评价。其中，知识传授通过期末闭卷考试的形式进行，评价学生对课程基本概念、基本原理和基本分析方法的掌握情况；本次期末考试优秀率为 11.7%，良好率为 31.2%，有 33.8% 的学生评价为中等，有 20.8% 的学生评价为及格，还有 2.5% 的学生为不及格。能力培养通过课堂讨论的形式进行，主要评价学生结合马克思主义哲学原理，利用已经掌握的数学、物理中的基本原理分析和解决新问题的能力。通过分组讨论的效果，显示同学们基本上具备了上述能力。价值塑造通过学生撰写课程总结的形式进行，内容包括对本课程涉及的科学态度、科学伦理、课程的体会和建议等的论述和讨论。通过对学生提交的课程总结分析，基本成功建立上述价值观。

（二）对课程评价

对课程评价采用发放匿名问卷，获得学生对课程的评语的形式，问卷调查中部分学生的评价如下。

同学 A：通过课程的学习，深入了解了我国电机技术的发展史，对未来趋势有了清楚的了解，对电机有了系统的认识，为后续课程的学习打下了坚实的基础。

同学 B：对电机及其拖动这一领域有了更深刻的认识，并对自己的未来规划有了更清晰的想法。

同学 C：课程中引入了大量的案例，使得课程变得生动有趣。

（三）对教师的评价

有效地提升了教师开展课程思政建设的意识和能力，促使教师不断提升将课程思政元素融入知识点的能力，提升课程思政教学效果。学生对该课程的评教分数为 93.1 分。

六、课程思政可供借鉴经验做法

（1）课程遵循“科学主导，问题驱动”的工程教育理念，瞄准新能源汽车的国家战略和科技前沿问题，以真实的新能源汽车电机拖动问题为牵引，深刻理解学习本课程的目的和意义。

（2）借助我国改革开放以来来之不易的发展成就和当代科学家艰苦奋斗的历程，结合国外对我国“卡脖子”技术限制的现状，深入挖掘思政元素，培养学生的国家情怀和责任担当。

（3）采用分组讨论，翻转课堂等教学方法，加强课堂中的师生互动、生生互动，让学生结合知识点自己挖掘思政元素，使思政教学从被动变为主动，提高学生对课程思政的兴趣。

七、课程思政教学反思

本课程通过现阶段课程思政教学设计的融入，学生对思政内容的接受度、课程满意度和课程目标达成度都有所提高，但教学成效评价结果中依然反馈出一些典型的问题，例如随着课堂教学中思政内容的增加，势必要压缩专业知识的讲解内容，一些重点难点内容就不可能在课堂上反复讲解，需要学生课后反复复习思考才可以掌握，而一些学生不能将课后任务全部落实，存在应付心理，导致学生对一些难点的学习不够透彻，理解得不够深入。这个问题反映出课程设计环节有所缺陷，在后续持续改进中，拟重新设计课程内容，对重点的知识点，采取“课堂布置任务—课后自学掌握—课堂提问讲解”的模式，给学生一定的学习压力，提高教学效果。

自动化仪表与过程控制课程思政教学设计

物流工程学院　张　琴

一、课程基本信息

◆课程名称：自动化仪表与过程控制

◆专业名称：自动化

◆学时学分：64 学时　4 学分

◆授课对象：自动化专业本科生

◆课程类别：专业课

二、课程简介

自动化专业培养德智体美劳全面发展、诚信实干、牢固掌握自动控制学科的基本理论；具备与计算机、通信和数学相贯通的自动化专业知识；具有设计、开发和集成各种自动化装置与系统的能力；兼有国际视野和竞争潜力的专门人才；具有德智体美劳全面发展的社会主义事业合格建设者和可靠接班人。本专业毕业要求分为专业能力、工程素养、发展能力三个维度，共 12 个一级毕业要求，32 个二级指标点，由培养目标中的具体课程教学支撑。

自动化仪表与过程控制的授课对象是电气系自动化专业三年级本科生和测控技术与仪器专业四年级本科生。学生学习面临着将学科知识融合、将理论知识联系实际应用的一些需求，所以在教学中引入了实际的工程应用和先进的技术应用，来激发学生的兴趣并引发思考，同时培养思政价值观，从科技产品中感受中国制造的发展，培养质疑的科学态度。综合培养 21 世纪新工科未来工程师，制订了“3”种素质培养、“3”项能力塑造、“3”类知识引领的教学目标，激发学生对工程应用的兴趣，培养学生自主创新能力，能用科学辩证的研究方法和严谨质疑的科学态度设计工程控制系统，以满足国家的需求，学生德智体美劳全面发展收获“1”，最终达到“3+3+3+1=10”的培养目标。

三、课程思政教学设计思路

自动化仪表与过程控制课程结合上海海事大学立足航运、服务全国的办学定位，发挥港航智能化和物流自动化的专业特色，培养为海洋强国服务的港航和物流领域的新时代人才。本课程思政的建设方向为在科学理论指导下，顺应思政创新趋势，针对港航和物流问题激活讲解，采用数智化技术指导实践。重点是深度挖掘课程中蕴含的港航和物流学科特色的思政元素，激发学生的政治认同与家国情怀、专业素养与工匠精神。目标是以中国（上海）自由贸易试验区临港新片区（简称临港新片区）产教融合、科教融合港航物流等行业在仪表检测与控制方面的实际需求为设计导向，培养爱党爱国、服务海事、科技报国的创新型专业人才，为新时代强国战略打好港航事业建设的人才基础，并积极服务“一带一路”倡议，加强国际协同创新。

结合自动控制原理、控制系统仿真与CAD和计算机控制系统等一些专业基础课，从三个维度优化思政内容：在知识维度，由单一到整合、由抽象到具象、由理论到实践，持续保证思政内容的先进性；在能力维度，将学科交叉的研究前沿、实践经验、服务社会纳入思政内容；在素质维度，挖掘专业背景及应用前景，了解港航大国重器的发展，结合科学家精神夯实学生的专业愿景。立德树人，使学生能设计控制系统和优化复杂工程，具备自主终身学习和问题思辨能力，能秉持严谨科学态度、遵守职业道德、扛起科技兴国的使命担当。多维度实现对学生价值塑造、知识传授和能力培养的紧密融合。

四、课程思政教学设计与实践

（一）整体介绍

立足上海海事大学创新政校企协同培养港航、物流领域高层次、创新型、国际化专门人才的办学定位，围绕自动化专业为海洋强国培养港航和物流领域的控制系统设计和优化、分析解决复杂工程问题的新时代专业型人才，交叉融合多学科知识点的“自动化仪表与过程控制”，以临港新片区产教融合、科教融合港航物流等行业在仪表检测与控制方面的实际需求为设计导向，在港航和物流的理论应用实际中展开课程思政。

本课程的痛点问题是：①课程学习宗旨不明确；②持续学习的动力不足。面对痛点问题，教师要尊重认可学生的问题和需求，从大国重器到科技报国实现多方位思政教育，引领学生端正学习宗旨；将思政理论结合港航物流的实际应用需求，引导学生树立正确的知识、能力和情感价值目标而驱动主动学习。

为了深入挖掘思想政治教育资源，基于“新工科”重构课程内容，从3个维度挖掘课程与思政融合的理论深度和应用广度。在知识维度，多样教材教具整合高质量信息化平台形成混合式课程，能在有限时间里充分学习；引入港航物流的实际应用需求，采用人工智能和物联网等数智化技术，拓展学生思考如何将传统仪表升级为智能仪表；学习港口AGV自动运行技术，领会中国对“一带一路”倡议共建国家海事发展的促进作用。在能力维度，引入港口自动化、物流、机械学科交叉的研究前沿，拓宽学生视野激发学习兴趣；结合以科技服务社会为目的的学科竞赛，提高学生科技创新能力；基于工程事故积累的实践经验，提高工程素养，增强工程和生态环境的共同体意识，提升服务社会的专业能力。在素质维度，通过学习一生为国的港航科学家精神，夯实学生的专业愿景，增强科技报国的使命担当；开展“蛟龙”号等深海潜器学习，勉励学生自主创新；结合课程内容挖掘专业背景及应用前景，增强学生民族自豪感。教师以身作则严谨治学，课堂现场拆解仪器仪表，切实做到立德树人，多维度实现对学生价值塑造、知识传授和能力培养的紧密融合。

本课程以培养爱党爱国、服务海事、科技报国的创新型专业人才为课程思政目标，以临港新片区产教融合、科教融合港航物流等行业在仪表检测与控制方面的实际需求为导向，采用基于港航物流成果教育的分层项目式教学模式，从发现问题、解决问题的角度，从收集资料到设计方案，提升学生的港航物流知识储备和探索智慧港口的创新能力。同时与上海集团尚东分公司（洋山港四期）等物流航运企业开展科研合作，培养学生以社会、环境和安全为己任的工匠精神和创新精神，确立以科技服务社会为目的的学习宗旨。

（二）教学实施

课程名称		自动化仪表与过程控制
授课对象		电气系三年级、四年级本科生
课程章节		第三章 控制仪表 第一节 基本控制规律及特点
授课内容		（1）比例微分原理； （2）比例积分微分原理； （3）PID 控制系统仿真。
教学目的		（1）了解比例微分原理； （2）分析比例积分微分控制规律的特性； （3）掌握 PID 控制系统的仿真应用。
教学分析	内容	（1）比例微分控制规律的原理。输出量 u 与输入偏差 e 和 e 的微分成正比，微分提前控制减超调。 （2）比例积分微分控制规律的原理。输出变化 $u(t)$ 随输入偏差 $e(t)$、e 的微分和积分成比例关系，积分消除余差。 （3）PID 控制系统仿真。用 MATLAB 软件中的 Simulink 搭建模型，调试参数分析性能指标。
	重点	（1）比例微分和比例积分控制规律的原理； （2）参数的影响分析； （3）编程仿真调试参数。
	难点	控制参数的影响分析； 教学对策：通过无人物流小车运作视频及 Simulink 仿真，引导学生思考、分析、理解原理、解决问题。
教学方法		引导式、讲授式、提问式、启发式、讨论式、演讲式。
策略		案例驱动式教学策略。

（续表）

<table>
<tr><td>教学手段</td><td colspan="2">（1）幻灯片：最主要的教学手段，展示重要概念、结论、图片等，辅以动画展示帮助直观理解原理。
（2）板书：三种控制特点比较，关键字的提出、归纳总结。
（3）视频：直观展示无人物流小车运行的过程，激发学生兴趣。
（4）教具：展示无人物流小车加深学生印象及记忆。
（5）思考学习：根据教学设计设置多个情景式问题，训练学生的逻辑思维，考查学生掌握程度。
（6）课程思政：和内容相关的思政引申，引起学生深思，学以致用。
（7）课后拓展：提供文献资料，学生可根据个人兴趣自主延伸学习。</td></tr>
<tr><td>学科前沿</td><td colspan="2">全球规模最大的自动化集装箱码头，全国第一条数字轨道交通的无人驾驶技术。</td></tr>
<tr><td>课程思政</td><td colspan="2">特别的逆行者——无人物流小车助力新冠病毒感染疫情，我们也要学习勇往直前的精神。</td></tr>
<tr><td colspan="3">教学安排</td></tr>
<tr><td>教学思路</td><td colspan="2">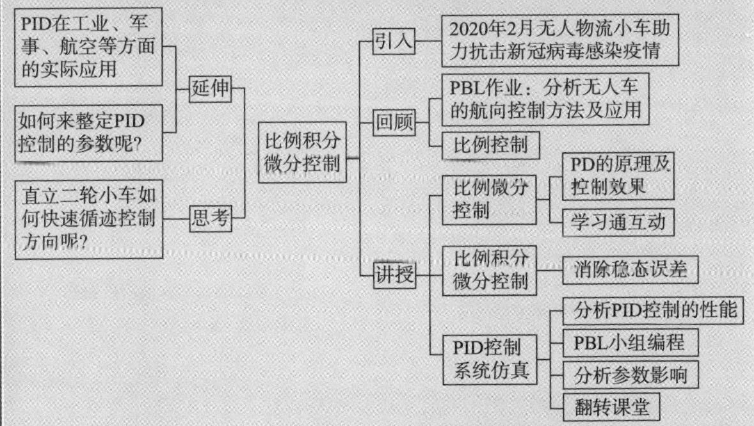
</td></tr>
<tr><td colspan="3">蕴含思政元素的教学设计</td></tr>
<tr><td>步骤</td><td>教学内容</td><td>教学方法</td></tr>
<tr><td>课程引入
（1 分钟）</td><td>上海洋山四期吞吐量破 1000 万标准箱，年吞吐量和作业效率均居世界自动化码头首位，其中 AGV 功不可没。无人导引小车如何实现准确地行驶呢？</td><td>引导式</td></tr>
</table>

（续表）

步骤	教学内容	教学方法

学生讲解 （3 分钟）	PBL 作业：分析无人车的航向控制方法及应用 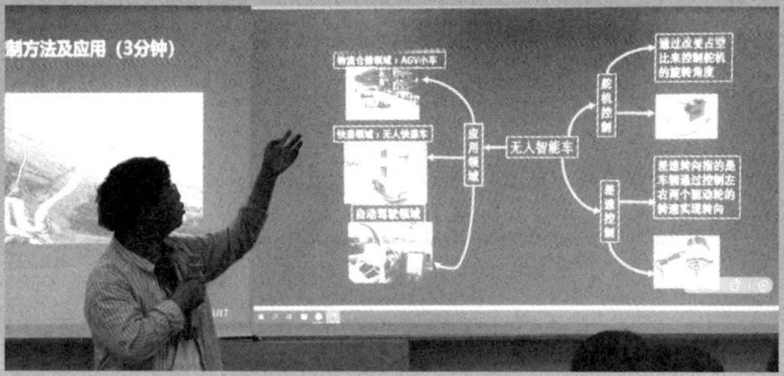	引导式
学习目标 （0.5 分钟）	（1）分析比例微分控制规律 PD 的原理； （2）掌握比例积分微分控制规律的应用； （3）PID 控制系统仿真编程。	讲授式
教具演示 （3 分钟）	比例控制：比例控制规律，也就是 P 控制（P 控制，Proportional Control），比例控制器输出变化 $u(t)$ 随输入偏差 $e(t)$ 成比例 K_P 关系。 	启发式

（续表）

步骤	教学内容	教学方法
讲授学习 （5 分钟）	比例微分控制规律 PD 的原理及控制效果 比例微分控制，输出量 u 与输入偏差 e 和 e 的微分成正比（PD 控制， Proportional-Derivative Control），时域表达式为：$u=K_P(e+T_D\frac{de}{dt})$，$T_D$ 微分时间，是偏差比例和偏差的变化率的组合，传递函数 $G(s)=\frac{U(s)}{E(s)}=K_P(1+T_Ds)$，当偏差产生一个 A 的阶跃信号时，就在微分的作用下产生一个很大的控制信号，当偏差不变了之后，这个微分作用就没有了，只有比例作用 K_PA 的输出，可见在偏差有变化的时候，微分起主要作用，当偏差不变的时候，比例起主要作用。用控制器编程时需要离散化，k 时刻的偏差引起的控制信号输出变为：$u(k)=K_P(e(k)+T_D\frac{e(k)-e(k-1)}{T})$。 比例微分控制效果见下图。 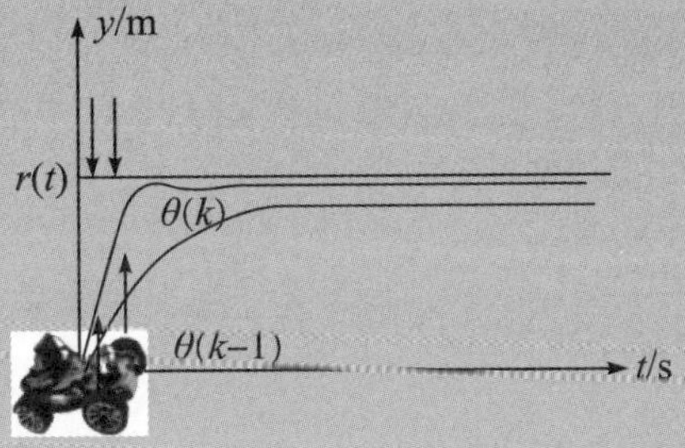 比例微分控制效果 从 Simulink 仿真结果来看，小车会靠近目标值行驶，不会有“超调”现象。但是，有时候会发现小车接近目标值，但是偏离距离很小时，控制量的值也很小，并不足以驱动小车继续向目标位置靠拢，存在稳态误差，如何消除稳态误差呢？	讲授式、 启发式、 讨论式
生生互动 （2 分钟）	提问：PD 控制满足了哪些性能要求，有什么不足？微分时间 T_D 越大，调节时间和稳态误差怎么变化？	
深度学习 1 （8 分钟）	比例积分微分控制 PID 的特性分析 比例积分微分控制，PID 控制（Proportional-Integral-Derivative Control），输出量 u 与输入偏差 e、e 的积分和 e 的微分成正比，时域表达式$u=K_P(e+\frac{1}{T_I}\int_0^1 edt+T_D\frac{de}{dt})$和传递函数$G(s)=K_P(1+\frac{1}{T_Is}+T_Ds)$ 都结合了比例、积分、微分三种规律的输出。PID 控制效果见下图。	提问式、 启发式、 分析式

（续表）

<table>
<tr><th>步骤</th><th>教学内容</th><th>教学方法</th></tr>
<tr><td></td><td>
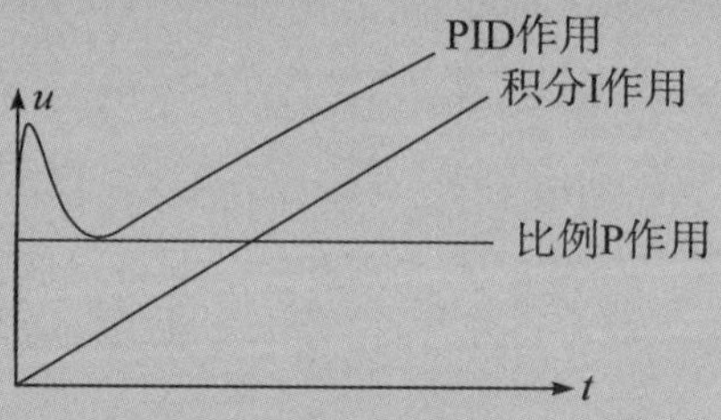

PID 控制效果

图中显示，当出现偏差时，在微分的作用下，有很大的控制信号输出，然后在比例控制作用下，有 K_P 倍的输出，逐渐在积分规律作用下，控制输出逐渐增强，综合了三个规律的输出就是个对勾型。用控制器编程时需要离散化，k 时刻的偏差引起的控制信号输出变为：

$u(k)=K_P(e(k)+\frac{T}{T_I}\sum e(k)+T_D\frac{e(k)-e(k-1)}{T})$。

提问：PID 控制满足了哪些性能要求？从 Simulink 仿真结果来看，比例积分微分控制规律下，小车很快地靠近目标位置，并平稳地沿着目标位置航行，完美达到效果。加入微分控制，提高了系统的控制时间和动态稳定性，比例积分微分控制规律动态误差小，上升时间和调整时间快，并且无稳态误差。PID 控制小车的效果见下图。

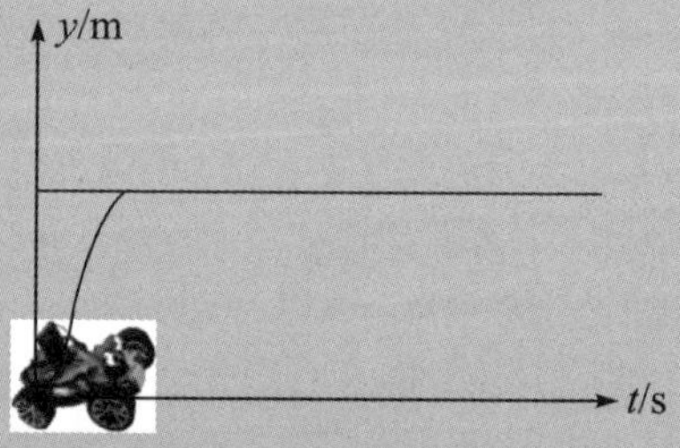

PID 控制小车的效果
</td><td></td></tr>
<tr><td>深度学习 2
（5 分钟）</td><td>分析 PID 控制的性能
在控制系统设计或安装完毕后，被控对象、测量变送器和执行器这三部分的特性就完全确定了，不能任意改变。只能通过控制器参数的调试，来调整控制系统的稳定性和控制质量。某系统的模型为 $G_0(s)=\frac{1}{2s^2+s+1}$，用 Simulink 仿真比较此系统的 PID 控制性能。比例微分积分控制下的仿真曲线见下图。请同学分析系统性能并翻转课堂讲解。</td><td>提问式、
启发式、
引导式</td></tr>
</table>

（续表）

步骤	教学内容	教学方法
	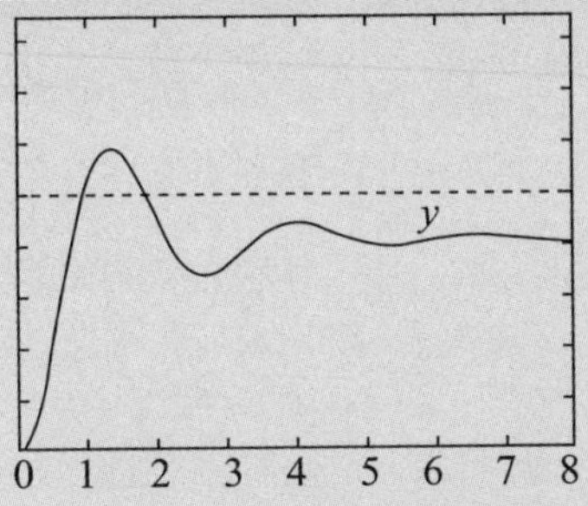 比例微分积分控制下的仿真曲线 	
深度学习 3 （5 分钟）	PID 的幅频特性分析 伯德图中黑色虚线是智能车系统的相频幅频特性曲线，黑色实线（P_0P_1 和 P_2P_3）是比例积分微分控制系统的曲线，低频段曲线斜率变大，说明系统稳态精度提高了，稳态误差减小，提高了准确性，是积分的影响。剪切频率向右移动，中频段幅值带宽增加，系统的响应速度加快，系统相位裕量增加，稳定性增强。智能车系统的相频幅频特性曲线见下图。 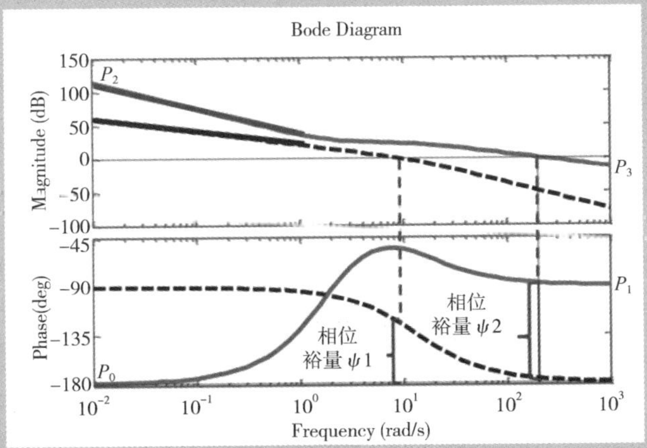 智能车系统的相频幅频特性曲线	提问式、 启发式、 引导式

（续表）

步骤	教学内容	教学方法
	微分环节使系统的相频特性增加了 90° 的相位超前，剪切频率右移，中频段变宽，控制速度加快，提高了系统的动态性能，但由于带宽增加，也把这个频段的噪声放大了，当 T_D 太大时，噪声也会导致系统稳定性变差，所以要设计合适的 $1/T_D$。由于微分作用的相位超前作用，在保持过渡过程衰减率不变的情况下，可以适当使开环增益（K_P）增加，这一方面使系统的稳态误差减小，同时也使系统的频带加宽（w 增大），提高了系统的响应速度。 	
小组编程 翻转课堂 （8 分钟）	PBL 小组编程，调试参数分析对系统性能的影响，并翻转课堂讲解。 用 Simulink 仿真某小车航向控制，调节 PID 参数达到稳、准、快的 PID 控制性能。无人车航向控制系统见下图。 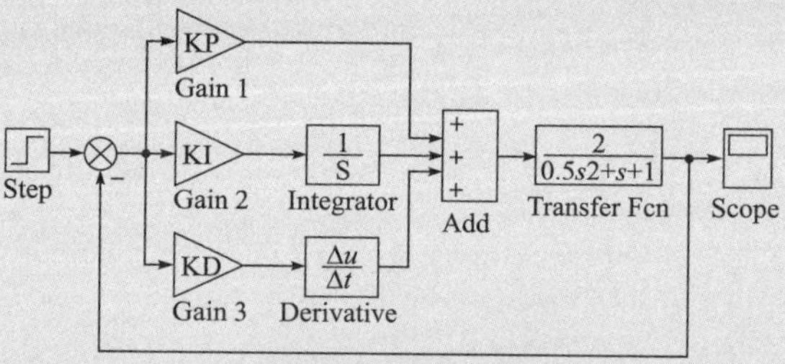 无人车航向控制系统 	引导式、 讨论式

（续表）

步骤	教学内容	教学方法
总结 （2分钟）	比例控制是基础，积分消差不含糊，微分减小超调响应快。 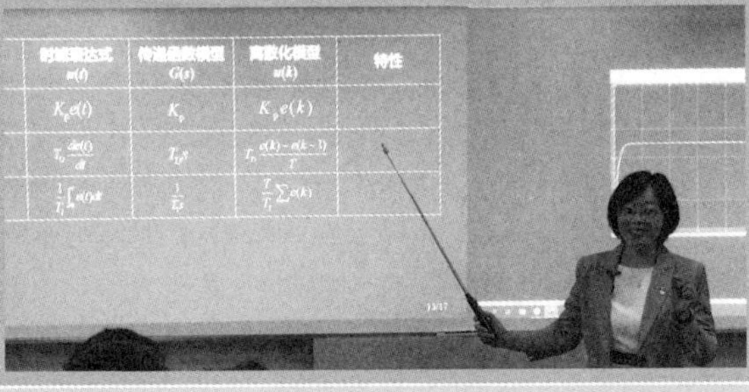	讲述式、 提问式
拓展学习 （1分钟）	直立二轮小车如何快速循迹控制方向呢？（智能车创新实验室） 	演讲式
思政引申 （1分钟）	（1）从智能车比赛到京东无人物流小车应用，洋山港四期的 AGV 也都实现了无人化自动运行。提高配送效率的同时，增加了安全性，保障了生产生活的顺利。促进了中国与包括意大利等欧洲国家在内的“一带一路”倡议共建国家之间的运输、物流及双边贸易发展。 （2）目前国内第一条数字轨道胶轮电车在上海投入使用，其利用地埋无源磁钉形成数字化轨道，可实现列车自动导向和精确控制，具有编组形式灵活，智能化程度高等优点，打造绿色、智能、集约的交通体系。在大国时代，机会无处不在，打好扎实的基本功是创新的基础，同学们担负着科技报国的使命。 	讲授式、 提问式

（续表）

步骤	教学内容	教学方法
延伸学习（0.5 分钟）	（1）作业：除了智能车航向控制，速度控制用到 PID，飞机在空中加油的对接控制也使用 PID，超过 97% 的反馈控制使用 PID 控制法，请查找 PID 在工业、军事、航空等方面的实际应用，并分析主要用到了哪种控制规律？ （2）PID 控制规律我们懂了，但是不是所有的 PID 控制效果都很好？K_P、T_I、T_D 三个参数的搭配相当重要，三个参数是如何影响控制效果的？如何来整定 PID 控制的参数？请听下一节课讲解。	提问式
板书设计	$u(k)=K_{P}\left(e+\frac{T}{T_{I}}\sum e(k)+T_{D}\frac{e(k)-e(k-1)}{T}\right)$	
过程考核	（1）“学习通”1 道练习题 （2）学生编程仿真调试效果 （3）翻转课堂讲解	

五、课程思政成效评价

为了激励学生深度参与学习全过程，过程性评价比例提高到 60%，采用“五元四级过程性”评价体系，包括签到随堂练习、视频学习、课后作业、PBL 分层项目、翻转课堂。组间和组内同伴根据四级评分规则对小组任务评分并给出评语，充分的生生互评创造了互学的机会，促进组内合作。开展阶段性自评，有利于学生对所学知识及时复盘，提高自主学习能力。针对小组活动以及个人学习表现，颁发奖状鼓励出彩之处，增强学习积极性，促成学生全员进步。

学生高度评价教学内容丰富、了解学科前沿、明确专业和工作的方向，增强民族自豪感和科技报国的使命担当；PBL 项目提高了小组一起主动学习的综合能力，分层多样化考核激发了参与的积极性和创造力。通过学生全过程深度参与理论和实践的结合，驱动学生们有目标地、主动地学习。

六、课程思政可供借鉴经验做法

（1）多方位培养科学精神和专业素质，确立以科技服务社会为目的的学习宗旨。立足本专业，吸睛导入多样案例。以黄旭华等科学家的胸怀祖国、服务人民的爱国精神，追求真理、严谨治学的求实精神来夯实学生专业素质；引入“蛟龙”号等前沿素材激发学生研究港航物流专业技术的兴趣，用“洋山港四期的 AGV 实现无人化自动运行”等社会热点引导学生探索专业服务社会的渠道；引入“深海潜器”等中国制造的“卡脖子”问题，激发学生科技报国的使命担当。

（2）全过程深度参与多维度混合式课程，驱动学生积极自主学习。首创采用“KOLB 学习风格”分组因材施教，充分调动学习积极性。设计多维度混合式课程：①小组线上自学和梳理知识架构，如查找“深海潜器探矿的温度闭环控制”等资料，小组合作设计实验步骤，提高自学合作能力和严谨的工程素养；②在线下动手实操和仿真对比分析“PID 参数对温度控制性能的影响”，达到“实践是检验真理的唯一标准”；③在课堂拆解温度监测仪表“热电偶”，能“知其然更知其所以然”；④鼓励学生将项目成果在翻转课堂上呈现，同伴提问和互评，提升质疑精神和思辨能力；⑤思考“蛟龙”号探矿选用的热电偶型号，实现从理论到仿真再到分析验证的科学思辨过程。

七、课程思政教学反思

课程交叉融合了控制学、机械、电气、信息等多学科知识，需要多角度更深入地挖掘思政内涵，可进一步地将数智化转型与中国机遇、数智化与“一带一路”等作为案例融入教学，持续保证思政内容的新颖性和先进性。需要建立“课程思政先锋教学团队”，为思政课教师与专业课教师建立共建、共享、共惠的动态更新教学平台，这一举措旨在打破思政课与专业课之间的壁垒，将立德树人的根本任务融入所有课程的教学，实现全员、全程、全方位育人。

海事法课程思政教学设计

法学院　徐　峰

一、课程基本信息

◆课程名称：海事法

◆专业名称：交通管理（国航）专业

◆学时学分：32 学时　2 学分

◆授课对象：本科生

◆课程类别：专业课

二、课程简介

本课程入选 2022 年上海海事大学课程思政示范课程建设项目，是我校法学专业与国航专业的主干课程之一，讲授海事法的基本理论、我国海事法律和相关国际海事条约的主要内容，重点讲授船舶碰撞、海难救助、共同海损、海事赔偿责任限制、船舶污染海域损害赔偿、海上人身伤亡损害赔偿、沉船打捞清除的法律制度。

从课程讲授内容角度出发，融入海洋命运共同体理念、马克思主义中国化的党史等思政点，尤其是党的十八大作出的关于“维护国家海洋权益，建设海洋强国”的重大部署。在案例编写、平台建设、大纲设计与课程考核等各个环节，全面提升学生的思想觉悟水平，培养其爱国主义情怀，帮助学生树立正确的海洋观与法律观，为建设中国特色社会主义现代化事业而服务。

从课程讲授方法角度，通过案例式教学阐明理论，尤其列举近期较为热点的海事话题，分析我国应当如何处理好重大海难事故，自觉维护我国海洋经济利益。鼓励学生运用法律工具自觉维护我国海洋权益与海洋利益；在激发爱国热情的同时，加深对于海事法课程的掌握与认识。

三、课程思政教学设计思路

海事法课程是我校国航与法学专业的主干课程之一，主要讲授海事法的基本理论、我国海事法律和相关国际海事条约的主要内容。从课程关注对象角度出发，融入海洋意识、海洋经济、交通强国、海洋强国等涉海战略为思政点，融合十八大报告关于“提高海洋资源开发能力，发展海洋经济，保护海洋生态环境，坚决维护国家海洋权益，建设海洋强国”的主要精神。课程旨在授课的各个环节加强思想教育，并且做到“课程思政改革”在海事法课程的全覆盖。

课程目标	课程培养学生的能力项
知识目标	学科知识、终身学习能力、国际视野
能力目标	问题分析能力、解决问题能力、创新能力
素质目标	研究能力、可持续发展意识

（1）知识目标。本课程在介绍课程知识要点的过程中多元化、多角度地导入思政教育。旨在让学生系统掌握海事法的基本理论、基本原理和具体知识点；帮助学生理论联系实际，培养和提高其处理海难事故纠纷的能力，为学生进一步学习其他法律类课程打好基础。由于海事法与思政课程教育课存在较多共通之处，其价值取向与我国社会主义核心价值观具有同一性，本课程将在授课环节着力加强思政教育，做到“课程思政”对海事法课程所有知识点的全覆盖与全渗透。在案例编写、平台建设、大纲设计与课程考核等各个环节，全面提升学生的思想政治觉悟水平，培养其爱国主义情怀，帮助学生树立正确的海洋观与法律观，为具有中国特色社会主义的海洋法律法规体系的形成作出贡献。

（2）能力目标。本课程以传授学生我国海事法基础法律框架，知晓法律风险，维护我国航运企业的利益为课程思政的设计思路，使学生通过学习，能够为我国港航企业对于海难事故的处理、航运企业规范经营、防控法律风险提供智力支持；重点引导学生深刻认识“海洋强国”战略实施的重大意义，深刻体会海事法的精神实质。使学生了解到：由于我国早期船舶工业较为落后，没有自主设计与建造大型集装箱船舶的能力，且相关海事法律也存在空白与缺失，这直接导致了我国在海难事故的处理中往往处于被动地位以及在规则制定时缺乏足够的话语权与主动权。在改革开放之后，《海商法》的出台为我国逐步构建法治化、国际化、便利化的海上贸易环境和发展格局，进而提升学生为此积极贡献的觉悟，引导学生为未来海事法的修改目标、方向与内容出谋划策。

（3）素质目标。本课程坚持以马克思列宁主义、毛泽东思想、邓小平理论、“三个代表”重要思想、科学发展观、习近平新时代中国特色社会主义思想作为课堂教学的指导思想，以国家政策为指引，以维护国家海洋经济利益为根本目的，从而实现海洋强国的战略目标。课程旨在让学生意识到我国航运市场的开放与发展、我国海商海事的法治化建设应服从国家利益，促使学生不断增强对航运事业的价值认同，实现课程思政目标。同时，将“21世纪海上丝绸之路”战略与本课程主干内容进行深度融合，促使学生明白：发展海洋经济也是我国海上运输法律出台的出发点与应有之义；我国《海商法》的修改从服务“一带一路”倡议的全局出发。培养学生积极运用相关海上国际公约原理与制度解决跨国海难纠纷的意识；尤其要在明确政治立场的前提下科学运用法律思维、法律技术与法律制度，占领法治制高点，要能灵活运用国内外法律规则开展博弈，维护中国船东的合法权利。

四、课程思政教学设计与实践

（一）课程思政教学实施过程举例说明：国际船舶油污损害民事责任公约及其基本原则

教学目标	知识	熟悉与掌握国际船舶油污损害民事责任公约的发展历史、主要内容与基本原则。
	能力	通过对国内外重大船舶油污泄漏事故的剖析，了解国际船舶油污损害民事责任公约的起源与适用。
	素质	结合“绿水青山就是金山银山”的重要理念，理解国际船舶油污损害民事责任公约的实施对我国保护沿海生态环境的重要意义。

（续表）

教学重点	CLC1969 与 CLC1992 的发展历史、主要内容与重大意义。		
教学难点	CLC1969 与 CLC1992 油污损害赔偿基本原则存在的理论与实践争议。		
思政元素	以国内外重大船舶油污泄漏事故，如“托利·堪庸”号、“桑吉”轮、“达飞佛罗里达”轮案为引入点，结合习近平总书记重要讲话精神与“十四五”规划第十一篇《推动绿色发展 促进人与自然和谐共生》的要求，阐明“绿水青山就是金山银山”的理念；讲授加入 CLC1969、CLC1992 对于我国加强海洋环境保护，构建水污染防治协同机制，完善船舶油污损害赔偿制度的重要意义与现实价值。		
蕴含思政元素的教学设计			
步骤	具体教学内容	素材准备	时长
引入	引入国内外重大船舶油污泄漏事故，例如“托利·堪庸”号、“桑吉”轮案，介绍国际船舶油污损害民事责任公约的历史起源与发展演变。	船舶溢油事故案例与照片	2 分钟
展开	展开讲授 CLC1969、CLC1992 的主要内容与基本原则，以及我国对于上述公约的基本立场，尤其是我国在法治建设层面落实习近平总书记“绿水青山就是金山银山”重要理念的巨大成就。	PPT 与习近平总书记重要讲话摘录	5 分钟
深化	介绍国际船舶油污损害赔偿基本原则“谁漏油，谁负责”在司法实践层面所引起的主要争议，即船舶碰撞之后发生的油污损害赔偿问题。例如，在“达飞佛罗里达”轮案一审、二审与再审过程中，法官对于该原则理解的差异产生了“同案不同判”现象。	PPT 与“达飞佛罗里达”轮案摘录	5 分钟
归纳	结合国内外重大船舶油污泄漏案件，介绍国际船舶油污损害民事责任公约的发展历史、基本原则与主要争议。	PPT	2 分钟
总结	总结我国对于国际油污损害民事责任的基本立场，以及我国在法治建设层面落实习近平总书记“绿水青山就是金山银山”重要理念的巨大成就。	PPT	1 分钟

（二）课程思政化教学大纲

第一章　海事法概论（4 学时）

章节内容要点：①海事与海事法的概念；②海事法的表现形式；③海事法的特点；④海事法的发展趋势。

教学要求：理解①、③、④，掌握②。

思政元素：引导学生认识到海事法相关制度的学习有利于培养海洋意识、符合“海洋强国”战略与“一带一路”倡议。以维护国家海洋经济利益为根本目的，旨在让学生了解习近平总书记关于“经济强国必定是海洋强国、航运强国”的重要指示，知晓我国航运市场的开放与发展、我国海事法制度的建设应服从国家利益；在维护我国航运企业利益的同时，也应当顾及我国贸易商的客观诉求，不得有损任何一方的权益。

第二章　船舶物权（2 学时）

章节内容要点：①船舶所有权；②船舶抵押权；③船舶留置权；④船舶优先权。

教学要求：理解①、④，掌握②、③。

思政元素：重点介绍我国《海商法》与《民法典》物权编的差异以及相关学术争议。主动引导学生反思民法相关物权规定适用于航运领域是否有助于保护与推动我国国内航运民族产业的发展，并且思考应对之策，尤其是中小型航运公司的生存之道，从而保障其在面临国外航运公司竞争与冲击之时依然占有一席之地。

第三章　船员（2 学时）

章节内容要点：①船员的法律地位；②船员的权利与义务；③《2006 年海事劳工公约》与《海商法》第三章。

教学要求：理解②，掌握①、③。

思政元素：探讨新冠病毒感染疫情背景下我国船员人身权益（休息权）与财产利益（薪资福利）保障机制的完善。

第四章　海上拖航合同（2 学时）

章节内容要点：①海上拖航的概念与特征；②海上拖航合同；③海上拖航中的损害赔偿责任。

教学要求：掌握①、②、③。

思政元素：在讲授拖带方与被拖方权利义务的基础之上，从我国改革开放与航道安全的角度出发，让学生深刻认识其给我国国际拖带业务的承揽与开展带来的翻天覆地的变化。

第五章　船舶碰撞（4 学时）

章节内容要点：①船舶碰撞的法律适用；②船舶碰撞的概念；③船舶碰撞损害的责任归属；④船舶碰撞损害的确定；⑤船舶碰撞损害诉讼特别程序。

教学要求：理解①、②、⑤，掌握③、④。

思政元素：引导学生对国际贸易形势与政治格局作出理性判断，促使其明白跨国海事案件的处理应在海事法框架之内，以友好协商的方式解决；一方得利，另一方吃亏的“零和博弈”不会持久。尤其是让学生理解：“爱国主义”不应建立在“一家独大”的基础之上，而应当以法律为准绳，适用法律判断碰撞责任比例与赔偿范围之时通过适度的利益让渡，实现两国航运贸易“双赢”，进而引导学生为未来《海商法》的修改目标、方向与内容出谋划策。

第六章　海难救助（4 学时）

章节内容要点：①海难救助概述；②海难救助成立的条件；③救助人与被救助人的义务；④救助合同；⑤救助款项。

教学要求：理解①、②、③，掌握④、⑤。

思政元素：以国际政治格局与贸易形势为突破口，让学生明白“航运强国”的建立不仅须加强硬件设施，还应强化制度建设；我国当前《海商法》诸多具体制度，包括海难救助法律制度，大多借鉴参考了相应的国际海事公约，面临着本土化不足的现实问题。应正视我国航运市场软环境与国外存在的差距。我国正处于航运大国向航运强国转变的关键节点，引导青年学子运用法律积极参与建设“航运强国”的历史进程。

第七章　共同海损（4 学时）

章节内容要点：①共同海损概述；②共同海损的成立要件；③共同海损损失的形式；④共同海损理算；⑤共同海损分摊之债；⑥共同海损案件诉讼

特别程序。

教学要求：理解①、③、⑤、⑥，掌握②、④。

思政元素：通过“长赐”轮一案，引导学生密切关注共同海损制度背后的法律实质与船货双方之间的经济博弈；培养其运用共同海损制度分析现状，为挽回港航企业的损失出谋划策，帮助学生树立“依法治海”的社会主义核心价值观。

第八章　海事赔偿责任限制（4 学时）

章节内容要点：①海事赔偿责任限制概述；②海事赔偿责任限制的权利主体；③限制性海事请求与非限制性海事请求；④海事赔偿责任限额；⑤海事赔偿责任限制权利的丧失；⑥海事赔偿责任限制基金；⑦海事赔偿责任限制诉讼的特别程序。

教学要求：理解①、⑤、⑥、⑦，掌握②、③、④。

思政元素：以《1976 年海事赔偿责任限制公约》出台的时代背景为例，应当让学生明白，航运法律、航运政策的出台与整个国家的贸易水平、经济实力、船舶发展紧密相关。由于我国早期船舶工业较为落后，没有自主设计与建造大型集装箱船舶的能力，且相关海事法律也存在空白与缺失，这直接导致了在规则制定之时缺乏足够的话语权与主动权。在改革开放之后，《海商法》随之出台，该法关于海事赔偿责任限制的规定考虑与平衡了船货双方之间的共同利益与共同诉求。通过该知识点的讲授旨在让学生知晓在立法过程中，最重要的一点就是应平衡各方的利益。

第九章　船舶海域污染损害赔偿（2 学时）

章节内容要点：①海洋环境污染损害概述；②船舶油污损害民事赔偿制度；③强制保险或者财务保证与直接诉讼 ；④油污损害赔偿基金制度；⑤有毒有害物质污染损害赔偿。

教学要求：理解①、④，掌握②、③，了解⑤。

思政元素：以国内外重大油污泄漏事故，如“康菲溢油案”为例，在我国保护海洋生态环境的时代背景下，结合“十四五”规划第十一篇《推动绿色发展 促进人与自然和谐共生》要求坚持“绿水青山就是金山银山”的理念，完善水污染防治流域协同机制，完善我国船舶海域污染损害赔偿制度。

第十章　海上人身伤亡损害赔偿（2 学时）

章节内容要点：①分类与法律适用；②海上人身伤亡赔偿主体与归责原则；③海上人身伤亡损害赔偿计算。

教学要求：理解①、②、③。

思政元素：引导学生了解我国即是航运大国，也是船员大国，我国经济实力的强弱与政治地位的高低决定了海员人身利益与法律地位的维护。回顾新中国成立 70 几年来航运市场发展的风风雨雨，让学生充分意识到，随着航运地位的提高，我国在国际海事国际公约制定过程中的话语权也逐步增强。

第十一章　沉船沉物打捞清除（2 学时）

章节内容要点：①沉船沉物打捞清除的国内外立法；②沉船沉物与打捞清除的含义；③沉船沉物打捞清除的行政管制；④沉船沉物的商业打捞清除；⑤沉船沉物的强制打捞清除；⑥沉船沉物打捞清除费用与海事赔偿责任限制；⑦沉船沉物打捞清除费用的实现。部分课件见图 1，课堂精彩掠略影见图 2

教学要求：理解①、②、④、⑥、⑦，掌握③、⑤。

思政元素：让学生理解我国沉船沉物打捞机制；签订沉船沉物打捞合同时不仅要维护我国航运企业利益，也要确保我国领海主权。让学生明白一些商业利益也与国家利益紧密相连，立法应充分考虑我国现实国情与经济水平，不得超前与滞后，从而为我国航运业与实体经济的发展保驾护航。部分课件见图 1，课堂掠影见图 2。

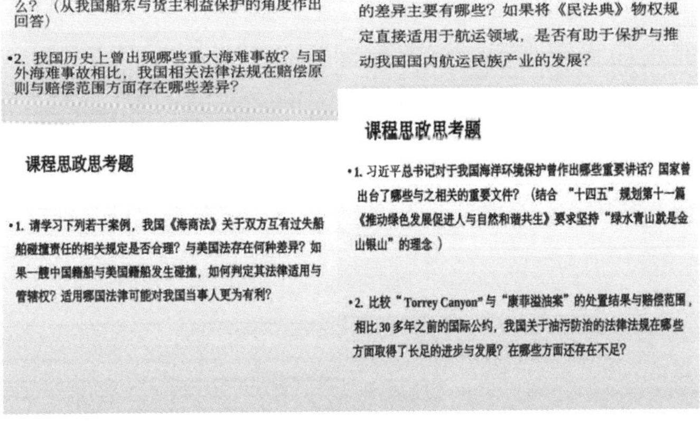

图 1　部分课件

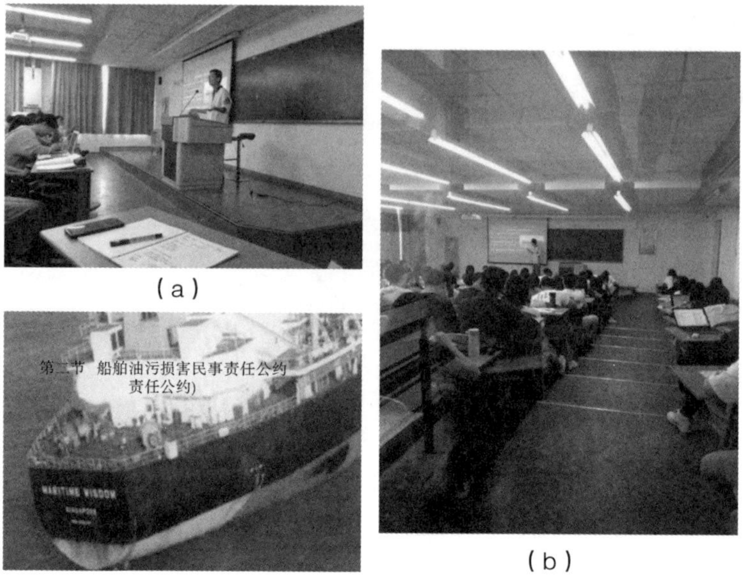

（a）（b）（c）

图 2 课堂略影

五、课程思政成效评价

本课程作为 2022 年学校课程思政示范课程建设项目，根据课程思政的各项要求全面更新教学大纲与课程讲义，在课程建设期内完成本课程的主讲任务；搜集与改编相关课程思政案例，并撰写课程建设的总结报告；让学生系统地了解与掌握海事法的基本理论、基本原理和具体知识，帮助学生理论联系社会实际，培养和提高分析问题和解决问题的能力，为学生进一步学习其他法律类课程打好基础。

海事法课程与思政课程教育课在很多地方有共通之处，其价值取向与我国社会主义核心价值观具有同一性，本课程的建设旨在课程授课环节加强思想教育，并且做到“课程思政改革”在海事法课程的全覆盖。在案例编写、平台建设、大纲设计与课程考核等各个环节，全面提升学生们的思想觉悟水平，培养其爱国主义情怀，帮助学生了解我国航运史，树立正确的海洋观与法律观，为建设中国特色社会主义现代化事业而服务。

六、课程思政可供借鉴经验做法

在教学方式及手段的使用方面可供借鉴的经验做法为：主要以 PPT 形式进行授课的同时，播放改革开放与我国航运发展的视频，让学生充分了解我国航运业发展历程，增加学生的海洋意识与法治意识；通过互动式教学、指定参考书目、介绍国际知名海事机构官网（国际海事委员会 CMI 与国际海事组织 IMO）与中国裁判文书网以及等多种方式，让学生了解相关海事国际公约与国内立法出台背后的逻辑与原因。通过案例式教学阐明理论，尤其列举国内外重大的海事纠纷与热点话题。分析我国应当如何处理好海洋领土纠纷以及运输合同纠纷，自觉维护我国海洋经济利益。

在考核方式方面可供借鉴的经验做法为：以考试方式进行课程考核，平时成绩占有 30% 的比重。平时成绩主要由课堂提问、课堂表现、课堂讨论以及课后作业成绩组成。考试内容也涉及思政教育内容，以主观题与开放性试题为主，海事法知识点的考察将紧密结合改革开放、“一带一路”倡议与“海洋强国”战略以及典型案例。

七、课程思政教学反思

在授课完成之后，通过合理设置相应的学习评价方案，以发放调查问卷的形式对海事法课程的教学效果作出评价。经总结，在未来教学过程中，将重点加强“思政学习”评价项目，促使学生将海洋意识与国家海洋战略等宏观政策与海商法的学习关联；加强“可持续发展意识”评价项目，引导学生海商法知识与海洋环境保护理念融合；加强“可持续发展意识”评价项目，推动学生自觉将海商法知识与国际贸易与政治形势相结合。

学习评价方案表如下：

评价项目	A 级	B 级	C 级	个人评价	同学评价	教师评价
思政学习	能够有意识地将海洋意识与国家海洋战略等宏观政策融入《海商法》的学习过程中。	在老师的引导下，能够将海洋意识与国家海洋战略等宏观政策与《海商法》的学习关联。	无法将海洋意识与国家海洋战略等宏观政策融与《海商法》的学习有机联系。			

（续表）

评价项目	A 级	B 级	C 级	个人评价	同学评价	教师评价
学科知识	较好地掌握《海商法》各章的专业知识。	基本掌握《海商法》各章的专业知识。	只能掌握《海商法》部分章节的理论知识。			
问题分析能力	能够主动从《海商法》日常学习中发现问题，并作出分析。	在老师的引导下，能够对《海商法》存在的问题作出分析。	被动接受知识的灌输，无法对《海商法》问题作出分析。			
问题解决能力	能够主动针对当前存在的问题提出解决方案。	在老师的引导下，能够对当前问题提出解决方案。	被动接受知识的传授，无法提出解决方案。			
使用现代工具或信息	课后能主动检索《海商法》的网络文献。	在老师的要求下检索网络资料以完成课后作业。	未按照要求完成专业文献的检索。			
可持续发展意识	在课后作业与互动环节能自觉将《海商法》知识与海洋环境保护理念融合。	在老师的引导下，能将《海商法》知识与海洋环境保护理念融合。	无法将《海商法》专业知识与海洋环境保护理念结合。			
团队协作能力	具有较强的团队协作能力，能积极参加小组谈论。	具有一定的团队协作能力，在老师的要求下参加小组讨论。	不愿参加小组讨论。			
国际视野	在互动环节能自觉将《海商法》知识与国际贸易与政治形势相结合。	在老师的引导下，能将《海商法》知识与国际贸易与政治形势相结合。	无法将《海商法》专业知识与国际贸易与政治形势结合。			
我这样评价自己						
伙伴眼中的我						
老师的话						

TD-LTE 网络优化技术课程思政教学设计

信息工程学院　杨　华

一、课程基本信息

◆课程名称：TD-LTE 网络优化技术

◆专业名称：通信工程

◆学时学分：48 学时　3 学分

◆授课对象：大三本科生

◆课程类别：专业课

二、课程简介

上海海事大学通信工程专业培养熟悉通信工程相关基础理论知识，了解通信技术最新发展动态，具备解决复杂工程问题能力、较强的创新意识，良好的团队协作素质，能在通信和电子工程等领域从事科学研究、技术开发、工程设计、产品制造、运营的高级工程技术人才。

TD-LTE 网络优化技术课程是通信工程专业本科生在通信技术方面工程能力提升性质的专业选修课，具有自身的体系和很强的实践性，主要介绍 TD-LTE 移动通信系统和网络优化基础理论知识，帮助学生在专业理论知识基础上理解移动通信实际工程技术情况，并通过对移动网络优化工程实施方法的学习，提升学生实际工程能力。本课程注重对学生严谨求实精神、吃苦耐劳的职业素养等方面的培育，提高学生的民族自豪感、树立崇高的使命感和责任担当，培养具有创新意识、团队协作意识的应用型通信人才。

三、课程思政教学设计思路

课程思政建设目标。①知识目标：了解移动通信系统架构和核心技术，熟悉移动通信网络优化基础原理，掌握移动通信网络优化方法及其在智慧航运背景下的应用。②能力目标：培养学生理论联系实际、分析解决移动通信网络工程问题的能力，工程中网络优化思维和实际动手能力。③价值目标：增强学生的科技创新意识、民族自豪感，树立作为航运智慧化技术人才的崇高使命感和责任担当，培养学生的团队协作意识。

课程思政建设重点：① TD-LTE 移动通信系统和网络优化基础理论知识教学过程中紧密结合国民经济和社会发展，运用通信领域的成就，引导学生增强“四个自信”，强化学生的国家意识和改革创新精神。②在网络优化分析方法介绍过程中引入热点领域中的实际应用分析，提升学生实际工程能力的同时引导学生树立共产主义远大理想和中国特色社会主义共同理想，立志肩负起民族复兴的时代重任。③移动网络优化工程实施方法和工程实践操作教学中，引导学生分析存在的问题，将理论联系实际、融入职业素养教育，加强职业道德教育，增强其从事港航通信事业的信心和决心。

本课程是学生走向通信工程类工作岗位前的“理论实践一体化”专业技能课程，其思政建设是通信工程专业基础理论课程的补充和延展，又是专业实践课和综合电子设计课程的基础和保证，在整个专业课程体系中发挥了桥梁和纽带的作用。

四、课程思政教学设计与实践

（一）整体介绍

TD-LTE 网络优化技术是通信工程专业本科生提升工程能力的技术专业课，具有自身的体系和很强的实践性，是通信工程专业的重要的专业课程。如图 1 所示，本课程在课程思政建设过程中以立德树人为根本任务，以学生为中心推进课程思政改革，实现知识传授、能力培养、价值塑造的有机统一，在教学思政改革路径上从思政内容设定、课程内容重构、教学实施改革三个方面，参与课程思政建设与实施的全过程。

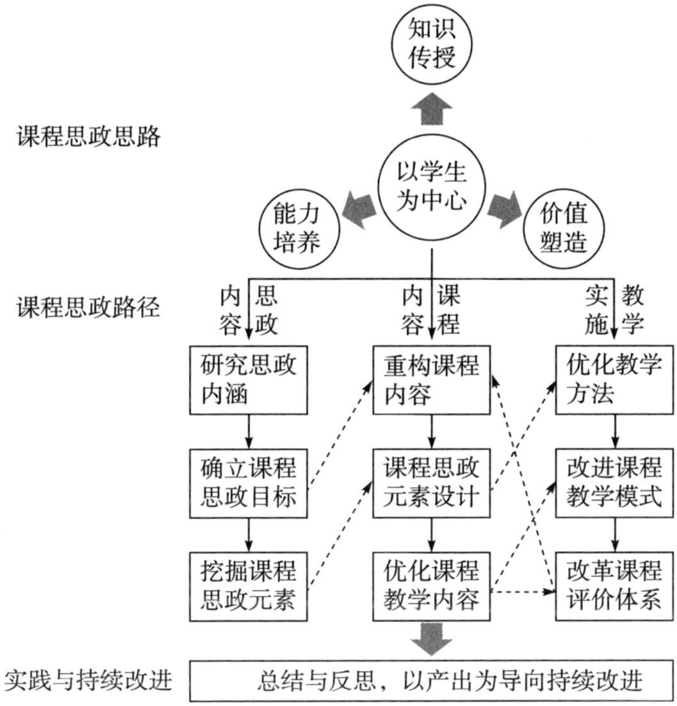

图 1　课程思政教学设计方案

从研究思政内涵、重构课程内容、优化教学方法入手，以习近平新时代中国特色社会主义思想为指导，将课程思政目标与教学目标相互衔接，通过课程教学内容与思政内容的巧妙融合，在教学实施过程中对应地改进教学方法和模式，贯彻课程思政改革举措，并以产出为导向进行持续改进，实现全方位的课程思政教学设计方案，在进行知识传授的同时全面提升学生的道德素质和思想政治水平。本课程思政建设内容概述如表 1 所示。

表 1　本课程思政建设内容概述

章节	知识点	思政内容	思政案例	教学方法
1.1	移动通信发展及应用趋势	运用中国在移动通信领域的成就，引导学生增强“四个自信”，培养国际视野。	中国 5G 领跑全球；中国建有世界最高海拔的 5G 基站；中国移动通信对智能化数字化发展的支撑作用。	讲授法、讨论法。

（续表）

章节	知识点	思政内容	思政案例	教学方法
1.3	TD-LTE系统关键技术	培养学生的科学精神和进取意识、责任感和使命感、爱国主义情怀。	新冠病毒感染疫情期间，偏远山区孩子上网课难的问题和数字乡村建设需求。	案例教学法、讨论法、讲授法。
4.1	路测优化概述	培养学生职业操守、人文价值观、奉献精神。	移动公司十年来建设发展的视频。	多媒体教学法、讲授法。
4.4	路测中常见问题处理	引导学生分析移动网络实际应用中存在的问题，增强其从事港航通信事业的信心和决心。	上海进博会会场5G网络优化；5G智慧港口移动网络优化；洋山港近海移动网络优化虚拟仿真实验。	案例教学法、问题解决法、讲授法。
5.1	干扰专题	对学生团队合作精神和服务意识的培养。	移动网优工程师在进行干扰问题优化测试中通力合作完成艰巨任务的故事。	讲授法、讨论法、实验法。
5.2	覆盖专题	树立社会主义法治理念、科学的世界观和方法论。	关于移动通信覆盖需符合国家规定的内容介绍。	讲授法、讨论法、实验法。

1. 思政内容设定

2016年，习近平总书记在全国高校思想政治工作会议上指出：“要坚持把立德树人作为中心环节，把思想政治工作贯穿于教育教学全过程，实现全程育人、全方位育人，努力开创我国高等教育事业发展新局面。”而要开展专业课程思政建设，首先就应该研究高校思政教育内涵，以习近平新时代中国特色社会主义思想为指导，深入学习贯彻全国全市高校思想政治工作会议精神，落实立德树人根本任务。以学生为中心，深入调查研究，为实现全面提升学生的道德素质和思想政治水平的目标，梳理思政教育内容，提炼爱国主义、科技创新、工匠精神等思政教育要点，确立能够更好地促进本专业课程学习的思政教学目标。

相较于社科类课程，自然科学专业技术类课程中蕴含的思政元素是隐形的，需要深入挖掘和整理课程思政元素，积累思政素材，才能形成课程教学思政元素。在课程理论教学方面，从移动通信的历史发展和应用趋势中可以发掘思政元素。例如，中国移动通信技术从“一片空白”到“领跑全球”，并非一蹴而就的，是一代代中国通信领域科学家、工程师不懈努力的结果，是无数中国通信人智慧、汗水、努力和不断创新的结果，从中可以凝练出民族自豪感、“四个自信”和爱国情怀等思政元素。在移动通信关键技术的教学内容中，可以通过追溯移动通信关键技术原理和发明历史，帮助学生树立追求真理、不盲从、勇于挑战权威的科学精神。在介绍网络优化软件操作和优化分析的教学过程中，通过工程实践中的故事分享等，可以发掘出科学思维、严谨求实精神、吃苦耐劳的职业素养等方面的思政内容。在课程实验环节，结合产教融合教育，在具有学校特色的实验实践环境中，引导学生进行复杂工程问题的分析，不但可以凝练出规范意识、探究精神、工匠精神和团队意识等，还可以结合国家建设、国家重大发展需求、社会发展等国家重大应用来开展课程思政的教学，使学生得到更深层次的职业教育和熏陶，增强其从事港航通信事业的信心和决心。

2. 课程内容重构

在课程内容方面结合课程思政教学目标，将思政教学内容融入专业教学过程中完善课程培养目标，修订教学大纲。在此基础上结合挖掘的课程思政元素和积累的思政素材来进行课程思政元素的设计。因为每个思政元素融入教学的切入点和方法不同，要想以潜移默化的方式将思政素材和课程知识点相融合，需要深入梳理课程的知识点，并合理地设计思政案例，才能流畅自然地把思想政治工作贯穿课程教学全过程，实现知识传授、能力培养与价值引领的有机统一，更好地实现立德树人的培养任务。例如在移动通信技术发展历史的教学过程中引入案例，在 3G 时代，以大唐电信为首的中国通信人终于突破了国外的技术壁垒，提出了具有自主知识产权的 3G 技术标准 TD-SCDMA，被国际电信联盟选为 3G 三大国际标准之一，但其每年仍需向美国高通公司支付巨额 CDMA 技术专利费用，且当时仅有中国移动一家使用该技术标准，但是到了 4G 时代，在 TD-SCDMA 技术上演进而来的 TD-LTE Advanced 拥有大量的自主知识产权，成为 4G 两大国际标准之一，被包括美国、俄罗斯、欧洲、日本等50多个国家和地区使用。像这样以连续的故事形式讲述，更能提升学生学习兴趣，巧妙地将思政内容和授课内容融合在一起，杜绝了课程思政教学过程中大而空泛的强硬灌输，润物细无声地开展专业教学过程中的思政教学。

在课程思政元素设计的基础上，进一步优化课程教学内容，使课程教学内容更加生活化、趣味化、课堂活动化，建设对应的课程思政资源库，包括微视频、案例、故事、实验等。

3. 教学实施改革

在思政教学内容设定和明确课程目标的基础上，对应地开展教学方法优化，改进课程教学模式，以及改革课程评价体系，通过丰富的教学方法与教学手段把思想政治工作贯穿教育教学全过程。充分利用线上教学平台，引入线上答疑、在线讨论等多样化教学手段，以学生为主体开展讨论和分组实验，融入思政元素，采用悬疑设问、层层递进的方式讲授，激发学生多角度、多思路分析解决实际复杂工程问题的能力，提高学生的学习兴趣和学习积极性。在实验教学环节中，除了基站硬件设备观测实验外，还有基于网络优化硬件设备的实测实验，在模拟实际工程环节中的操作过程，帮助学生培养精益求精、严谨求实、吃苦耐劳的职业素养。此外，引入以上海市洋山港为背景的近海航运无线通信虚拟仿真教学平台，进行移动通信网络优化仿真应用教学，融合我国推进交通强国、海洋强国、航运强国的建设背景，立足于上海国际航运中心地位，虚实结合的实验开展不但可以提升学生工程实践能力，也将课内实验教学与国家海洋强国建设、上海社会经济发展紧密结合起来进行思政教学，让学生明确学习目标，引导学生将爱国之情落实到国家和地区发展建设中，为祖国和人民福祉作贡献。

最终通过课程思政教学过程实施与评价，形成以产出为导向并持续改进的课程思政教学设计方案，实现课程思政改革建设，在专业教学过程中，将全方位的目标融入教学过程，培养有社会责任、有创新精神、有专门知识、有实践能力、有健康身心的应用型高级专门人才。

（二）教学实施

以“多天线技术之 MIMO”为例介绍教学实施。

1. 教学对象

大三本科生，60 人，已具备通信原理、信号与系统等专业基础理论知识。这门课是学生的专业选修 TD-LTE 系列课程之一，是学生走向通信工程类工作岗位前的“理论实践一体化”专业技能课程，在整个课程体系中，它起着桥梁和纽带的作用。

2. 教材分析

采用的是基于大唐移动内部 DCNE 系列教材内容的自编讲义，因基础理论知识介绍较为单薄，在原有教材所涉及的内容上丰富其原理介绍，结合课程思政素材，丰富教学内容。

3. 课堂教学目标

（1）知识目标：理解 MIMO 多天线技术的概念，了解 MIMO 多天线技术的优点，掌握 MIMO 的三种模式及其原理和优点。

（2）能力目标：结合现实介绍 MIMO 在工程中的应用场景，培养学生理论联系实际、分析解决复杂工程问题的能力。

（3）价值目标：在现实案例讲解过程中，帮助学生树立崇高的使命感和责任担当。

4. 教学重点、难点

对实际中多天线的理解；对发送分集和空间复用技术之间的区分；熟悉波束赋形技术的原理，理解其带来的增益。

5. 教学策略和方法

课程回顾中抛出问题，激发学生学习兴趣；生活化、趣味化地讲授知识点内容；通过课堂练习，帮助学生加深理解；融合思政元素案例，解析重点难点内容；开展小组讨论，引起学生思考，鼓励学生创新。

6. 板书要点

板书要点包括：MIMO 多天线技术的概念、优点；MIMO 多天线技术的分类，包括收发分集技术 提高通信质量、空分复用技术、提高系统容量、波束赋形技术、赋形 + 定向、提高系统容量。

7. 教学过程

（1）课程导入、前面课程回顾：通过 2G、3G 与 4G 的对比，引入 LTE 中的关键技术，提升学生学习兴趣，引入本节课程学习内容 MIMO 多天线技术。

（2）介绍 MIMO 多天线技术的概念和现实中的多天线，将理论与实践工程统一，并介绍多天线技术的优点：提高信道容量及频谱利用率，或提高数据的传输质量。

（3）介绍多天线技术分类：根据传输方案分为发送分集、空间复用和波束赋形，并介绍其增益和相关技术，通过分析介绍加提问，吸引学生进一步探究知识点内容。

（4）详细介绍 MIMO 天线发送分集和空间复用的原理及其优点，利用动画对原理概念进行讲解，通过生活化的例子分析其原理，帮助学生理解，分析其在移动通信实际中的应用场景。

（5）下行空间复用和上行空间复用原理，讲授其具体原理，上行空间复用的多用户 MIMO 和下行的 MIMO 不同，通过引入虚拟的概念实现上行多用户 MIMO 提升了上行 MIMO 传输性能，此处融入精益求精、不断改进的科学精神。

（6）课堂练习：通过练习帮助理解发送分集和空间复用区别；通过练习加深前面易混淆知识点的理解。

（7）引入波束赋形，通过和前面课程相呼应，介绍波束赋形助力中国通信发展，将思政教学巧妙融入其中，凸显出中国自主知识产权技术发展，激发学生的民族自豪感，引导学生增强“四个自信”。波束赋形引入课件见图 2。

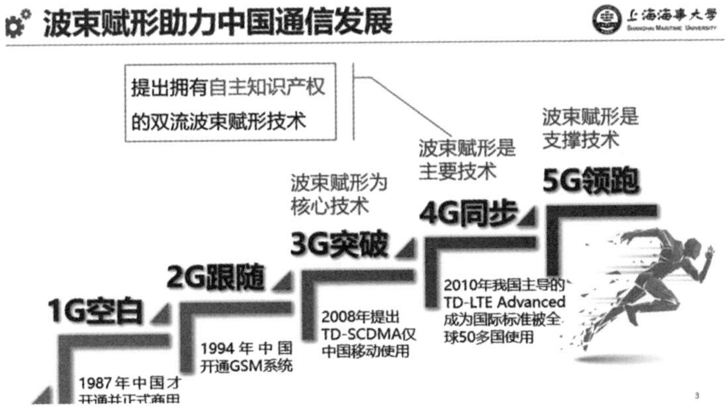

图 2　波束赋形引入课件

（8）介绍波束赋形的概念和原理，结合现实实例对比和视频动画来解释波束赋形的原理，帮助学生深刻地理解。

（9）分别详细介绍波束赋形中波束和赋形的原理及优点，在用图示讲解的基础上，融入思政教学内容，结合偏远山区小孩解决上网课网速慢的新闻，讲解波束赋形在其中能够产生的作用，自然地体现中国共产党立党为公、执政为民，为人民服务的根本宗旨。波束赋形的优点能量集中的课件见图 3。

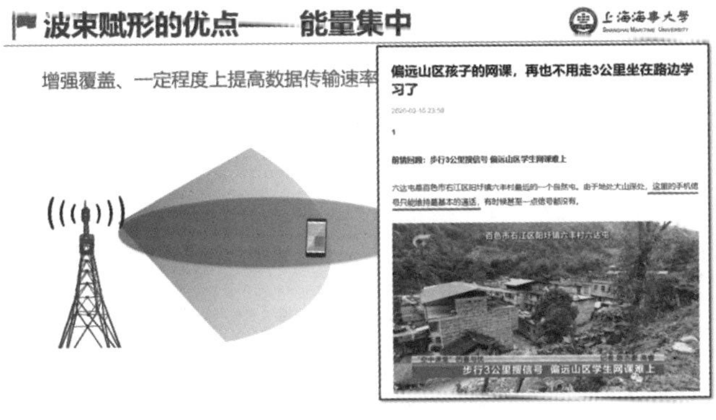

图 3　波束赋形的优点能量集中的课件

（10）双流波束赋形的原理和优点，强调这是我国中国移动和大唐移动联合提出的专利技术，鼓励学生不断增强自主创新。双流波束赋形课件见图 4。

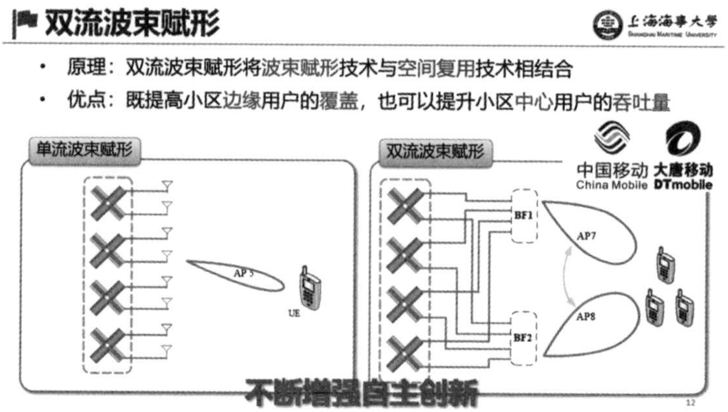

图 4　双流波束赋形课件

（11）通过总结和布置作业，帮助学生回顾和巩固所学内容；讨论 5G 中的波束赋形技术是怎样的；引导学生讨论思考，帮助学生开阔视野，持续创新。

8. 作业要求

课堂中利用超星学习通平台进行课后作业的布置。

9. 教学后记

反思与行动计划：①对当日课堂自我表现、授课情况、教学掌控情况进行总结；②对学生表现情况，课堂的积极性，教学是否达到预期进行反思；③针对问题制订对策及下次课的修改行动计划。

五、课程思政成效评价

在利用网上教学平台资源优化教学方式的同时，应在课程思政教学效果评价过程中充分利用网上教学平台，及时收集学生对课堂教学的反馈，包括教学方法、教学模式、教学内容设计、创新能力、思政教学相关效果反馈、后续课程内容的预期等建议和意见，实现教学全过程的有效评价和优化。在课程结束后进行课程反馈调查，并根据学生的学习情况，以产出为导向，为下一轮教学的持续优化和改进提供有效支撑。

通过课程思政教学建设，本课程具体的教学评价如下。

教师评价：经过本课程思政教学的建设，授课教师思想政治素质得到了提高，增强了使命感和责任感，且其专业发展和教育教学能力也得到了提升。在课程思政建设过程中，取得了一些进步和成果，但仍需不断努力。授课教师在 2021 年参加了上海海事大学青年教师教学比赛并获得校三等奖；同年又参加了上海海事大学第四届思政教学竞赛并获得校一等奖。此外，在 2021—2022 年均获得“大唐杯”优秀指导教师称号。

教学评价：本课程在过去几年的校内评教中一直保持着 A+ 的好成绩，受到学生广泛的欢迎和好评。2023 年选课人数已经满员，这再次证明了该课程的受欢迎程度。同时，通过学生的反馈，发现学生们普遍提高了学习效率和兴趣，从被动接受知识转变为自主学习。在课程的教学过程中，我们注重培养学生的综合能力和创造能力。不论是在课堂表现、实验报告还是考核结果方面，学生的知识和创造力都得到了很大的提高。这些成果不仅体现在学生的学术表现上，也对他们未来的职业发展产生了积极的影响。

学生评价：本课程的学习使学生的专业知识和工程能力得到了大幅提升，这为他们未来的职业发展奠定了坚实的基础。在此基础上，学生们积极参与相关大学生学科竞赛并取得了优异的成绩。如：2021 年 9 位参与课程学习的学生获得了第八届“大唐杯”全国大学生移动通信 5G 技术大赛省级奖项，其中 3 人获得了全国三等奖；2022 年参与课程学习的学生中有 19 人获得了省级奖项，其中 2 人获得了全国二等奖，1 人获全国三等奖。此外，2023 年 22 位参与课程学习的学生获得了省级奖项，其中 6 人入围国赛。

六、课程思政可供借鉴经验做法

（1）转变教师角色，以学生为中心，以教师为主导，调动学生的学习积极性，引导学生思考，激发学生学习兴趣，结合协同育人方针，实现知识传授、能力培养和素养提升三位一体的人才培养方式。

（2）思政元素的积累与梳理，要推动课程思政建设更好地开展，需要在课程专业教育中探索深化、拓展爱国教育、人文情怀、科学素养、创新意识和工匠精神的路径，提炼专业课程 的思政育人要素，多多积累思政素材，梳理适合本课程的思政元素。总结课程思政教育效果好、学生反响佳的教学案例，建立丰富的思政案例库，让思政目标与课程目标相衔接，实现专业课程教育与思政教育的密切融合。

（3）完善课程评价体系，在课程教学大纲、教学设计等重要教学内容的重构过程中要考虑知识传授、能力提升和价值引领同步提升的实现度。在课程评价标准、教学比赛、重点课程建设过程中设置相应的观测点来体现思政教学效果。

七、课程思政教学反思

（1）教师应该改变教学理念，探索更多更加完善的教学方法和教学手段，潜移默化地融入思政教学内容。

（2）在教学活动中，应克服过度关注“教”而忽略“育”的现象，在教授知识的同时要注重传授思维方式。

（3）在课程建设过程中应该考虑课程本身的工程技术特色，从工程认证视角挖掘建设课程思政，这是有效进行专业教学的现实需求，也是规范推动工程认证的必然要求。

英国文学史及作品选读课程思政教学设计

外国语学院　郭海霞

一、课程基本信息

◆课程名称：英国文学史及作品选读

◆专业名称：英语（航运）

◆学时学分：32 学时　2 学分

◆授课对象：大二 / 大三本科生

◆课程类别：专业课

二、课程简介

上海海事大学英语（航运）专业定位于培养具有扎实英语语言及文学、文化功底，同时掌握国际海事、航运、物流等领域知识，了解国际航运和海事相关法律、经济和管理领域专业范式，具有中国情怀、国际视野、人文素养和跨语言文化交际与沟通能力，能够在海事、航运、物流、外事及外贸企事业单位和机构从事管理、翻译、教育及研究等工作的复合型英语专业人才。本课程是专业核心课程，在培养学生正确的世界观、人生观、价值观和国际视野等方面起着重要的作用。本课程主要讲授英国文学史和名家作品选读，同时适当进行中外名家作品比较，以及中西文学批评与美学理论介绍等，旨在提高英语文学阅读水平及文学批评能力、语言表达能力和思辨能力，增强对英国文化的认知能力和跨文化交际能力，提高道德修养和人文素质。本课程要求学生了解文学作品的基本结构，掌握欣赏和评价文学作品的基本方法。通过阅读原著、分析作品，建立阅读文学的经验，为文学研究及文学批评提供必要的训练。帮助学生宏观把握英国文学的发展进程，并加深对重要文学流派、重要作家的理解和认识；指导学生阅读文学作品和相关论著，为独立撰写学位论文做准备。

三、课程思政教学设计思路

学校一直秉承开放办学的理念，积极实施国际化发展战略，为学生提供各种类型和层次的海外学习交流机会，因此，继续大力提升学生的外语水平、跨文化交际能力、国际视野和国家情怀显得尤为重要。文学学习和人文素质的培养密不可分，“英国文学史及作品选读”作为专业必修课和核心课程，在培养学生正确的世界观、人生观、价值观、中国情怀和国际视野、人文与科学素养以及提升学生的跨文化能力和思辨能力等方面起着重要的作用。

（1）知识目标。本课程旨在使学生了解和掌握英国文学形成和发展全貌及其主要内涵。

（2）能力目标。通过阅读具有代表性的经典作品，学会分析作品的艺术特色，掌握正确评价文学作品的标准和方法，提高文学阅读水平及文学批评能力；通过了解英国文学创作的社会背景和文学思潮及其它们之间的相互关系来把握文学作品的文化内涵，提高对英国文化的认知能力；与语言教学相结合，增强学生的语言表达能力。

（3）素质目标。“文学即人学”，因此，本课程旨在提高学生的道德修养和人文素质，以达到立德树人，促进学生全面发展的目标。

总之，课程使学生在问题的发现、讨论、探究和论证过程中感受收获和成长，激发学习的兴趣，最终达到价值塑造、知识传授和能力培养三位一体的教学目的。课程思政建设目标和内容重点是中国元素和时代性元素的融入，以及跨界融合与学科交叉。在教学中适当地进行中英文学对比分析，使学生更加直观地评价中外文学的价值，在更好地理解英国文学作品的思想内容的同时，树立对本国悠久灿烂文化的自豪感和中国情怀，理解中国式现代化，增强“四个自信”。另外，课程遵循“新文科”融合创新的理念，注重融合利用信息化教学手段以及学科交叉，在教学中积极实践线上线下混合式教学，吸收和运用其他学科、领域的知识和理论分析文本，如经济学、人类学、社会学、心理学甚至是医学等自然科学，以增加课程内容的广度和深度，反映学科前沿，渗透专业思想。在整个课程体系中，本课程对于培养学生扎实的英语语言文学、文化功底、人文底蕴，树立积极的人生态度等具有重要作用，因为文学教育是审美教育，更是人生的教育，文学教育本能地承担着育人、化人，构建人的精神世界的重任。课程目标对学科知识、创新能力、应用能力、品德修养和国际视野等毕业要求具有重要支撑作用。本课程的最终目标是达到知识传授、能力培养和价值塑造三位一体的有机统一。

四、课程思政教学设计与实践

（一）整体介绍

语言是文化的载体，也是意识形态的载体，英国文学课程中英国文学和文化的直接呈现，在某种程度上就是传授意识形态的过程。西方价值观中精华与糟粕并存，因此，本课程教学过程中教师在思想意识形态上负起责、把好关，注重增强教学内容的时代性，增加教学的思想性，拓展课程的广度和深度，与思想政治理论课同向同行，形成协同效应。在问题的发现、讨论、探究和论证过程中提升学生的高阶认知能力和批判性思维；最终达到价值塑造、知识传授和能力培养三位一体的教学目的。

本课程在课程思政建设中的具体方法和举措如下：

（1）跨界融合、中国元素和时代性元素的融入以增强思辨能力和文化自信。在教学中注重历史、哲学、政治、经济和科技等跨学科知识的融入，提高学生的思辨能力和跨文化交际能力；以中国特色、中国文学和中国文化等元素增强文化自信，以时代性素材激发学生学习兴趣，将思想政治教育潜移默化地融入专业知识学习中。

（2）实践线上线下混合式教学和翻转课堂，着力打造高阶课堂和互动课堂。在教学过程中打破传统的“老师讲、学生听”的单一模式，建立起以学生为中心的互动式教学模式，以读写思辨为抓手，通过小组展示、问题讨论等增进学生的政治思想意识、民族认同、国家认同，起到“培根铸魂，启智润心”的作用。

课程思政教学内容与实施计划

章节	授课要点	思政元素	育人目标
3	Shakespeare: *Othello*	有关种族平等、两性平等问题的讨论；奥赛罗的悲剧在多大程度上是由他的种族所决定的？怎样看待“嫉妒”？（社会学、历史学、心理学等知识的融合）	国际视野、民族平等意识、人文素质及良好人格的养成。
5	The eighteenth century: the Enlightenment and Classicism; Daniel Defoe's *Robinson Crusoe*	引导学生了解资本主义财富积累的本质；鲁滨逊彰显了英国的殖民和帝国梦想，是英国早期资本主义殖民者的典型（批判性思考）；但他遇到困难不怕艰险、保持乐观和积极应对的态度值得学习（借鉴和学习元素）。	文化自觉、国际视野、批判质疑的和理性思维的科学精神。
7	Romanticism William Wordsworth: *My Heart Leaps Up* John Keats: *To Autumn*	坚持人与自然和谐共生、热爱大自然、感受大自然、保持赤子之心与心灵的自由和闲适。“坚持人与自然和谐共生”“人与自然是生命共同体，人类必须尊重自然、顺应自然、保护自然。”并联系王维、陶渊明的自然诗歌以及我国文学中描写秋天的诗词和散文等以增强学生的中国情怀和民族自豪感（时代性 / 中国元素）。	生态观念、人文视野、中国情怀。
8	English Critical Realism (Victorian Age) Charles Dickens: *Oliver Twist*	狄更斯对于弱势群体的关注以及童工问题的揭露影响了英国社会福利政策的形成。认识英国工人阶级和工人运动的特点以及与中国工人阶级和工人运动的不同（历史学和政治学等跨学科知识及中国元素）。	公平正义观念、社会责任感、思辨能力。
11	Some Women Novelists Charlotte Bronte: *Jane Eyre*	学习女主人公自尊自爱的美好人格；关于女性独立人格的问题，联系我国诗人舒婷《致橡树》；探讨爱情和婚姻主题：幸福的爱情和婚姻应包含哪些因素（社会学、心理学等跨学科知识、中国元素）？	独立人格、平等观念、对婚姻的忠诚和责任感。

（续表）

章节	授课要点	思政元素	育人目标
12	Modernism in Poetry: Imagism & Symbolism Yeats: *When You are Old* T. S. Eliot: *The Love Song of J. Alfred Prufrock*	比较中国古诗词中的意象如《题都城南庄》等），和象征主义诗歌（如戴望舒《雨巷》等）（中国元素）。	中国情怀、跨文化交际能力和讲好中国故事的能力。

（二）教学实施

文学教育基于文学，归于教育，本质特点即是“以文化人”。本课程的性质决定了其人文教育和素质教育的功能。本课程在跨文化和跨学科视野下融通中外和不同专业知识，结合学生的思辨能力、跨文化交际能力培养实现课程的价值引领目标。教师在教学中适时地进行中英文学对比分析，使学生在更好地理解英国文学、文化的同时，树立对本国悠久灿烂文学、文化的自豪感和中国情怀；课程中的跨界融合，可以增加课程内容的广度和深度。下面将以 2 个知识点的教学设计和实施流程加以说明。

案例 1　“意象”之中西对比

本讲知识点		Modernism in English Poetry	预计时长	20 分钟
教学目标	知识	使学生了解英国现代主义诗歌：意象派和象征主义及其代表诗人。		
	能力	提高学生文学欣赏水平、文学批评能力和思辨能力，以及对英国现代社会和文化的认知能力。		
	素质	树立国际视野的同时，增强学生的中国情怀和民族自豪感。		
教学重点		意象派和象征主义诗歌的特征。		
教学难点		意象派诗歌与象征主义诗歌的不同点。		
教学方法和手段		教学积极实践基于翻转课堂的线上和线下混合式教学模式，主要包含课堂讨论、问题探究、小组活动和教师讲授、补充等（启发式 + 探究式 + 研讨式 + 讲授式 + 浸润式 / 体验式）。要求学生课前充分学习网络教学平台上的微课视频和电子文本等，积极准备围绕特定专题的小组活动和报告，		

（续表）

	并在课堂上进行展示和陈述。要求学生课前充分学习网络教学平台上的微课视频和电子文本等。学生在教师的指导下，认真开展问题讨论和探究，交流观点，教师针对重点和难点进行补充和讲授。		
思政元素	讲授英国现代主义诗歌同时，比较中国古诗词中的意象（例如《题都城南庄》等）和中国象征主义诗歌（例如戴望舒《雨巷》等），增强学生的中国情怀和民族自豪感。		
蕴含思政元素的教学设计			
步骤	教学内容	教学方法	时间安排
引入	意象派诗歌的产生时间和背景；什么是意象？ 象征主义诗歌的产生时间和背景；什么是象征？	讲授式、启发式	（5 分钟）
展开	欣赏意象派诗歌代表作：庞德的《在地铁车站》； 比较中国诗人崔护的《题都城南庄》； 欣赏叶芝的《当你老了》和戴望舒的《雨巷》。	讲授式、研讨式、浸润式 / 体验式	（8 分钟）
深化	庞德的《地铁车站》中鲜活的脸庞，泛光的花瓣，交相闪现，形象具体，给人以鲜明的视觉美感，然而总感觉少了些中国古典诗歌的神韵和情趣。唐代诗人崔护的《题都城南庄》（去年今日此门中，人面桃花相映红。人面不知何处去，桃花依旧笑春风。）同样是人面、花瓣意象，在这首诗里却融入了物是人非的感慨，给人吟咏不尽的回味。通过中英诗歌的比较使学生能够意识到在理性与感性疏离的西方诗学体系中，image 呈现的是表象，是形似，是视觉效果，而中国古典诗词中的意象是情与景的契合，是“表象之景与心灵之情相融凝”，不是西方意象派的纯粹“客观呈现”。	讲授式、研讨式、启发式	（4 分钟）
归纳与总结	象征主义诗歌具有音乐的流动美，而意象派似雕塑，具有静态美。西方意象派少了些我们熟悉的中国古典诗歌的神韵和情趣。在英国文学的课程中有机融入中国文学和文化元素，增强了外语专业学生对中华传统文学和文化的自豪感、认同感和文化自信。	讲授式、启发式	（3 分钟）

案例 2 《雾都孤儿》中的社会与阶级

本讲知识点		English Critical Realism: Charles Dickens' *Oliver Twist*	预计时长	25 分钟
教学目标	知识	了解英国维多利亚时代背景，熟悉批判现实主义流派的代表作家和作品；理解和掌握《雾都孤儿》的作品主题和写作手法等。		
	能力	提高对作品的主题和艺术特色的评析能力；通过问题讨论，增强语言表达能力和思辨能力；加强对英国维多利亚时期历史和文化的认知能力和跨文化交际能力。		
	素质	增强学生思辨能力和批判性思维。		
教学重点		通过学习《雾都孤儿》，了解和掌握批判现实主义的作品特色和流派特征。		
教学难点		阶级与社会主题及小说叙事视角等相关知识。		
教学方法和手段		教学积极实践基于翻转课堂的线上和线下混合式教学模式，主要包含课堂讨论、问题探究、学生报告和小组活动和教师讲授、补充等（启发式 + 探究式 + 研讨式 + 浸润式 / 体验式 + 讲授式）。要求学生课前充分学习网络教学平台上的微课视频和电子文本等，积极准备围绕特定专题的小组活动和报告，并在课堂上进行展示和陈述。学生在教师的指导下，认真开展问题讨论和探究，交流观点，教师针对重点和难点进行补充和讲授。		
思政元素		（1）狄更斯对于弱势群体的关注以及童工问题的揭露在一定程度上影响了英国社会福利政策的形成；狄更斯揭露了资本主义中上层社会的虚伪，叩问国家良心，“不断促进社会公平正义”。 （2）英国工人阶级和工人运动的特点，及与中国工人阶级和工人运动的不同。		

蕴含思政元素的教学设计

步骤	教学内容	教学方法	时间安排
引入	维多利亚时期历史背景介绍：英国工业革命和大英帝国的峰端；财富的分配始终不均，贫富差异明显；批判现实主义的出现。	讲授式、启发式	（5 分钟）
展开	通过小说经典段落阅读和问题讨论，认识以狄更斯为代表的批判现实主义作家以人道主义思想为武器，深刻地揭露和批判社会的黑暗，同情下层人民的苦难，提倡社会改良。	讲授式、启发式、研讨式	（10 分钟）
深化	狄更斯小说《雾都孤儿》的主题探究：特别是“社会与阶级（Society and Class）”这一主题。引用《马克思恩格斯选集（第一卷）》的内容讲述英国工人阶级的悲惨生活：“他	讲授式、研讨式、启发式	（8 分钟）

（续表）

步骤	教学内容	教学方法	时间安排
	们在自己的平静、刻板的生活中感到很舒服，如果没有工业革命，他们是永远不会脱离这种生活方式的。诚然，这种生活很惬意，很舒适，但到底不是人应该过的。他们确实也不算是人，而只是一部替一直主宰历史的少数贵族做工的机器。工业革命只是使这种情况发展到了极点，把工人完全变成了简单的机器，剥夺了他们独立活动的最后一点残余。但是，正因为如此，工业革命也促使他们去思考，促使他们去争取人应有的地位。” 同时，联系英国工人阶级和工人运动的特点，并对比与中国工人阶级和工人运动的不同：英国的工人阶级很多是被工厂制消灭的手工工人，因此他们站在前资本主义的立场反对资本主义，他们想回到过去，而不是企图对资本主义作出超越。		
归纳与总结	像狄更斯这样的批判现实主义作家在反映社会时，着力于暴露社会的黑暗，批判现实的罪恶。资本主义社会的严峻现实，使他们感到窒息、愤懑，因而他们能对腐败的制度和利己主义泛滥的社会风尚进行无情地暴露。这些作家敢于正视社会现实，勇于探索罪恶的根由，大胆揭露丑恶的社会现象，为人们认识资本主义社会提供了形象的材料，打破了人们对于资本主义的乐观情绪。但是，他们虽不满现状，却更反对无产阶级革命，这就使他们不可能在黑暗的现实中找到光明的出路，也就必然局限了他们批判的深度。西方现代化是资本逻辑下资本主义全球扩张的结果。以人为本的中国式现代化必然超越西方资本主义现代化，是人类社会和平发展的全新道路，代表着人类文明的未来。	讲授式、启发式	（2分钟）

教学活动见图 1。

(a)

(b)

(c)

图 1　教学活动

五、课程思政成效评价

为使课程思政取得成效，在课程的考评与反馈环节教师就将过程性评价与终结性评价相结合；以促进学生进步为出发点设计多元的评价方式，且予以及时反馈。教师增加过程考核的比例，重视学生学习过程评价，以激发学生的学习主动性，丰富探究式、论文式、报告答辩式等成绩评定方式以增强对学生价值认同和高阶能力的考核。同时，课程提供清晰合理的评价规则和标准，积极创造学生自我评价和同伴互评的机会。

课程的考核方式及构成要素如下：

平时成绩构成及比例（50%）	（1）参与小组展示、问题讨论等活动的表现（教师评价、自我评价和同伴互评得分）（40%）； （2）线上资料的学习情况（课程视频 40%；章节学习次数 20%；作业平均分 20%；讨论 20%）（30%）； （3）课后作业提交次数（20%）； （4）课堂出勤（10%）。
期末考核(50%)	（1）客观题（20%）； （2）主观题（80%）（是否体现正义、公平、种族平等、男女平等、文化冲突、文化自信、家国情怀、家园或自然生态等问题上的正确态度）。

在过程考核中注重学生参加小组展示和问题讨论等表现以及作业的完成情况，认真的学习态度本身就是对于课程思政的身体力行和学以致用。期末的终结性考核中最重要的部分是对于文本的分析和评论，积极鼓励学生从跨学科的视角对文本进行解读，侧重于对学生思辨能力和创新思维的评估，涉及作品主题分析时考查重点是学生是否体现出在正义、公平、种族平等、男女平等、文化冲突、文化自信、家国情怀、家园或自然生态等问题上的正确态度。

实践和数据分析表明，课程思政增加了课程内容的广度和深度，使学生的学习兴趣和积极性得到有效调动，课堂参与度大大提升；通过中英文学对比、问题讨论等学生的政治思想意识、国家认同感增强，思辨能力得以提升；更多地了解了西方思维模式以及西方文化背景，既能通过西方文化反省本土文化，也能站在本土文化的立场思考并评判西方文化。本课程成为 2021 年上海市课程思政示范项目和上海海事大学课程思政示范课，2022 年获得第二届智慧树杯课程思政示范案例教学大赛二等奖。课程负责人先后在上海海事大学和上海海洋大学等高校就课程思政和混合式教学等开展教学报告和成果介绍，得到了教师和学生的高度认可和好评。

六、课程思政可供借鉴经验做法

（一）跨界融合与学科交叉，以及中国和时代性元素的融入

广泛吸收各个学科的研究方法，运用其他领域的知识和理论分析文本，如经济学、人类学、社会学、心理学，甚至是医学等自然科学。积极探索英美文学课程中的跨界融合，以增加课程内容的广度和深度，反映学科前沿。适时进行中英文学对比分析，使学生在更好地理解英国文学、文化的同时，树立对本国悠久灿烂文学、文化的自豪感和中国情怀。

（二）积累资源，建设课程思政资源库和案例集

将课程思政示范课和领航课程教学过程积累的经验予以总结以形成书面报告，并将其蕴含思政元素的教学大纲和课程思政示范课微视频（微课）等汇总，形成课程思政资源库，整合优质资源，供今后老师们备课和上课时参考和使用，并根据时代性元素持续更新。

（三）注重文学课的文化模式教学和跨文化能力和思辨能力培养

让学生了解文学中普遍存在的价值，并且懂得欣赏与自己背景相异的文化和意识形态，进而能了解文学传统的思想、情感与艺术形式。培养对中西方文化差异的敏感性以及基本的批评性思维能力，既能通过西方文化反省本土文化，也能站在本土文化的立场思考并评判西方文化。

（四）树立以学生为中心和促成学生成长为目的的教学理念

教师不再是知识传播者和讲授者，教学中以学生为中心，探讨作品中与读者经验相关的主题，以激发学习者的阅读兴趣，使其提高个人修养及人文素质，从而在未来形成良好的人格。注重问题引入，讨论为主、写作为辅的教学模式。在课堂上，尽量采用启发式教学方法，鼓励或是激励学生参与到课堂讨论中去。在一个学期内，要求学生在独立思考的基础上，用英语写出两篇文学作品或有自己观点的小论文，使学生把课堂上的口头表达与书面写

作结合起来。

七、课程思政教学反思

外语课程的课程思政大有可为，有利于拓展外语学科人文性和应用性内涵，培育高素质、国际化的人才，实现立德树人的目标。外语课程要在教学中体现知识、能力和素质的有机融合，注重培养学生的高阶思维，即分析、评价和创造能力。在课程内容方面，外语课程要反映前沿性和时代性，结合新文科理念和课程思政将学科研究新进展带入课堂。在教学方法创新方面，要积极探索基于 MOOC 或 SPOC 的线上线下混合式教学模式，突出学生主体地位，培养学生自主学习能力和个性化学习。在具体实施过程中，教师要通过课堂任务设计、思辨能力培养等细节实现和促成课程思政，而细化过程一定要以学生为中心，引导学生深入思考和主动探究。

课堂，特别是外语课堂，应该是一个具有真正互动和对道德问题有批判意识的场所，教师应鼓励学生学会个性化的阅读和培养其独立思考能力、思辨能力和创新能力，点燃学生内心对美好的向往和对生活的火焰，正如吴岩司长在新文科建设工作会议上提出的，要“打造有情有义、有温度、有爱的文科课堂”。

大学物理课程思政教学设计

理学院　孙祖尧

一、课程基本信息

◆课程名称：大学物理

◆专业名称：各理工科专业

◆学时学分：96 学时　6 学分

◆授课对象：全校理工科专业本科生

◆课程类别：公共基础课

二、课程简介

大学物理是一门重要的学科基础课，上海海事大学理工科专业都要修读。本课程开课面广，修读学生众多，对培养学生的理性思维、辩证唯物主义世界观非常重要。同时也是学生后续修读专业课程非常重要的基础。

本课程的目的是使学生对物理学的基本概念、原理和规律有更全面、系统的理解，提高他们的计算能力、抽象思维能力、逻辑推理能力，逐步提高对世界的认识，确立正确的思维和研究方法。本课程系统地阐述了物理学中力学、热学、电磁学、光学的基本概念、基本理论和基本方法，以培养学生逻辑思维、观察和解决实际问题的能力。物理学的研究与发展本质上体现了实事求是的方法与态度，故本课程的学习对于塑造学生正确的价值观有潜移默化的作用。本课程对学校主流专业有重要的支撑作用，例如课程中热学部分对于商船学院轮机、能源等专业是重要的基础知识，对其后续专业课程学习非常有帮助。

三、课程思政教学设计思路

上海海事大学是工科为主的院校，学生走出校门参加工作后会面临许多具体的工程技术问题，这也是其在校内所要重点培养的能力。因此本课程将思政元素有机融入具体的工程技术问题，用“润物细无声”的方式潜移默化地进行思政教育，避免单纯说教式的思政教育环节。本课程思政建设目标如下：

（1）掌握物理学的基本概念、基本原理和基本规律。使学生对物理学的基本概念、基本原理和基本规律有较全面系统的认识，了解各种运动形式之间的联系以及物理学的近现代发展和成就。

（2）科学思维方法和运算能力的训练。使学生在运算能力、抽象思维能力和对世界的认识能力等方面得到初步训练；让学生熟悉研究物理学的基本思想和基本方法；培养学生判断、推理、归纳的逻辑思维能力；提高学生的观察力、想象力、创造力，让其逐步建立科学思维方法和运算能力。

（3）应用物理学基本原理对工程问题建模和解决问题。培养学生分析问题和解决问题的能力，使学生在学习物理学知识的同时，能够具有运用物理学原理处理、解决实际问题的能力。

（4）结合辩证唯物主义培养学生的科学精神和科学素质。充分发挥本课程在培养学生辩证唯物主义世界观方面的作用，进行课程思政教育。

四、课程思政教学设计与实践

物理是有关物质运动、变化原理的学科，涉及世界的唯物主义本质，要以此为切入点培养学生的唯物主义世界观。物理又涉及很多具体问题的计算，必须要秉持“实事求是”的态度，才能真正掌握它。在课程整体的过程中要引导学生自主思考，使其自然而然地接受、掌握相关知识的同时，能够逐步培养实事求是、客观探寻规律的态度与习惯。

案例①

章节：绪论

涉及知识点及思政教学内容：物理学发展范式及唯物主义。

具体设计：先与学生进行“问答猜物”的游戏，请一位自愿参加的同学暂时蒙上眼睛，然后在投影上展示一张图片，见图1，图2，关掉投影后让其提问题，根据回答猜出刚才投影显示的是什么，以此模拟物理学从实验中寻找规律的方法。待几位同学参加过后，将被猜对象换成“无”，引导学生对物理学中终极的“万物理论”是否存在的思考。

图 1　问答猜物相关的 PPT

图 2　课堂上与学生进行“问答猜物”游戏

结合最近《三体》相关影视作品的热播，引入《三体》中的“射手假说”和“农场主假说”使学生进一步思考从实验到理论这种物理学发展的范式是否永远正确（这也是一些爱思考的同学容易陷入的误区，可能会导致唯心主义的世界观），见图 3。在部分同学陷入迷茫时，讲解著名科学家，科普作家卡尔萨根著名的“龙喻”，坚定唯物主义世界观。

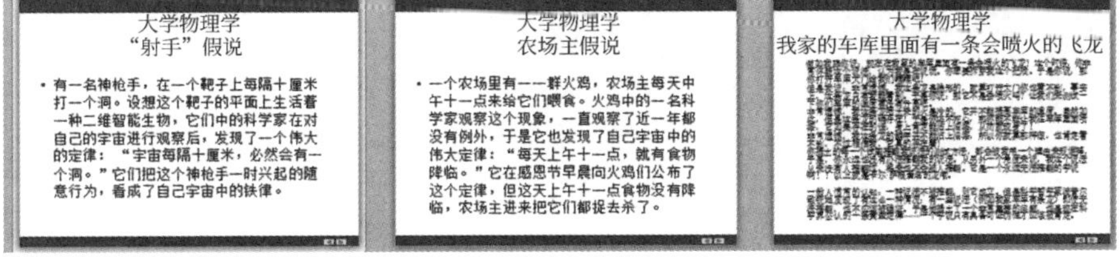

图 3　“射手假说”“农场主假说”“龙喻”相关的 PPT

通过一波三折的课程设计，引导学生头脑风暴，产生一种“山重水复疑无路，柳暗花明又一村”的效果，即使其了解了物理学发展的历史与范式，又坚定了唯物主义世界观。然后以电磁学发展为例介绍物理学研究中的典型方法，见图 4。进而介绍上述科学家的生平与故事，引导学生学习科学家精神，恪守学术道德和诚信，增强投身科学研究的决心。

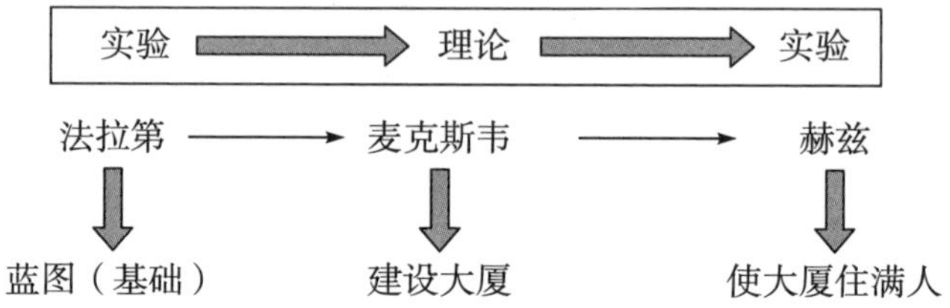

图 4　物理学研究的典型方法

案例②

章节：静电场

涉及知识点及思政教学内容：静电平衡，培养学生的探索精神和创新意识。

具体设计：以课堂讲授为主，视频和演示实验观摩为辅，并使用“学习通”实时检查学习效果。多个环节相互配合、相辅相成。重点采用启发式教学法、互动式教学法等。

教学内容	教学设计
视频引入本节课内容： 	播放一个我国电力工人在高压输电线上带电作业的视频。在特高压领域，我们曾经落后西方 40 年，如今我们独步全球。不夸张地说，特高压技术让中国标准成为了国际标准，成为了我国另一个“国之重器”。在如此高电压的输电线上为何可以带电操作，其物理原理是什么?

（续表）

教学内容	教学设计
本节学习目标： （1）能够正确理解导体静电平衡条件以及达到静电平衡后电荷、电场、电势的分布情况； （2）能够利用该条件分析实心导体和空腔导体达到静电平衡后电荷的分布情况； （3）能够列举日常生活、工程中静电屏蔽效应的应用； （4）能够列举一些尖端放电效应的应用。	明确本节学习目标。
复习静电场的两个定理：高斯定理和环路定理 前测： （1）描述静电场性质的两个物理量是什么？ （2）写出静电场的高斯定理的内容； （3）写出静电场的环路定理的内容； （4）明确两个定理适用的条件和物理量的意义。	前测： （1）了解学生的学习基础 （2）请一位学生在黑板默写高斯定理和环路定理，之后批改订正，并再次讲解、复习。
导体	金属导体导电的原因在于有大量的自由电子。
静电感应过程： 以金属导体为例，介绍导体静电感应过程。 强调： （1）达到静电平衡的标志； （2）感应电荷是自由电荷。 静电感应： 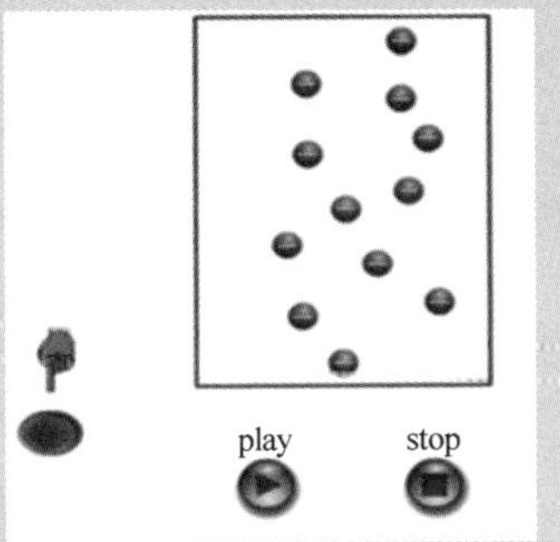 静电感应过程时间非常短，因为自由电子的移动速度非常快（课件动图）。 自由电荷定向移动停止时，导体处于静电平衡状态。	示意图辅助教学。

（续表）

教学内容	教学设计
静电平衡条件： 从描述静电场性质的两个物理量电场强度和电势来研究静电平衡条件。	运用反证法证明 板书： 静电平衡条件 导体内部 $E=0$　$U=$ 常量
静电平衡后导体电荷分布 利用高斯定理来证明此结论 注意：闭合曲面 S（高斯面）选取的任意性 静电平衡的导体内部没有净余电荷，电荷只分布在导体表面。 证明：在导体内部任取一个高斯面 S $\oint_S \vec{E}\cdot \mathrm{d}\vec{S}=\frac{1}{\varepsilon_0}\sum q_i$ 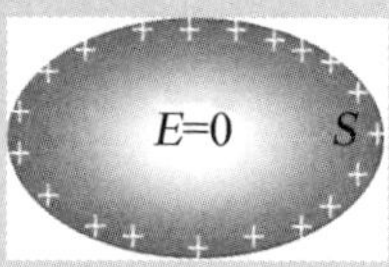 $\because\ \vec{E}=0$ $\therefore\ \sum q_i=0$	先设疑： 想想导体内的电荷是如何分布的呢？ 提问： 引导学生思考如何建立闭合曲面－高斯面，学生间讨论，并请学生发表看法。
演示实验引入空腔导体的电荷分布情况： 一金属丝编织的网笼，网笼内外壁均贴有细的锡箔纸条。当该网笼带上电荷后（　　） A. 网笼外纸条将向外张开，网笼内纸条不动 B. 网笼外纸条不动，网笼内纸条将向内张开 C. 网笼内外纸条都将张开 D. 网笼内外纸条都不张开 E. 以上都不对	法拉第笼演示实验： 先让学生预测实验结果。 然后做演示，眼见为实，观察实验现象。 引导学生思考： 为何法拉第金属笼内带电，而笼内的电场却为零？
空腔内没有带电体时，导体的电荷分布 当空腔内无带电时空腔表面处没有面电荷，导体所带的电荷只分布在导体外表面。 证明：在导体内部任取一个高斯面 S $\oint_S \vec{E}\cdot \mathrm{d}\vec{S}=\frac{1}{\varepsilon_0}\sum q_i$  $\because\ \vec{E}=0\quad \therefore\Rightarrow \sum q_i=0$	先做提示：用高斯定理证明。如何建立闭合曲面－高斯面。 当得出空腔内表面电量的代数和为零后，引导学生讨论该如何推导？ 讨论后，请学生发言。 如何证明空腔内表面不能带有等量异号电荷？ 用反证法。 此证明过程，充分引导学生思考，培养学生的逻辑推理能力。（时间充裕的话，还可以请学生在黑板上证明）

（续表）

<table>
<tr><th>教学内容</th><th>教学设计</th></tr>
<tr><td>静电屏蔽效应及其应用

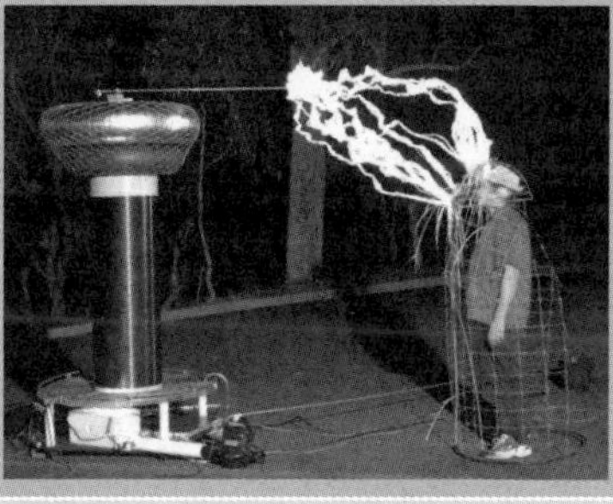</td><td>部分图片展示，呼应课程引入部分的演示视频。
引导学生思考核心问题：
为何不管空腔导体外静电场如何变化，腔内电场一直为零？
留白思考：学生抓物理现象后蕴含本质原因的能力。
原因在于：导体含有大量可以自由移动的电荷，它们能随着外加电场而重新分布（因为正负电荷的性质），从而在导体内产生附加电场，使得空腔内电场叠加为零。
从而引入课程思政元素：
不管国际环境如何变化，我们都应该保持初心使命，实现中华民族伟大复兴，国家繁荣昌盛。</td></tr>
<tr><td>有导体存在时的 E 和 U 的分布
求解思路：
静电平衡条件 + 电荷守恒定律 → 导体上的电荷分布 → 计算 $\bar{E}$，U 分布（方法同前）
例题：有一外半径 $R1$、内半径 $R2$ 的金属球壳，其中放一半径为 $R3$ 的金属球，球壳和球均带有电量 10^{-8} C 的正电荷。问：（1）两球电荷分布。（2）球心的电势。（3）球壳电势。
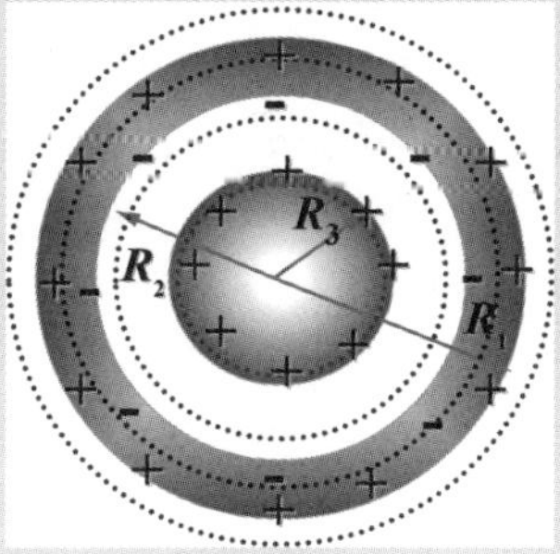
</td><td>检验学习效果：
知识综合巩固例题：
（1）开展同学讨论，请某同学说思路，引导学生思考。
（2）思考静电感应过程，强调电荷守恒定律。
（3）考察静电平衡后导体的电势特征。
（4）根据学生回答的正确率，进行互动讨论。
（5）可请学生在黑板上定性画电场分布。
（6）提问学生雷雨天在旷野中，躲在汽车内和车外，哪种情况更容易遭遇雷击，哪种情况更安全？</td></tr>
</table>

（续表）

教学内容	教学设计
静电平衡导体表面电荷与场强的关系 静电平衡导体表面某点的电荷面密度与导体外该点附近的电场强度大小 E 满足关系$\delta=\varepsilon_0 E$ 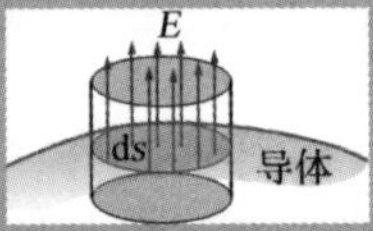 根据高斯定理有： $$E\mathrm{d}S=\frac{\sigma \mathrm{d}S}{\varepsilon_0}$$ $$E=\frac{\sigma}{\varepsilon_0}$$	强调： 该电场强度是由空间全部电荷在此处产生的，而不仅仅是由封闭的高斯面内的电荷产生的，高斯面外的电荷也对该电场强度有贡献。
导体表面电荷分布情况 孤立导体表面各点的面电荷密度 曲率越大的地方，电荷密度越大，电场越大 曲率越小的地方，电荷密度越小，电场越小 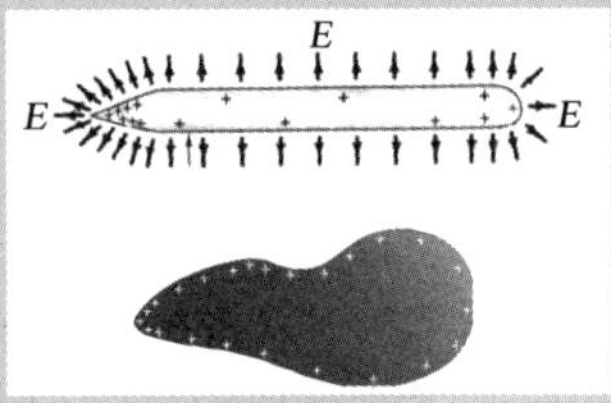 	随堂演示尖端放电效应： （1）电子风“吹”灭蜡烛实验。 （2）静电滚筒实验。 解释演示实验。
尖端放电效应  	（1）中国古代皇家建筑物“正吻”是避雷针的雏形。 指出因为是非良导体，所以只有雨水较大时，才能起到“引雷入地”的作用。 （2）避雷针“引雷入地”，富兰克林发明避雷针，不惧危险，勇于探索，造福人类（引入课程思政元素）。

（续表）

教学内容	教学设计
知识拓展 场离子显微镜 利用导体尖端附近的强电场来实现观察金属尖端中单个原子的成像原理。 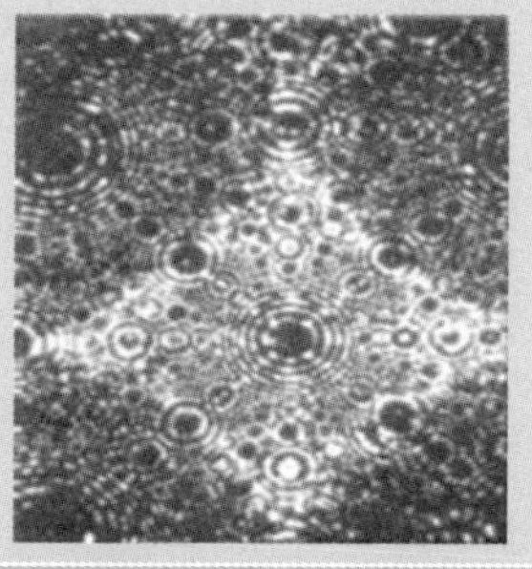	科技前沿进课堂 引导学生思考尖端放电效应还有哪些应用？
总结 （1）导体静电平衡条件。 （2）静电平衡后实心导体的电荷只分布在导体表面。 （3）空腔导体腔内没有带电体时，电荷分布在导体外表面，腔内的场强为零。 （4）导体腔内电场不受腔外电场的影响，也就是说导体对外界电场有静电屏蔽作用。 （5）尖端放电效应。	总结本节课内容，强化学习效果。

五、课程思政成效评价

期末考试与平日成绩相结合。平日成绩包括出勤、作业等，还包括课堂上的讨论，例如就某一个问题请学生上讲台做主讲，通过他的演讲了解其对课程内容以及思政要点的了解与掌握，唯物主义世界观与实事求是研究方法的领会是否到位。充分利用学习通、问卷星等网络辅助教学手段，与学生进行“论坛式”的交流。在传统的师生面对面交流、答疑之外，借助QQ、微信、学习通等网络工具尽可能地与学生进行实时交流，掌握他们的思想动态，以及对课程的意见、建议，随时调整、改进课程思政的教学设计与重点。通过与学生的日常交流，感受到了“实事求是”逐渐浸润到了其“三观”中。教学相长，教师在课程思政建设过程中也得到了提高。本课程入选了上海海事大学 2022 年课程思政示范课。

六、课程思政可供借鉴经验做法

对于大学物理这类理工科基础课程，要“溶盐于水”，在日常教学中结合具体的定理、题目的讲授，逐步培养学生客观实际、实事求是，探索规律、解决问题的态度与能力。使其在课程结束后不但能够收获知识，更能建立培养客观唯物的世界观与实事求是、一丝不苟的人生观。

课程思政要做好，需要与学生及时、充分地交流，因此充分利用学习通等网络工具是十分必要的。及时回复、解答学生学习中遇到的各种问题，包括但不限于课程知识点、作业题目、拓展内容等。首先做到“学高为师”，进而“身正为范”。对于课程思政，首先课程本身的教学一定要过硬，学生才容易接受融入的思政内容。若课程教学本身稀松平常，思政内容会被学生当成生硬的说教，效果不好。因此课程思政中，课程自身的高水平教学是基础，对课程思政的追求反过来也倒逼教师进一步磨炼、提高自己的教学水平。

七、课程思政教学反思

互动性的教学环节设计，要依托于对学生的了解，例如：互动时要先选择比较开朗、外向的学生，待气氛热烈起来后再让较为腼腆、内向的学生参与。以免一开始选中内向的学生，造成冷场。现在大多是合班授课，人数较多。作为任课教师，如何快速地了解所有学生的情况，是需要进一步思考、探索的。

思政环节的设计要“溶盐于水”，引入不能过于生硬、着于痕迹。一些思政内容，例如通过观察、实验获取物理知识、定律的研究方法与范式中所蕴含的实事求是的唯物主义世界观，要让学生通过思考自己得出结论，教师不要急于“和盘托出”，要留给学生自己思考的时间与空间。

“大胆假设，小心求证”这种实事求是的研究方法，如何潜移默化地浸润学生，需要正反两方面举例，例如静电场与恒定磁场中定理与公式的相似与不同是个很好的例子。

教学案例

冷链物流：病毒传播的背后推手？

商船学院　张　远

一、适用课程：冷藏运输技术

二、教学目标

知识要求： 理解冷链物流的基本概念与功能，了解其发展机遇与面临的挑战。

能力要求： 面对大众对冷链物流的质疑，能够自主思考，具备明辨是非的基本能力。

素质要求： 具备冷链物流的基础知识和相应的专业素养，能够理性看待冷链物流发展遇到的问题。

三、知识点

冷链物流的基本概念、发展趋势与面临的挑战。

四、思政元素

（1）结合我国近些年在冷链物流方面的政策和发展情况，让同学们认识到自己为推动我国冷链物流发展所肩负的责任和使命。

（2）结合大众对冷链物流造成病毒传播的质疑，提醒同学们认识到冷链物流发展中可能存在的风险，增强安全意识和责任意识。

案例

随着网络的高速发展，人们生活愈发便利，足不出户便可以购买到自己心仪的商品。而在这些商品之中，有一类特殊的商品，即生鲜食品。常说的生鲜食品主要包括果蔬、肉类、水产品等，其特点在于此类食品对于温度、湿度的要求较高，常温下运输容易腐烂。因此，虽然生鲜食品可以通过网络采购，但为了确保长时间运输过程中的品质，通常需要在特定的低温环境下进行运送，也就是“冷链物流”。由于采用冷链物流方法可以极大程度上延长生鲜食品的保质期，各地的特色生鲜食品均可以通过冷链物流实现高品质运输。目前，已有不少来自世界各地的特色生鲜食品进入我国市场，比如澳洲龙虾、挪威三文鱼、欧洲牛排、智利车厘子等。可以说，在自家门前就可以享受到世界各地的美食，冷链物流功不可没。

根据中国物流与采购联合会发布的《中国冷链物流发展报告（2022）》显示，2021 年我国冷链物流市场规模突破 4586 亿元，同比增长 19.65%。其中，经初步测算，2021 年我国食品冷链物流需求总量达 3.02 亿吨，比 2020 年增长 3727 万吨，同比增长 13.96%。十年间我国食品冷链物流需求总量增幅超过了 300%。而国务院办公厅印发的《“十四五”冷链物流发展规划》，进一步提出了打造我国“三级节点、两大系统、一体化网络”融合联动的“321”冷链物流运行体系。我国冷链物流市场即将迎来黄金发展期。

然而，就在大家无限看好冷链物流时，一系列新闻报道让冷链物流陷入了舆论漩涡。

“7 月 23 日，辽宁大连，凯洋海鲜的冷库食品、加工车间、宿舍、食堂等食品和环境的多份样本检测出新冠病毒。”

“9 月 24 日，山东青岛，青岛港大港公司 2 名装卸工人感染新型冠状病毒，属无症状感染者。经过调查，9 月 19 日，两人装卸了来自境外进口的冷冻海鲜。该批进口产品已检出部分阳性样本。”

“11 月 30 日至 12 月 1 日，海口市琼山区，一幼儿园有 33 名师生陆续出现呕吐腹泻症状，疑与食用了携带诺如病毒的冷链食物有关”……

面对越来越多的冷冻、冷藏食品携带病毒的新闻报道，“冷链食品有病毒”“冷链食品买不得”“冷链物流是病毒传播的推手”等一系列的消息传播开来。在错综复杂的消息面前，不少消费者开始对冷链食品避而远之，生怕因为购买或食用了冷链运输的生鲜食品而感染病毒。

那么，难道确如报道中提到的一样，冷链物流会携带病毒吗？只要购买或食用了冷链物流食品，真的就会被感染上病毒吗？

对此，中国疾病预防控制中心、国家卫生健康委员会的专家们给出了解释：

“在冷链物流的低温环境下，多数病毒的寿命会延长，比如新冠病毒、诺如病毒、肝炎病毒、轮状病毒等，这些病毒在低温下可存活数周到数月。但这并不意味着接触携带这些病毒的低温食物就一定会被感染。”

“病毒要有传染性，必须具备两个特点，活病毒和病毒载量足够高，两者缺一不可。”

“生鲜食品表面检测到核酸阳性，并不代表这些食品就具有传染性。”

“相关部门对进口冷链食品的管控还是非常严格的，目前进口冷链食品没有核酸检测报告的话不得上市。”

“目前并没有发现因为食用冷链食品而获病的病例。因此，冷链食品还是可以正常购买的。进口冷链食品也可以正常采购和食用。”

同时，中国疾病预防控制中心专家组成员补充道，如果担心携带病毒的生鲜食品，建议大家做到：

“生鲜食品认真冲洗；果蔬、肉类分开处理，生熟食的案板和刀具也要区分开；需加热食用的食材尽量烹熟，也可以防止细菌、寄生虫作祟；处理食材前后，都要认真洗手。”

所以，只要多加注意，通过冷链物流运输的商品并不会影响消费者的健康。

就目前的情况来看，冷链物流在我国快速发展是必然趋势。国家在近期颁布了《“十四五”冷链物流发展规划》等一系列政策法规，均在推动冷链物流的发展。对我国而言，冷链物流已成为促进消费升级、推动脱贫攻坚、加快乡村产业振兴、推动产地发展的重要方式。

放眼未来，冷链物流机遇广阔。立足当下，冷链物流也已经成为保障居民正常生活的重要一环。当然，不可否认，作为发展中的行业，冷链物流还存在着诸多问题，这需要政府部门、行业协会和企业去正视和解决。对于消费者而言，则应该正确看待冷链物流，切莫因为冷链物流与病毒传播的相关消息而产生恐慌。

案例思考

（1）与常规物流相比，冷链物流有什么样的特点？

（2）我国发展冷链物流的重要意义有哪些？

（3）如何看待病毒传播与冷链物流之间的关联性？

北斗导航：让“银河”号事件不再重演

商船学院　张曙辉

一、适用课程：航海技术专业导论

二、教学目标

知识要求：掌握卫星通信定位系统的概念、组成、原理，了解其基本作用。

能力要求：具备一定的分析航海技术专业相关问题及解决问题的基本能力。

素质要求：通过“银河”号事件和北斗导航系统的出现和应用，使学生感受到国家强大的重要性，以及核心技术的掌握对大国重器的关键作用，增强学生专业学习时的使命感。

三、知识点

海上卫星通信和定位；核心技术；GPS；北斗导航。

四、思政元素

（1）使学生感受到国家强大的重要性。

（2）认识到掌握核心技术的重要性。

（3）增强学生科技报国的理想信念。

案例

船舶在海上航行时通过各种手段进行通信和定位，是确保船舶安全航行和正常营运生产所必需，也是海上人命安全所必不可少的。国际海事组织制定的SOLAS公约和国际电信联盟制订的《无线电规则》

对此均有强制规定。

传统的船舶通信和定位是要依靠无线电的传输来实现的。无线电传输具有传输不稳定、衰弱现场电台间的干扰效应特性等弱点。卫星通信的出现，改变了仅依靠传统通信的不利状态，给远洋船舶的安全提供了极大的保障。目前商船上的定位系统主要依靠的是卫星定位系统。

1993 年 7 月 7 日，我国远洋运输公司的“银河”号满载着 782 个集装箱，从天津新港出发，经上海、香港、雅加达等地，驶往迪拜、达曼、科威特卸货。“银河”号商船见图 1。

图 1 “银河”号商船

“银河”号已在印度洋上航行了几十次，一切正常。但 1993 年 7 月 23 日，美方告诉我国外交部，“银河”号上装有国际禁止的化学武器原料，要求中方通告该船只接受检查，否则美军将强制登船检查。

中方经过调查否认美方的指控。但美方罔顾事实，不辨真伪，在没有征得中方同意下，美军出动直升机，对“银河”号实施跟踪控制，“银河”号由于没有先进的卫星定位系统，在美军的紧逼下寸步难行。

后来事实证明船上没有任何违禁物品，但“银河”号在海上漂泊了长达 33 天之久，由于没有卫星定位系统，船舶不能准确地进行定位，船只和人员的安全受到严重威胁。

当时的卫星通信和定位系统是由美方主导和掌控的 GPS 定位系统，它是船舶在大洋航行时，进行对外联系和获取船位的主要手段。船舶没有了 GPS 卫星的协助，在气象多变的海洋环境下，风险陡增。

GPS 卫星由 24 颗高轨卫星组成，分布在 6 个轨道面内，轨道倾角约 55°，双频发射，具有全球、全天候、高精度、连续、近于实时的三维定位与导航功能的特点。

卫星导航系统由导航卫星、地面站、用户设备组成。如图 2 所示。

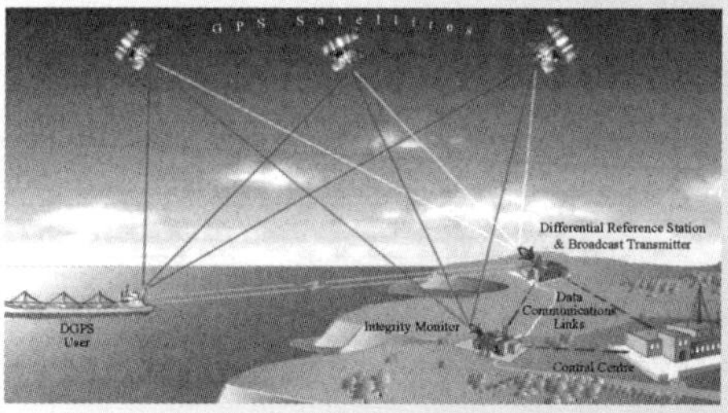

图 2　卫星导航系统

GPS 属球面导航系统，可以根据卫星历书计算获得卫星的位置，用户连续测到 3 颗卫星的距离（如图 3 所示），即可得到三个球面，其交点即为用户的位置。所用到的基本公式如下：

$$r_1=\sqrt{(X-X_{s1})^2+(Y-Y_{s1})^2+(Z-Z_{s1})^2}$$
$$r_2=\sqrt{(X-X_{s2})^2+(Y-Y_{s2})^2+(Z-Z_{s2})^2}$$
$$r_3=\sqrt{(X-X_{s3})^2+(Y-Y_{s3})^2+(Z-Z_{s3})^2}$$

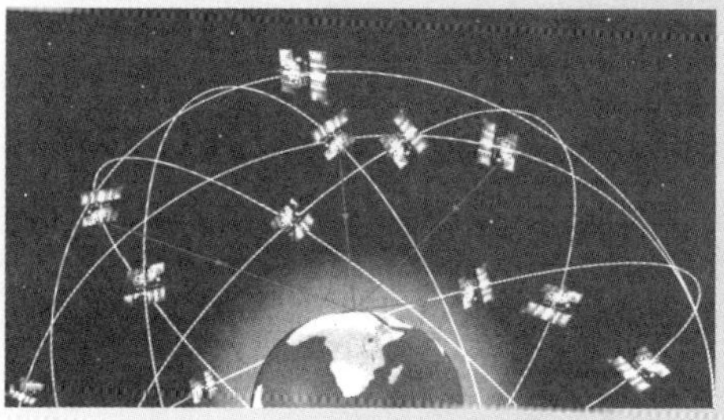

图 3　选取卫星进行定位

要得到船舶的船位，还需要船载卫星导航仪，通过下列步骤，得到船舶的位置：

（1）导航仪根据其内存储的 GPS 历书，计算卫星的概略位置。

（2）导航仪根据键入的推算船位、时间、精度几何因子数值，选择仰角≥5°、几何配置最好的 4 颗或 3 颗卫星。

（3）导航仪对 GPS 卫星进行频率和伪码的二维搜索，码同步后转入载波相位跟踪、检测和存储导航电文。

（4）导航仪根据所测的伪距、从卫星星历算出的卫星位置及传播延时的计算和修正，计算出用户的位置。

由此可见卫星通信对于船舶航行安全的重要性。“银河”号事件表明，科技落后就要被动挨打，我们中国人要有知耻而后勇的精神，钻研核心技术的决心，科技报国的责任。所以我国从 20 世纪 80 年代开始积极探索适合我国国情的卫星导航系统。2000 年，我国初步建成“北斗”卫星导航试验系统，成为继美国、俄罗斯之后世界上第三个拥有独立自主卫星导航系统的国家。目前，我国正在自主建设、独立运行与世界其他卫星导航系统兼容共用的“北斗”全球卫星导航系统。北斗全球星座由 35 颗卫星构成，其中 5 颗是地球静止轨道卫星，3 颗是地球同步倾斜轨道卫星，还有 27 颗地球中轨道卫星。2000 年 10 月第一颗北斗一号实验卫星发射，2020 年 6 月北斗三号最后一颗全球组网卫星完成部署。“北斗”系统的高精度授时分为单向和双向，单向授时的精度为 100 纳秒，双向授时的精度为 20 纳秒，这在公开使用的高精度授时领域是精度最高的。

2017 年 10 月，习近平总书记在党的十九大报告中指出，“建设科技强国”。2022 年 10 月，习近平总书记在党的二十大报告指出，加快建设“科技强国”。加快建设科技强国，要坚持创新在我国现代化建设布局中的核心地位，把科技自立自强作为国家发展的战略支撑，面向世界科技前沿、面向经济主战场、面向国家重大需求、面向人民生命健康，深入实施科教兴国战略、人才强国战略、创新驱动发展战略，完善国家创新体系。

正因为有了北斗导航系统的出现，“银河”号事件将不会再重演，卫星导航被国外“卡脖子”的现象就再也不会出现了。

案例思考

（1）试根据所学的专业知识，结合“银河”号事件、北斗导航系统的研制过程，说明我国要加快建设“科技强国”的重要意义。

（2）作为一名航海技术专业的大学生，通过本门课程的学习以及自己对“科技强国”的理解，试述本人在我国加快建设“科技强国”的过程中可起到的作用。

中国能源利用现状及前景

商船学院　蒋爱国

一、适用课程：工程热力学

二、教学目标

知识要求：掌握各种能源利用的历史现状和应用前景。

能力要求：培养学生认知、分析和独立解决问题的能力。

素质要求：培养学生在环境保护方面的社会责任感，使学生理解国家在能源利用领域的方针、政策的合理性和前瞻性。

三、知识点

各种能源利用的历史、现状和前景。

四、思政元素

让学生了解我国能源利用的历史和现状，认识到我国在能源利用领域取得的成绩和对全球环保事业的贡献，增强学生环保意识的同时，激发学生投身到改进能源利用工作中去的爱国热情，助力我国“双碳”目标的达成。

案例

恩格斯指出：“摩擦生火第一次使人支配了一种自然力，从而最终把人同动物界分开。”

从火的利用开始，人类的发展与能源利用就息息相关。自然界中存在大量风能、水能、各种燃料的化学能、太阳能、地热能和原子核能等能源，它们是人类赖以生存和发展所必需的燃料和动力来源。人类对各种能源的不断开发和利用大大地推动了人类社会生产力的发展。综观世界各国的国民经济发展状况，能源消费水平一定程度上反映出社会生产力的发展水平。表 1 是 2021 年全球前十大煤炭生产国排名，从表中我们可以看出，我国目前的煤炭总产量占全球总产量的一半以上，达到 41.26 亿吨。而新中国成立之初，我国的煤炭产量仅为 0.32 亿吨，增长近 128 倍。从这一数据，可以看出，新中国经济发展取得了巨大成就。

表 1　2021 年全球十大煤炭生产国排名

国家	2021 年 / 亿吨	2020 年 / 亿吨	同比 /%
中　国	41.26	39.02	6.0
印　度	8.11	7.59	7.1
印度尼西亚	6.14	5.64	9.2
美　国	5.24	4.86	8.3
澳大利亚	4.79	4.70	2.1
俄罗斯	4.34	4.00	8.8
南　非	2.35	2.46	−4.3
德　国	1.26	1.07	17.6
哈萨克斯坦	1.16	1.13	2.3
波　兰	1.08	1.01	7.2
全球总产量	81.73	77.32	6.0

然而，长期以来，我国主要能源以煤炭、石油及天然气等化石能源为主，造成了碳的排放量巨大，给环境造成很大的压力。2020 年 9 月 22 日，国家主席习近平在第七十五届联合国大会上宣布，我国力争 2030 年前二氧化碳排放达到峰值，努力争取 2060 年前实现“碳中和”目标。这就是我国的“双碳”目标。为实现“双碳”目标，达到可持续发展的目的，我国在提高传统化石能源的利用效率和利用过程中的排放治理方面一直作出了巨大的努力。

早在“十一五”期间，就逐步关停能耗高、污染重的 20 万千瓦及以下纯凝火电机组，并要求火电厂上节能减排设备，提高能源利用效率，脱硫、脱氮，减小污染物排放。我国能源结构中，煤炭占比逐年下降，2015 年为 72.2%，2020 年已下降到 67%。与此同时，我国大力提倡水能、风能、太阳能和核能等清洁能源技术的应用。

水能利用方面，2012 年至 2021 年，我国水电装机容量从 2.49 亿千瓦增长至 3.91 亿千瓦，水电发电量从 0.9 万亿千瓦时增长至 1.3 万亿千瓦时。2014 年以来，我国的水电装机容量和发电量一直稳居世界第一。水电业务遍及全球 140 多个国家和地区，占据了海外 70% 以上的水电建设市场份额。

风力发电方面，截至 2021 年，全球中装机容量 837 吉瓦，我国为 328.5 吉瓦，占比近 40%；从新增装机容量来看，2021 年全球新增风电装机 93.6 吉瓦，我国新增装机容量为 47.6 吉瓦。

太阳能利用方面，2021 年，我国的太阳能发电装机容量达到 25 万兆瓦，遥遥领先，占世界太阳能发电总量三分之一以上。此外，2021 年我国太阳能光热面积保有量超过 4.8 亿平方米。

核电方面，截至 2022 年 6 月底，我国在运核电机组 54 台，总装机容量为 5578 万千瓦，位列全球第三；在建及核准核电机组 23 台，继续保持世界第一。2021 年，我国核电发电量约占全国总发电量的 5%。中国核学会理事长王寿君 8 月 9 日在第 29 届国际核工程大会上表示，预计 2022—2025 年，我国将进一步加快扩大装机规模，保持每年 6~8 台核电机组的核准开工节奏，2025 年核电运行装机容量达 7000 万千瓦左右。到 2035 年，我国核电在总发电量中的占比将达到 10%。核电作为清洁能源为减少二氧化碳、二氧化硫和氮氧化物的排放作出了积极贡献。我国在可控核聚变方面，也取得了重大突破。1998 年，我国全超导托卡马克核聚变实验装置“EAST”立项，研究人员希望能够借此对实现聚变堆稳态运行的重大物理问题进行深入的研究，帮助我国尽快掌握可控核聚变技术。2021 年 12 月 30 日晚，“EAST”再次创造了长脉冲高参数等离子体运行 1056 秒的世界纪录。

从上述我国能源利用的历史、现状和发展前景来看，我国在过去的七十多年里，一直在用实际行动努力追赶并超越世界发达国家的能源利用技术。同时我国“双碳”目标的提出，是有科学依据的，“双碳”目标的实现是必然的。只是，这需要几代人不懈的努力，用实际行动才能助力“双碳”目标的实现。

案例思考

（1）传统化石能源在未来“碳中和”时代将何去何从？

（2）如何克服风能、太阳能间歇性的缺点，助力“双碳”目标的实现？

参与国际海事公约修订，提升中国国际话语权

商船学院　谢洁瑛

一、适用课程：航海英语阅读与写作

二、教学目标

知识要求：掌握与国际海事公约有关的词汇与专业术语，了解国际海事公约的体系、内容、历史沿革以及国际海事事务的议事规则。

能力要求：能够阅读和理解海事公约相关的文献、资料、规则和新闻等内容；能够针对国际公约有关的话题展开讨论、交流和辩论等。

素质要求：要求学生具备高度的社会责任感和职业素养以及正确的人生观和价值观，提高语言自信和民族自信。

三、知识点

国际公约；国际海事组织；全球海事治理。

四、思政元素

（1）培养“勇于担当、履职尽责”的职业素养。

（2）树立“大国形象、大国崛起”的价值观。

案例

国际海事组织自 1959 年成立以来，已逐步发展为一个在促进海上航行安全、防止船舶污染造成海洋污染及维护海事保安方面占据至关重要地位的国际机构。

随着国际航运业的发展和技术的进步，以及针对航运业不断出现的新问题和新趋势，国际海事组织制定了一系列规范和约束航运活动的国际公约、议定书和规则等。这

些公约和规则通过国际海事组织对船旗国履约工作的促进和对港口国监控机制的强化，已经形成了一套确保航行安全和保护海洋环境的国际性规范，并起到了极为关键的作用。

当前，国际海事组织的影响已深入到国际航运业的每个角落，无视国际海事组织的公约和规则而从事国际航运已不再可能。

我国是贸易大国，也是航运大国。国际航运在我国国民经济发展中占有非常重要的地位。我国从1989年起连续担任国际海事组织的A类理事国。我国批准或加入了该组织几乎所有重要的公约，并积极参与制定规则和公约的履约。我国在制定国内有关船舶减灾和检验发证、控制船舶造成海洋污染和船员发展发证与考试等方面法规的过程中也都直接引用和参照了国际海事组织制定的公约和规则。

近几年，我国参与制定、修订和实施海事公约与规则的力度也在逐步加强，我国正在努力向国际组织贡献中国方案和分享中国经验。2021年12月15日，国际海事组织（IMO）第32届大会审议通过了海上安全委员会（MSC）提交的《关于船舶交通服务（VTS）指南的大会决议草案》，这是我国在深度参与国际海事事务中贡献中国方案、提升规则制定话语权的又一重要成果，进一步提升了我国在国际规则船舶交通服务领域的国际影响力。新指南与原指南相比，适用性更好，指导性更强，覆盖面更广，将成为今后较长时间指导世界各国建设运行VTS的最高纲领性文件。

在技术合作方面，我国交通运输部早在2007年就已与IMO签署技术合作备忘录，通过每年资金资助及提供专家、活动场地等各种形式，支持IMO的技术合作工作。2017年，我国交通运输部与IMO签订“21世纪海上丝绸之路”倡议，推动IMO文件有效实施的合作意向书；2021年，在可持续交通大会期间，双方在该合作意向书下签署2022至2023年行动计划，该行动计划随后支持上海市人民政府与IMO签署合作协议，支持亚洲海事技术合作中心开展海运温室气体减排相关技术合作等各项工作。

长期以来，我国高度重视绿色航运发展，特别是2020年提出“碳达峰”“碳中和”战略目标后，围绕航运碳减排议题，出台了一系列政策规定，涉及船舶能效提升、能耗数据收集管理、清洁船用燃料开发、新能源船舶推广等诸多方面。近年来，我国已经向IMO提交了有关新船能效设计指数（EEDI）计算公式改进、国际海事可持续基金和奖励机制等众多提案，深入参与了IMO各类航运碳减排政策的制定。我国一直以来都积极参与IMO航运碳减排事务，特别是在中长期航运碳减排备选措施磋商和选择过程中，提出了要充分考虑航运业的发展实际，坚持发展中国家定位，坚持共同但有区别的责任原则、公平原则和各自能力原则，顾及发展中国家的利益，在多边框架下通过充分协商找到公平的解决方法。

因此，作为航海类专业的学生，了解和掌握国际海事组织的议事规则，了解国际公约的体系、内容和历史沿革变得尤为重要和有意义。航运经济的全球性、海事法定职责的涉外性决定了海事工作的国际性。我们要努力将中国声音、中国方案、中国智慧转变成世界共识、通行做法和国际标准与规则，承担大国责任，展现大国担当。

基于教学目标，本堂教学依托我国海事部门近几年对国际海事公约的积极履约方面的内容，分为“引入、阅读、讨论、输出”步骤，遵循语言教学的原则，与思政教学内容无缝对接，相互渗透，潜移默化中提升学生的职业素养和能力。

案例思考

（1）国际海事组织公约涵盖了国际海运活动中的哪些方面？具体有哪几类海事公约及其特点？

（2）国际海事组织中讨论的最新海事热点问题有哪些？

（3）国际海事组织公约、议定书、规则以及通函等书面文件的结构和词汇有哪些特点？

（4）国际海事组织会议的议事程序以及语言有哪些特点？

（5）以“国际船舶节能减排”这一热点问题为例，通过文献资料的阅读，使用正确的语言展开讨论，记录并简述该热点问题的发展历程以及相关的公约与规则。

构建绿色智慧的中国现代综合交通运输体系

交通运输学院　于棋峰

一、适用课程：交通港站与枢纽

二、教学目标

知识要求：了解“十四五”现代综合交通运输体系发展规划，理解现代综合交通运输体系内涵及布局思路。

能力要求：具备正确解读国家交通运输发展策略的能力，具备将发展策略用于指导解决相关实际问题的基本能力。

素质要求：要求学生具备高度的社会责任感、使命感，培养正确的科学发展观。

三、知识点

综合运输体系；综合运输布局。

四、思政元素

（1）增强学生的民族自信心和自豪感。

（2）提升绿色智能交通强国的使命感。

（3）树立科学发展观。

案例

交通运输是国民经济中具有基础性、先导性、战略性的产业，是重要的服务性行业和现代化经济体系的重要组成部分，是构建新发展格局的重要支撑和服务人民美好生活、促进共同富裕的坚实保障。党的二十大提出要建设综合交通运输体系，实现不同交通方式的衔接和协同发展，提高运输网络的覆盖范围和运输能力，为经济发展和人民群众出行提供便利。党的二十大还强调要积极推动绿色低碳交通发展，促进节能减排和环境保护。要加强对综合运输规划和布局的研究和制定，统筹各种交通方式的运输需求和资源配置，优化运输组织结构，提高运输效率和运输质量。可见，党和国家对综合运输体系的建设与发展非常关注。

在“十三五”时期，我国综合交通运输体系建设已取得了历史性成就，基本能够适应经济社会发展要求，人民获得感和满意度明显提升，为取得脱贫攻坚全面胜利、实现第一个百年奋斗目标提供了基础保障，在应对新冠病毒感染疫情、加强交通运输保障、促进复工复产等方面发挥了重要作用。五年里，我国交通运输基础设施网络日趋完善，综合交通网络总里程突破600万公里，“十纵十横”综合运输大通道基本贯通，高速铁路运营里程翻一番、对百万人口以上城市覆盖率超过95%，高速公路对20万人口以上城市覆盖率超过98%，民用运输机场覆盖92%左右的地级市，超大特大城市轨道交通加快成网，港珠澳大桥、北京大兴国际机场、上海洋山港自动化码头、京张高速铁路等超大型交通工程建成投运。

与此同时，我国综合交通运输发展不平衡、不充分问题仍然突出。综合交通网络布局不够均衡、结构不尽合理、衔接不够顺畅，重点城市群、都市圈的城际和市域（郊）铁路存在较明显短板。货物多式联运、旅客联程联运比重偏低，定制化、个性化、专业化运输服务产品供给与快速增长的需求不匹配。智能交通技术应用深度和广度有待拓展，部分关键核心产品和技术自主创新能力不强。交通运输安全形势仍然严峻，产业链供应链保障能力不足。绿色低碳发展任务艰巨，清洁能源推广应用仍需加快。综合交通运输管理体制机制有待健全完善，制约要素自由流动的体制机制障碍依然存在。

在这样的成就与不足并存、发展与制约并存的阶段，国务院提出了《“十四五”现代综合交通运输体系发展规划》，以下简称《规划》。《规划》以习近平新时代中国特色社会主义思想为指导，立足新发展阶段，以满足人民日益增长的美好生活需要为根本目的，以加快建设交通强国为目标，统筹发展和安全，完善结构优化、一体衔接的设施网络，强化绿色安全的发展模式，构建现代综合交通运输体系，为全面建设社会主义现代化国家提供战略支撑。《规划》所遵循的基本原则是：服务大局，当好先锋；系统推进，衔接融合；创新驱动，深化改革；绿色转型，安全发展。在这样的指导思想和基本原则下，《规划》形成了最终的发展目标：到2025年，综合交通运输基本实现一体化融合发展，智能化、绿色化取得实质性突破，综合能力、服务品质、运行效率和整体效益显著提升，交通运输发展向世界一流水平迈进。具体表现在：设施网络更加完善，运输服务更加高效，技术装备更加先进，安全保障更加可靠，发展模式更可持续，治理能力更加完备。在此基础上，展望2035年，便捷顺畅、经济高效、安全可靠、绿色集约、智能先进的现代化高质量国家综合立体交通网基本建成，“全国123出行交通圈”（都市区1小时通勤、城市群2小时通达、全国主要城市3小时覆盖）和“全球123快货物流圈”（快货国内1天送达、周边国家2天送达、全球主要城市3天送达）基本形成，基本建成交通强国。

《规划》中明确了构建现代综合交通运输体系的至关重要的一环就是构建高质量综合立体交通网。具体就是按照国家综合立体交通网“6轴7廊8通道”主骨架布局，构建完善以“十纵十横”综合运输大通道为骨干，以综合交通枢纽为支点，以快速网、干线网、基础网多层次网络为依托的综合交通网络。而这个综合交通网络的实现，首先需要完善综合运输大通道，包括综合运输通道布局的优化和战略骨干通道建设的加强。其次需要建设多层级一体化综合交通运输枢纽，包括打造综合交通枢纽集群，优化综合交通枢纽城市功能，完善综合客运枢纽系统，建设综合货运枢纽系统。再次是优化综合立体交通网络，包括建设现代化铁路网，完善公路网结构功能，优化畅通水运设施网络，扩大航空网络覆盖，加强油气管网高效互联。另外就是强化一体化融合衔接，包括港口机场集疏运工程，省际待贯通路段畅通工程，城市内外交通衔接改造工程，过江跨海关键性工程。最后就是加强基础设施养护。正是这样循序渐进、环环相扣、相互补充才能形成现代化高质量综合立体交通网。

从《规划》中也可以看出，海事和航运发展是综合交通运输体系建设与发展的重要环节，习近平总书记在全国海洋工作会议上指出海洋是国家的命运，海洋强则国家强，海洋弱则国家弱。我国发展壮大海洋事业，实现海洋强国梦，是中华民族伟大复兴的必然要求，是人民的共同愿望。港站与枢纽是海事发展和航运发展中的关键节点，更是综合交通运输体系发展的重要节点。本课程内容的学习契合习近平新时代中国特色社会主义思想中相关论述精神和国家“十四五”规划的总体战略。

案例思考

（1）港站枢纽在现代综合交通运输体系中的作用是什么？

（2）现代综合交通运输体系建设与发展所面临的主要问题有哪些？

（3）现代综合交通运输体系的发展思路有哪些？

世界冠军菜鸟智慧车的成功之路

交通运输学院　钱　佳

一、适用课程：供应链管理

二、教学目标

知识要求：掌握车辆路径问题的概念、类型和建模方法；理解车辆路径问题求解的难点；了解车辆路径问题求解的优化方法。

能力要求：使学生扎实地理解解决供应链问题的理念和必要分析工具，培养学生应用技术分析处理供应链问题的能力。

素质要求：要求学生正确看待中西方智慧物流产业链的发展阶段和发展水平。要求学生具备高度的社会责任感、正确的人生观和价值观。

三、知识点

车辆路径问题。

四、思政元素

（1）帮助学生了解我国智慧物流产业链的实践探索。

（2）帮助学生正确比较中西方智慧物流产业链的差距。

（3）增强学生民族自信心和自豪感。

案例

2021 年，阿里巴巴凭借领先的路径规划算法进入第 50 届世界最负盛名的运筹和管理科学界最高应用奖——Franz Edelman 奖的总决赛。阿里巴巴智慧路径规划算法，雏形始于 2016 年菜鸟的仓配智能化算法团队的研发，经过 2 年的时间，逐步沉淀出了一套完善、强大的车辆路径规划求解引擎。

1. 国内外智慧物流现状

智慧物流是以信息技术为支撑，在物流运输、仓储、包装、装卸搬运、配送等各个环节实现系统感知的物流模式。物联网技术、大数据分析、人工智能与机器学习、自动化仓储、数字孪生等先进的技术在智慧物流中应用，在实践中的仓储、运输和配送环节应运产生了不同的智慧设施设备、智慧化系统和智慧算法，极大地提高了物流效率、降低了物流成本、优化了资源配置。

智慧配送方面，出现了配送工具智能化和配送路径智能化的特点。配送工具智能化体现在无人机、无人车和机器人成为了智能化的配送工具。亚马逊于 2013 年提出 Prime Air 业务，将无人机引入物流领域，2024 年新一代的无人机 MK30 将投入使用。Amazon Scout 机器人是亚马逊全电动送货设备。国内美团、京东、阿里、中国邮政等企业迭代了多款无人车车型，如中国邮政的智能无人投递车、顺丰投放楼宇配送机器人以及京东无人配送车等。顺丰无人机也应用于配送中。配送路径智能化体现在智能算法和智能技术在配送路径规划中的使用，亚马逊在卡车上使用了电子跟踪技术，监测卡车的行驶情况，以获取货物信息和卡车移动等相关数据。国内菜鸟、京东等多家企业运用智能算法对配送路径进行优化。顺丰以数字孪生技术优化车辆路线规划，实现智能化排线及装载优化。

阿里 VRP 路径规划，雏形始于 2016 年菜鸟仓配智能化算法团队，经过两年的研发，逐步沉淀成一套完善、强大的车辆路径规划求解引擎。

2. 企业介绍

阿里巴巴旗下的菜鸟网络科技有限公司（简称：菜鸟）于 2013 年 5 月在深圳成立，是一家客户价值驱动的全球化产业互联网公司。菜鸟已形成面向消费者、商家和物流合作伙伴三类客户的五大核心服务板块，包括消费者物流、全球物流、智慧供应链、物流科技和全球地网服务。

3. 研究理论及研究问题

车辆路径问题（Vehicle Routing Problem，VRP）最早是由 Dantzig 和 Ramser 于 1959 年首次提出，它是指一定数量的客户，各自有不同数量的货物需求，配送车队负责向客户分送货物，并组织适当的行车路线。根据不同的场景，优化目标可以有一个或多个，如：最小化使用的车辆数、最小车辆运输成本、最少运输时间等。决策变量为每个客户的配送任务应该分配到哪一辆车上，以及每辆车完成客户配送任务的先后顺序与路径。

VRP 模型的拓展问题如下：CVRP（Capacitated VRP） 限制了配送车辆的承载体积和重量等。VRPTW（VRP with Time Windows）表示客户对货物的送达时间有时间窗要求。VRPPD（VRP with Pickup and Delivery）表示车辆在配送过程中可以一边揽收一边配送，在外卖 O2O 场景中比较常见。MDVRP（Multi-Depot VRP） 表示配送网络中有多个仓库，同样的货物可以在多个仓库取货。OVRP（Open VRP）表示车辆完成配送任务之后不需要返回仓库。VRPB(VRP with backhauls）表示车辆完成配送任务之后回程取货。

现实中的物流车辆路径问题非常复杂。中国有着全球最复杂的物流场景，涉及大量车辆、人员的配送拣选路径优化。阿里菜鸟的路径规划问题，结合零售场景，是如何快速实时地规划仓内的拣货路线，以及骑手的配送路线的问题。菜鸟车辆路径规划是一个多节点（成千上万节点）、多目标、多约束、多车型、多决策变量的 VRP 问题。由于订单即时性的需求，这样的路径优化需要在极短时间内完成，以留下足够的实际操作时间。随着新零售和即时送达需求更加旺盛，菜鸟需要智能的路径规划算法。

4. 研发历程

阶段一：核心基础算法研发。研发之初，菜鸟仓配智能化算法团队充分调研了 VRP 领域的相关学术论文和软件产品等，最终确定了以自适应大规模邻域搜索（Adaptive Large Neighborhood Search，ALNS）为核心算法进行算法引擎的建设。

阶段二：算法体系丰富与升级。完善功能：在原算法核心框架的基础上，增加了对 Pickup and Delivery（车辆一边揽收一边派送）、Multi Trip（车辆多趟派送）等类型问题的支持，而且通过对实际业务问题的抽象，总结出了不同类型的优化目标方程（例如最小化阶梯定价的总成本、最小化配送时间等）以及约束条件（例如车辆行驶距离限制、车辆配送订单数限制、车辆跨区数限制等）。从而使求解引擎能够求解的问题更加全面广泛。同时还丰富算子，例如不同类型的局部搜索算子（例如 Two-Opt，Three-Opt，Cross-Exchange 等）、不同类型的中间结果接受策略（例如 Greedy，Simulated Annealing 等）。

阶段三：算法并行化升级。为了进一步提升 VRP 引擎的求解质量，菜鸟仓配智能化算法团队对 VRP 引擎进行了并行化升级。在此过程中，先后研发实现了三套并行化算法架构。

5. 取得的成果

菜鸟智能路径规划算法自 2018 年起在"VRP 领域最权威的测评平台"上，打破 60 余项 VRPTW 和 PDPTW 计算模型的世界纪录，并在之后的两年里持续排名世界第二。在此之前，中国研究者无一能跻身榜单，这不仅是对中国物流算法水平最好的诠释，更是菜鸟此次获提名奖的重要伏笔。

菜鸟的智能的路径规划算法很好地解决了实际中遇到的复杂 VRP 问题，据不完全数据统计，目前通过在零售通城配送业务中应用车辆路径规划算法，使得菜鸟的订单配送成本已经降低了 10.3%，并推动仓库货物流转效率的提升，仓库集货周转时间降低了 57%，菜鸟创造了 30 分钟至 2 小时内送达的新商业业态。对于一个大型企业来说，这样的成本降低与效率提升成果所带来的实际应用价值是巨大的，这也是阿里能够获得此次 Franz Edelman 奖提名的重要原因之一。

案例思考

（1）什么是车辆路径问题？该问题可分为哪几种类型。

（2）车辆路径问题建模时，需要考虑哪些因素和条件？

（3）实践中，车辆路径问题求解的难点？案例中菜鸟是如何克服这些难点的？

（4）车辆路径问题的优化技术有哪些？

班轮运输业的周期特点：“五场婚礼与一场葬礼”

交通运输学院　高鸿丽

一、适用课程：国际航运管理

二、教学目标

知识要求：理解航运市场的周期性波动是个常态。班轮运输发展受市场供需变化的影响表现出不同的运价波动规律。本次航运周期始发于2008年全球金融危机。

能力要求：培养学生具备客观评价和分析问题的能力，以及综合相关信息，理解并解决复杂问题的能力。

素质要求：正确认识国家战略、国家利益和国家政策，增强学生的国家意识和民族自豪感。从海洋强国、航运强国的角度，分析国家制定相应策略——中远中海两大国企航运公司合体的重要意义。

三、知识点

航运周期的概念，航运周期长短不确定性，班轮运营的基本特征。本轮航运周期顶点是2008年金融危机爆发前，航运周期谷点是2016年。班轮运输前二十大班轮公司市场份额发展变化分析，印证垄断趋势增加。为应对危机，各大班轮公司兼并收购、破产重组事件频繁增加，班轮公司间战略联盟随之发生动态变化。

四、思政元素

培养学生正确认识人类社会及其发展规律。了解班轮运输业发展的基本进程，用动态发展的眼光观察分析行业发展现象，正确认识探究其发展规律，从而自觉抵制各种唯心论和形而上思想，培养辩证唯物主义科学的世界观和方法论。对行业发展的正确认知和理解，培养学生对行业的认知度。习近平总书记明确指出“经济强国必定是海洋强国、航运强国。”党的二十大报告再次作出“加快建设海洋强国”重大部署。结合本案例分析在考虑航运行业发展规律的前提下，充分考虑国家战略和国家利益基础上作出正确决策。

案例

2016 年终将被载入班轮运输业发展史册，它成为班轮运输市场周期性波动中的重要拐点。这一年先后发生了多起重大兼并和破产事件，被业界戏称为“五场婚礼与一场葬礼”。它是市场竞争优胜劣汰的产物，也是班轮公司谋求生存发展的主动妥协。

2008 年美国雷曼兄弟银行破产引发全球性金融危机，航运业受此影响货运量大幅减少，运力凸显过剩，运价直线下跌。如果把危机爆发前的航运市场看作航运繁荣期的话，可以从 2003 年开始算起，航运市场运价一路高涨，到 2008 年到达航运周期顶峰，而 2008 年金融危机爆发，市场中那只“无形的手”不断发力，航运企业经历了一场大浪淘沙的浩劫。经过之后几年市场的低迷徘徊，在 2016 年触发了一连串重大并购重组和破产倒闭事件，无疑是稻草最终压垮骆驼的证明，航运周期来到谷底。2016 年班轮运输全行业财政全部呈现红色赤字，一年内消失七家顶级公司，在班轮运输史上则是绝无仅有。所谓“五场婚礼与一场葬礼”，涉及 12 家公司，分别是达飞轮船收购美国总统轮船，中远中海合并，赫伯罗特收购阿拉伯轮船，日本三大航运公司合并，马士基收购汉堡南美和韩进海运破产。

“五场婚礼”：①达飞轮船收购美国总统轮船。2016 年世界第三大航运公司达飞轮船（CMA CGM）以 24 亿美元收购淡马锡旗下的东南亚最大的航运公司东方海皇（NOL）。收购完成后，达飞轮船拥有 563 艘船（240 万 TEU）的运力，占全球集装箱班轮市场份额约 11.5%（原达飞轮船占 8.8% 和东方海皇占 2.7% 相加），综合营业收入将达到 220 亿美元。②中远与中海合并。合并后，中远海运集装箱拥有 293 艘集装箱船，运力为 155.3 万 TEU，占全球集装箱班轮市场份额约为 7.8%，排名全球第四。③赫伯罗特收购阿拉伯轮船。合并后，赫伯罗特船队拥有的 237 艘船舶中包括阿拉伯轮船近期交付的 6 艘 18800TEU 集装箱船，以及当期将交付的 11 艘 15000TEU 集装箱船。船队平均船龄为 6.6 年，平均单船运力规模为 6600TEU。年运输规模达到 1000 万 TEU，总营业额将达到 120 亿美元，并购后的新公司取代长荣海运成为全球第五大船公司。④日本三大航运公司合并集装箱及港口业务。日本邮船、商船三井和川崎汽船三家公司旗下的集装箱航运业务和非日本国内的码头公司合并成一家班轮公司 ONE。合并后，新合资公司将拥有 256 艘集装箱船和 140 万 TEU 运力，占全球市场份额的 7%。其年收入达到 2 万亿日元（约合人民币 1292 亿元），成为全球第六大集装箱航运企业。⑤马士基收购汉堡南美。收购完成，马士基航运拥有 380 万 TEU 的集装箱运力（收购前为 310 万 TEU），全球运力份额将达到 18.6%（收购前为 15.7%），超过排名第二的地中海航运约 100 万 TEU。收购后运营的集装箱船舶总数达到 741 艘。

“一场葬礼”：韩进海运的破产。班轮行业长期以来的运力过剩终于在产业链条最薄弱的一环断裂，韩进海运为全行业盲目扩张的错误决策买单。

我国中远中海合并案例分析：反观，2016 年也是地缘政治和贸易格局开始出现重大变化的一年。这一年美国总统特朗普上任，中美贸易摩擦，英国脱欧。东西方地缘政治关系进一步紧张。世界经济的发展、国际贸易的变化都对航运有着重要的影响，根据局势的变化及时作出战略调整成为班轮公司能否在大浪淘沙中生存的关键。班轮运输市场带有典型的寡头垄断市场特性，运力的市场份额往往决定了班轮公司的生存与发展。在此次航运周期中，2009 年以来世界经济持续低迷，市场运价波动下行，市场萎缩、需求不足，航运企业经营业态和经营模式都发生了很大变化。航运市场不断出现公司倒闭事件，市场面临重新洗牌。在此背景下，单凭中远集团、中海集团一己之力难以有更大的发展，只有站在更高层面上，双方组建中远海运这样一个大的集团，进行资源重新配置，才能在比较激烈的市场当中突出重围，有更大的发展。2016 年经国务院批准，中国两大航运巨头中远中海合并，成立中国远洋海运集团公司。原中远集运共拥有控制运力 161 艘、84.7 万 TEU，订单 22 艘、33.2 万 TEU，占全球市场份额的 4.2%，排名世界第六。原中海集运共拥有控制运力 132 艘、70.6 万 TEU，订单 14 艘、23.4 万 TEU，占全球市场份额的 3.5%，排名世界第七。二者整合后，控制运力总规模将达到 293 艘、155.3 万 TEU，订单 36 艘、56.6 万 TEU，占全球运力规模的 7.8%，超越德国赫伯罗特公司位居世界第四位，并大幅缩小与世界前三大班运公司的差距。中远中海的合并已然成为航运业整合潮流中的一部分，它既是中国海运业应对此次航运周期的重要一步，也是顺应我国深化国企改革要求，发展海洋强国、航运强国战略的重要举措。

案例思考

（1）正确认知了解班轮运输业发展周期性规律性对我们的职业规划及专业判断有什么影响。

（2）本次危机中，中远和中海的合并对我国应对航运业危机有何重要作用？

（3）航运业的周期性发展规律是否能够打破，是否有可能跳出周期率？如果有，怎么跳？

设立船舶排放控制区，推动绿色航运发展

交通运输学院　陶学宗

一、适用课程：绿色航运

二、教学目标

知识要求：理解我国设立船舶排放控制区的目的、实施要求和保障措施，了解我国船舶排放控制区的实施效果。

能力要求：能够采用结构化思维方法（主要是2W1H和对比分析）分析我国两版船舶排放控制区实施方案的区别与联系，以及船舶排放控制区的实施效果。

素质要求：贯彻绿色发展理念，树立高度的社会责任感和良好的职业道德，推动航运高质量发展。

三、知识点

绿色发展理念；排放控制区；限硫令；清洁能源替代；脱硫塔；岸电。

四、思政元素

（1）注重训练学生的结构化思维方法。

（2）激发学生科技报国的使命担当。

（3）引导学生树立良好的职业素养。

案例

1. 基本概念

排放控制区（ECA）是指为改善沿海和内河港口城市空气质量，贯彻绿色发展理念，遵守国际公约和我国法律标准要求，在一定边界内设立的强制要求各类船舶采取必

要减排措施降低主要大气污染物排放的水域。我国ECA的设立应遵守的国际公约和我国法律主要为《MARPOL 73/78》附则Ⅵ和《中华人民共和国大气污染防治法》，其边界由交通运输部海事局根据所处空间位置和自然条件划定，各类船舶包括区域内处于航行、停泊和作业状态的所有船舶，必要措施包括使用低硫油、安装脱硫塔、靠港时用岸电等，主要大气污染物包括SO_x、NO_x、PM、VOC_s。

2. 设立目的

（1）贯彻绿色发展理念。绿色发展理念是习近平总书记“新发展理念”的重要内容，旨在解决人与自然和谐共生问题。航运业在发展中为我国经济和贸易增长提供了有力支撑，与此同时也给环境带来了不可忽视的负面影响。设立ECA，控制船舶大气污染物排放，是航运业贯彻绿色发展理念，深化水运供给侧结构性改革，促进自身绿色发展的内在要求。

（2）履行国际公约义务。我国最早于2015年12月2日发布《珠三角、长三角、环渤海（京津冀）水域船舶排放控制区实施方案》，要求自2017年1月1日起，船舶在ECA内的核心港口区域靠岸停泊期间（靠港后、离港前的1 h除外）应使用硫含量≤0.5% m/m的燃油。这一规定比《MARPOL 73/78》附则Ⅵ要求时间（2020年1月1日起）提前了3年，体现了中国在履行国际公约义务、促进航运业减排方面作出的巨大努力。

（3）改善区域大气环境质量。改善中国沿海和内河区域特别是港口城市的环境空气质量。据测算，2013年我国船舶SO_2排放量约占全国排放总量的8.4%，NO_x排放量占11.3%。受船舶污染影响最大的是港口城市，其次是江河沿岸城市。以上海为例，船舶排放的SO_2、NO_x和$PM_{2.5}$分别占上海排放总量的12.4%、11.6%和5.6%，对当地环境空气质量造成了显著影响。实施ECA能有效控制船舶废气排放，缓解区域大气污染，有利于改善区域环境质量。

（4）助推航运业高质量发展。ECA实施涉及燃油供应、清洁能源替代、船舶改造、监督管理等诸多领域，一方面将加速高污染船舶淘汰，另一方面将促进低硫油、脱硫塔、绿色能源、岸电系统、绿色船舶、船舶能效管理等绿色航运技术的研发和推广应用，助推航运产业结构优化调整和航运经济高质量发展。

3. 方案要点

我国先后出台了《珠三角、长三角、环渤海（京津冀）水域船舶排放控制区方案》（2015 年 12 月 4 日发布，简称 2015 版方案）和《船舶大气污染物排放控制区实施方案》（2018 年 11 月 30 日发布，简称 2018 版方案），明确了控制范围和控制要求，为 ECA 实施提供了行动指南。两版 ECA 实施方案的对比如表 1 所示。相比而言，2018 版方案具有“三更”特点，即控制范围更大、控制项目更多、控制标准更高。

表 1　两版 ECA 实施方案对比

项目	2015 版	2018 版
空间范围	· 珠三角 · 长三角 · 环渤海（京津冀）	· 全国沿海及海南水域 · 长江干线 · 西江干线
控制项目	· SO_x	· SO_x、NO_x、VOC_s、岸电、油气回收等。
控制标准	· 船用燃油硫含量 ≤ 0.5% m/m	· 沿海船用燃油硫含量 ≤ 0.5% m/m，进入内河及南海水域船用燃油硫含量 ≤ 0.1% m/m。 · NO_x 排放限值为 2.0~17.0 g/（kW · h）。 · 国际航行船舶应符合《MARPOL 73/78》关于 VOC_s 的排放控制要求。 · 相关船舶应具备受电设备，停泊超过 2 h（内河）或 3 h（沿海）且未使用其他等效替代措施时应使用岸电。 · 鼓励国内相关油船开展油气回收。

4. 保障措施

（1）加强组织领导。各省级交通运输主管部门、各直属海事管理机构、长江航务管理局、珠江航务管理局要加强组织领导和协调，细化任务措施，明确职责分工，完善保障机制。交通运输部应适时评估前述控制措施实施效果，确定是否调整排放控制区实施方案。

（2）注重政策引导。各省级交

通运输主管部门、各直属海事管理机构要积极协调地方人民政府出台相关激励政策和配套措施，增加执法装备、人员培训等执法保障方面的投入，对使用低硫燃油、清洁能源、尾气后处理、油气回收、岸电、在线监测、提前淘汰老旧船舶等措施，采取资金补贴、便利通行等鼓励政策和措施。

（3）注重科技支撑。各省级交通运输主管部门、直属海事管理机构、长江航务管理局、珠江航务管理局要积极引导和支持相关科研单位、港航企业和设备厂商等，开展船舶大气污染控制和监管技术研究，组织制定技术标准，促进成果转化。

（4）强化联动监管。各省级交通运输主管部门、各直属海事管理机构要认真落实《船用燃料油》（GB 17411—2015）、《关于加强船用低硫燃油供应保障和联合监管的指导意见》（交海发〔2017〕163号）、《关于规范实施船舶大气污染物排放控制区监督管理工作的通知》（海危防〔2018〕555号）、《关于修改<港口和船舶岸电管理办法>的决定》（交通运输部令2021年第31号）等文件要求，建立联合监管机制，推进信息共享，开展联合执法，保障合规燃油供应，加强船舶大气污染防治监督管理。

5. 实施效果

（1）促进了燃油质量提升。我国自ECA实施以来，海船燃料油中的硫含量最高限值从3.5%下降到了0.5%，下降了约86%；内河船舶燃料油中的硫含量最高限值从350 m/m下降到了10 m/m，下降了约97%。船用燃油硫含量从源头上得到了明显的控制，进而减少了船舶尾气中硫氧化物和颗粒物的排放数量。

（2）支撑了环境质量改善。2017年，在长三角、珠三角、环渤海三个ECA内，船舶减排SO_2约6.9万吨、PM约0.8万吨，减排量分别占ECA内船舶相应污染物排放总量的14%和11%。2019年，靠港船舶共使用岸电约6万次，总接电时间约74万小时，总用电量约4500万kW·h，合计减少NO_x、SO_x和PM排放710多吨。

（3）带动了关联行业发展。根据克拉克森发布的数据，至2019年底，安装脱硫塔的船舶数量（包括已改装、在建和待改装船舶）大约4000艘，较2018年年初的400艘大幅增加；全球从事脱硫装置改装业务最多的10家船厂全部来自中国，其中位处上海的中远海运重工、华润大东、中船澄西三家修造船厂分别位列第一位、第三位和第七位。另据交通运输部发布的数据，2019年底我国建成港口岸电设施5400多套，覆盖泊位7000多个（其中，集装箱、客滚、邮轮、3000吨级以上客运和5万吨级以上干散货专业化泊位共787个，比2016年7月增加了744个），带动了国内外船舶岸电设施建设、设备制造、软件系统开发等关联行业的发展。

案例思考

（1）谈谈你对我国设立船舶排放控制区的认识。（提示：2W1H框架）

（2）我国出台的两版船舶排放控制区实施方案有何区别与联系？（提示：对比分析框架）

（3）我国船舶排放控制区的实施效果怎么样？（提示：对比分析框架）

（4）船公司在我国船舶排放控制区应采取哪些措施？（提示：从设备改造、能源替代等视角展开）

（5）在我国已设立船舶排放控制区的背景下，作为交通运输专业的学生和航运业未来的从业者应做好哪些准备？（提示：从科技报国、社会责任、职业素养等视角展开）

外商投资经营国际海上运输及其辅助业务的政策演变

交通运输学院　章　强

一、适用课程：航运公共管理与政策

二、教学目标

知识要求：了解我国对外商投资经营国际海上运输及其辅助业务的政策演变历程，掌握现行关于外商投资经营国际海上运输及其辅助业务的政策规定。

能力要求：具备敢于提出问题、科学分析问题以及有效解决问题的基本能力。

素质要求：要求学生正确认识基本国情、国家道路和制度选择，以及正确认识国家目标、国家利益、国家战略和政策。

三、知识点

《中华人民共和国国际海运条例》，外商投资经营国际海上运输及其辅助业务的特别规定。

四、思政元素

（1）加深对我国持续扩大对外开放这一重要国策的理解。

（2）引导学生树立正确的国家观。

（3）深化对“全面依法治国”的认识。

案例

为顺应我国海运市场对行业法律规范化的实际需要，更好地满足我国加入世贸组织后海运业改革开放的要求，2001 年 12 月 11 日，在正式加入世贸组织的同日，我国公布《中华人民共和国国际海运条例》，自2002年1月1日起施行。其中，第四章“外商投资经营国际海上运输及其辅助业务的特别规定”专门就外商在我国投资国际海运及其辅助业务进行规定。主要内容包括：经国务院交通主管部门批准，外商可以依照有关法律、行政法规以及国家其他有关规定，投资设立中外合资经营企业或者中外合作经营企业，经营国际船舶运输、国际船舶代理、国际船舶管理、国际海运货物装卸、国际海运货物仓储、国际海运集装箱站和堆场业务；并可以投资设立外资企业经营国际海运货物仓储业务。经营国际船舶运输、国际船舶代理业务的中外合资经营企业，企业中外商的出资比例不得超过49%。经营国际船舶运输、国际船舶代理业务的中外合作经营企业，企业中外商的投资比例比照适用前款规定。中外合资国际船舶运输企业和中外合作国际船舶运输企业的董事会主席和总经理，由中外合资、合作双方协商后由中方指定。

自2013年中国（上海）自由贸易试验区设立以来，我国依托自由贸易试验区建设，持续扩大航运领域的对外开放，对《中华人民共和国国际海运条例》中第四章“外商投资经营国际海上运输及其辅助业务的特别规定”不断取得政策新突破。具体表现如下：

第一，2013年9月，交通运输部和上海市人民政府联合出台《关于落实〈中国（上海）自由贸易试验区总体方案〉加快推进上海国际航运中心建设的实施意见》，其中决定放宽外商投资国际船舶运输的股比限制（允许外商在上海自贸试验区以超过49%的投资比例设立中外合资/合作企业经营国际船舶运输业），允许外商设立独资企业从事国际船舶管理业务。

第二，2014年9月，国务院出台《关于在中国（上海）自由贸易试验区内暂时调整实施有关行政法规和经国务院批准的部门规章规定的准入特别管理措施的决定》，其中决定允许外商以独资形式从事国际海运货物装卸、国际海运集装箱站和堆场业务；允许外商以合资、合作形式从事公共国际船舶代理业务，外方持股比例放宽至51%。

第三，2015年6月，交通运输部出台《关于在国家自由贸易试验区试点若干海运政策的公告》规定在上海、天津、福建、广东自贸试验区：外商可设立股比不限的中外合资、合作企业，经营国际船舶运输业务（其中，在上海自贸试验区外商可独资，在广东自贸试验区港澳企业可独资）；外商可设立中外合资、合作企业经营公共国际船舶代理业务，外资股比放宽至51%；外商可设立独资企业经营国际海运货物装卸、国际海运集装箱站和堆场业务；外商可设立独资企业经营国际船舶管理业务。

第四，2017年12月，国务院出台《关于在自由贸易试验区暂时调整有关行政法规、国务院文件和经国务院批准的部门规章规定的决定》规定在上海、广东、天津、福建、辽宁、浙江、河南、湖北、重庆、四川、陕西等全国11个自贸试验区允许设立外商独资的国际船舶运输、国际船舶管理、国际海运货物装卸、国际海运集装箱站和堆场企业，允许外商以合资、合作形式从事国际船舶代理业务，外方持股比例放宽至51%。

第五，2018年6月，国家发展和改革委员会、商务部发布《自由贸易试验区外商投资准入特别管理措施（负面清单）（2018年版）》，取消国际船舶代理公司外资股比限制。

第六，2018年7月，交通运输部印发《贯彻落实〈中共中央、国务院关于支持海南全面深化改革开放的指导意见〉实施方案》规定将既有自由贸易试验区海运扩大开放试点政策全部复制推广到海南自由贸易试验区。对海南自由贸易试验区实施外资准入前国民待遇加投资负面清单管理制度。对注册在海南的国际船舶代理企业，取消外资股比不超过51%的限制，在海南率先实现国际海运领域全面对外开放。外商在海南可以设立独资企业或股比不限的合资合作企业，经营国际船舶运输、国际船舶管理、国际船舶代理、国际海运货物装卸、国际海上集装箱站和堆场等各项国际海运及辅助业务。

第七，2019年3月，国务院公布《关于修改部分行政法规的决定》，将第二十八条改为第二十六条，修改为："外商可以依照有关法律、行政法规以及国家其他有关规定，投资经营国际船舶运输、国际船舶代理、国际船舶管理、国际海运货物装卸、国际海运货物仓储、国际海运集装箱站和堆场业务。”

综上，不难看出我国以自由贸易试验区为“试验田”，不断推动国际海运及其辅助业务的高水平对外开放，并向全国复制推广，最终实现外商投资经营国际海上运输及其辅助性业务的相关管理要求与内资企业保持一致。

案例思考

（1）为什么选择自贸区作为调整外商投资经营国际海上运输及其辅助业务相关政策规定的试验田？

（2）为什么相比其他国际海上运输辅助业务，国际船舶代理业务的开放进程相对缓慢？

妈祖文化的传承与创新

经济管理学院　刘　伟

一、适用课程：旅游规划学、海洋旅游开发、旅游文化学等

二、教学目标

知识要求：掌握旅游资源的三大价值——历史文化价值、艺术欣赏价值、科学研究价值。

能力要求：在旅游资源开发的过程中，具备旅游资源价值评价的基本能力——调研、探究、赏析、评述、传承、创意等。

素质要求：关心海洋、认识海洋、经略海洋，推动海洋强国建设，挖掘海洋资源价值：深化海洋知识普及宣传；推进海洋文化建设，厚植海洋情感；树立尊重海洋、人海平等观念；加强海权意识教育，捍卫国家海洋权益；共建海上丝绸之路，构建海洋命运共同体。

三、知识点

旅游资源评价——价值视角。

四、思政元素

（1）开发海洋价值助力强国之梦。

（2）树立中国传统文化自信。

（3）倡导和平，构建人类命运共同体。

案例

妈祖文化随着妈祖信俗的产生而产生，妈祖文化资源是时代文化与智慧的结晶，具有历史文化价值、艺术欣赏价值和科学研究价值。妈祖文化资源开发为民间信仰类文化资源甚至传统文化资源的开发提供了值得借鉴的经验：保存与传承传统文化精髓，与现代价值观念相结合实现整合再创新。

1. 妈祖原身的事迹及地位

据宋代文献记载，妈祖原名林默，宋建隆元年诞生于福建莆田。成人后，识天文、懂医理、急公好义、见义勇为。曾经点燃自己的屋子作为灯塔，帮助风浪中的船工渔民脱险回港。宋雍熙四年农历九月初九，林默因救助海难献出了年仅二十八岁的生命。

南宋高宗绍兴二十五年，林默被封为崇福夫人。从这以后，经过南宋、元、明和清四个朝代，14个皇帝先后敕封了36次，林默地位从“夫人”、“天妃”、“天后”到“天上圣母”。

2. 妈祖文化发源地的区位条件

一个普通姑娘怎么就一步步成了亿万人信仰的女神？这要从福建的历史发展说起。福建素有“八山一水一分田”之称，山地、丘陵占全省总面积的80%以上。因为多山地，出蛇虫，所以福建简称为“闽”。这样的地形不适合农耕文化的发展，所以，唐代以前福建人烟稀少，社会发展极其缓慢。经过三国魏晋，北方地区战乱不断，汉族人口锐减。至南北朝时期，北方被少数民族统治，中原地区的汉人只能南迁。公元733年，唐玄宗设福建经略使，开始出现“福建”之名。

唐朝末期，天下大乱，河南光州的王潮、王审邽、王审知兄弟发动起义，南下入闽，这就是著名的“三王开闽”。三王治闽41年，广施德政，发展经济，福建才真正地发展起来。因为缺少耕地，他们非常重视海外贸易，为以后福建的繁荣奠定了坚实的基础。

3. 妈祖文化推广的时代背景意义

那么，为什么之后各朝代官方要推广妈祖文化呢？这就要提及福建的辉煌历史。

北宋灭亡后，南宋建立。南宋手工业和商业得到了空前发展，商业税收头一次超过农业，海外贸易空前活跃，成为南宋政府财政收入的主要来源。经历唐末和南宋末两次大移民，中原人民带来了先进的技术，加上福建山多林密，南宋福建的造船业盛极一时。

南宋朝廷通过提高林默的影响力，来增强闽人的凝聚力和向心力。此时的妈祖文化不仅只是地方的女神，而且与宋代的道教文化相结合，她被纳入官方的神仙谱系中，成为护航女神。

宋元两代，泉州港对外交通四通八达，举世瞩目，成为“海上丝绸之路”的起锚地，是当时公认的“东方第一大港”，呈现出“涨海声中万国商”的繁荣景象。此时的“海上丝绸之路”辐射的意义已远超单纯的贸易往来，它把中国与世界连在一起，更是一条促进人类物质文明和精神文明交流的对话之路。

到了明朝，妈祖更是从中国走向世界。明朝是我国海上外交频繁的时期，郑和航队在30余年间7次下西洋，访问了30多个国家和地区。郑和航队的船员绝大多数是福州人。航队每次在海上遇险时，都会向妈祖祈求庇护。每到一处码头，必先建庙祭拜妈祖。明朝中期，为了防止日本倭寇，明朝实行了禁海政策，福建经济受到了很大影响。在整个明朝期间，福建成为侨乡，妈祖信仰随着福建人的脚步，传播至日本和南洋。

清代，因为私商贸易和移民热潮，在海外生活定居的闽人越来越多，妈祖不仅是海运保护神，也成为海外华人的精神支柱，代表着中华文化、华夏观念的教化。

4. 妈祖文化在不同时代背景的景观展示

各朝各代建造遗留下来的妈祖庙，融建筑艺术、雕刻艺术、书画艺术于一体，不仅是一部活的艺术史、文化史、民俗史，更是闽台关系史、对外交通史等。

关于妈祖服饰，福建当地流传着一段民谣：“帆船头、大海衫、红黑裤子保平安”。“帆船头”又称“妈祖髻”，是妈祖自创的发型，妈祖为了证明自己将终身献给大海，矢志一生行善助人、拯危扶难。她将长发梳得像船帆一样，左右各插上一支波浪形的发卡，象征船桨；盘在发髻里的红头绳，代表船上的缆绳；一根银钗横向穿过发髻代表船上的锚。福建湄洲女的服装，上身是蓝色和红色搭配的斜襟大布衫，下面是红黑两截拼成的裤子。相传这是妈祖生前最喜欢的装束，由于妈祖常年在海上，红色的裤子被海水打湿成黑色，久而久之就演变成现在红黑的样式。据当地人说，蓝色比喻大海，红黑分别象征吉祥与思念。

妈祖节庆主要是集中在妈祖的诞辰三月二十三、羽化升仙九月初九重要的日子，比如妈祖巡安、妈祖“过海”、各种妈祖文化演艺等。台湾民俗和莆田非遗交相辉映，演出相近、源流相似，反映两岸同根同源的文化特质。

5. 妈祖文化对国内外市场的深远影响

“有海水的地方就有华人，有华人的地方就有妈祖。”2009 年，联合国教科文组织将湄洲岛管委会申报的“妈祖信俗”列入人类非物质文化遗产代表作名录。作为民间信仰的妈祖信俗能够获此殊荣，在中国乃至全世界都是第一例。

妈祖文化在发展过程中是否存在消极影响呢？当然存在。全球超过 3 亿妈祖信众，使得妈祖文化品牌拥有巨大的吸引力和流量。一些旅游企业在利用妈祖文化品牌进行业务拓展时，可能采取了过于简单甚至粗暴的方式。

妈祖文化弘扬与发展需要得到国家政策的支持和引导。2011 年 3 月，习近平同志在参加全国人大会议福建代表团审议时强调：既是乡土文化也是重要旅游资源的妈祖文化，是凝聚两岸同胞的一条纽带，要充分发挥其在促进两岸交流合作中的重要作用。2016 年 3 月，“发挥妈祖文化等民间文化的积极作用”写入国家“十三五”规划纲要。2021 年 7 月 25 日，在中国福建福州举办的第 44 届世界遗产大会上，“泉州：宋元中国的世界海洋商贸中心”被批准作为文化遗产列入《世界遗产名录》。2023 年 9 月 12 日，《中共中央、国务院关于支持福建探索海峡两岸融合发展新路　建设两岸融合发展示范区的意见》重磅发布。探索海峡两岸融合发展新路，妈祖文化又一次屹立潮头，点亮希望的航程。

妈祖文化，蕴含着“立德、行善、大爱”的精神内涵，“和平、勇敢、友善”的核心理念，“平安、和谐、包容”的价值取向，反映了中国海洋文明的鲜明特征，已经成为海峡两岸、海内外华人“民族认同”的精神力量，世代相传，生生不息。锻造光大妈祖作为“海峡和平女神”的形象标识，高维提升“海峡和平女神”的地位价值，创新构建“海峡和平女神”的叙事体系，增进本源认同共识，正当时，逢其时。

案例思考

（1）“海上丝绸之路”为妈祖文化的传承和弘扬奠定了哪些作用？

（2）尝试论述妈祖文化的推广创新发展思路。

（3）还有哪些民俗资源可以作为中国传统文化融入旅游业的发展？

喜茶：蕴含东方茶文化的“酷”茶饮

经济管理学院　张　默

一、适用课程：市场营销管理

二、教学目标

知识要求：理解品牌定位的作用，掌握品牌定位的基本方法。

能力要求：能够运用品牌定位的方法识别案例企业的品牌定位，并分析其品牌定位的过程和作用。

素质要求：理解中国文化对企业发展的作用，特别是在市场营销中的作用。

三、知识点

掌握品牌构建中的POM模型（消费决策影响力模型）。

四、思政元素

（1）理解中国文化要素在构建品牌过程中发挥的关键作用。

（2）增强学生的文化自信。

（3）提升学生对中国传统文化的认知。

案例

2012年，一杯由喜茶创始人聂云宸潜心钻研半年的“原创芝士奶盖茶”诞生于江门小城，颠覆了原本街边奶茶的低质廉价，一经推出便受到了小城青年的追捧。2017年，完成1亿元人民币融资的喜茶开始向全国扩张，上海首店开业创下“排队7小时”的纪录。2020年，喜茶继续挺进包括杭州、昆明、武汉在内的18座新城市，目前，喜茶已在全球61座城市拥有695家门店[①]。2021年7月喜茶完成D轮融资，估值超600亿元[②]，相比2019年的90亿元，喜茶在两年的时间里估值增长近6倍。这在线下零售业受新冠病毒感染疫情重挫尚未复苏的大环境下，展现了喜茶对资本的硬核吸引力[3]。“2020深圳创富百人榜”上，喜茶创始人聂云宸更是凭借着40.92亿身家成为目前最年轻的白手起家的亿万富豪。

历经10年，从江门小店到估值600亿元人民币，互联网时代下，作为传统线下零售的喜茶，其品牌快速崛起背后的原因是什么？喜茶的品牌构建之路除了突出的产品创新之外，还融入了东方传统文化的思想精华。

1. 从东方“茶文化”里酝酿价值主张

喜茶品牌代表肖淑琴女士曾表示：“今天当提到喜茶，它不仅仅是一杯茶，同时也代表着新式茶文化。”[4]将中国茶文化融入到喜茶的品牌构建中是喜茶能够区别于其他奶茶品牌得以成功的关键之一。创始人聂云宸认为，在茶文化中提炼出更具文化性、共鸣型、永恒性的内核，赋予喜茶品牌，来定义新式茶文化，是喜茶品牌定位的基本思路，而不仅仅考虑品牌的传播性。

喜茶的品牌定位是“酷”，结合中国茶文化的独特意境，喜茶将“酷”字具象为“灵感”与“禅意”。其中，“灵感”的解读源自中国茶文化自古以来的功能性，认为茶能够激发创作者的灵感。因而，喜茶所传递的价值主张以激发灵感、创造灵感为核心。“灵感”这一品牌定位也指导了喜茶的新品研发，所有的新品研发都更注重以灵感为导向，其次才考虑市场接受度。在“禅意”方面，喜茶体现出了独特的中国美学。“让喝茶变成一种风格，一种生活方式”，变成一件很“酷”的事，是喜茶希望带给年轻群体的全新体验。

2. 基于“茶文化”打造首创性产品

创始人聂云宸曾多次表示：“喜茶最核心的是产品，好的产品自带营销属性。”具有首创性的产品一直是喜茶所坚持和保持的，也是喜茶作为“灵感之茶”的关键体现。“芝士奶盖”是喜茶自2012年创办第一家店铺就开发出的创新产品系列，喜茶为新茶饮市场开辟了全新领域，颠覆了传统的“基底茶+奶精粉”的传统模式。首创性产品自带话题营销属性，很多年轻白领在购买喜茶后会忍不住分享到社交平台，这是喜茶品牌建立的强劲内驱力。随后，喜茶并没有停留在芝士奶盖的成就上，一直不断地研发高品质产品。2020 年推出新品“超厚牛乳波波”研发耗时近 1 年，足以表现喜茶对于产品首创性的看重[①]。线上推文中的广告语“波波灵感撞入冰博克牛乳”以及“经典与未来，在杯中融合”[⑤]体现了喜茶的产品不止是“产品”，每一个产品的研发都是一次灵感的尝试，体现其“酷”的品牌定位。把产品放在最核心的位置，将东方茶文化与现代元素灵感碰撞，付出最大的努力研发，被消费者喜爱的“酷”茶饮成就了喜茶独特的产品力。

3. 高品质成就价格门槛

喜茶不仅为新茶饮行业贡献了新品类，同时还定义了茶饮领域的价格体系。有着独特“酷”定位的喜茶展现了中国传统文化与现代摩登灵感融合的高格调，相较于“草莽时代”街边奶茶店的平均价格 10 元 / 杯，目前喜茶的客单价约 25.7 元 / 杯，其价格体系与咖啡连锁巨头星巴克类似[⑥]。

从产品成本结构上，传统街边奶茶店的成本较低，主要物料成本由奶精粉和勾兑需用的化学物质构成，平均成本为 1.5~2.0 元，而坚持高品质路线的喜茶将 40% 以上成本都投入到物料成本中，物料成本甚至高于星巴克的 15%[⑦]。为保证高品质，喜茶一直坚持对原材料的品控，从创办之初溯及上游茶叶供应商，到如今不仅拥有自主经营的茶园，还有草莓等自建种植基地来确保种植质量[①]。此外，喜茶还在行业率先通过数字化来做供应链管理，上线 ERP 系统打造物流中心采购、库存、配送管理标准作业流程[⑧]。喜茶的高质量品控再辅以其“灵感”惊喜口感和彰显东方茶文化的精致格调成就了喜茶的价格自信。

4. 运用中式美感塑造社交货币

喜茶的定位“酷”及其具象的表现“灵感”和“禅意”也融入喜茶的品牌设计。喜茶的品牌设计具有较强的整体感，从标识到包装，再到线下门店以及线上平台，都紧紧围绕着“灵感”和“禅意”，以中国传统茶文化为根基，与现代化摩登风格灵感融合，显示出具有宁静感的品牌格调[⑨]。

喜茶的设计风格丰富多彩却又具有独特的中国式美感，甚至有粉丝称呼喜茶为“设计公司”。喜茶的Logo是一个线条小人，简单明晰颇具漫画形象[10]，符合年轻人的喜好。其线上广告则具有主题性的视觉张力，例如在进入香港市场时，运用推挤的招牌，公交车站等香港元素从整体上体现港风，喜茶通过设计为推文注入了沉浸式的场景感。从品牌logo、线上推广、包装设计到线下空间设计等，这些品牌设计及其传递的独特体验为喜茶的消费者打造了独一无二的社交货币，使喜茶的产品包装和店铺陈设本身具有了社交属性。很多消费者购买到一杯喜茶之后的第一个动作便是拍照上传微博、朋友圈、小红书等社交媒体，有些自媒体工作者还会在喜茶门店内拍摄写真或分享喜茶消费的vlog视频，通过“打卡喜茶”的方式自发地完成分享传播，这是喜茶的品牌建设中不可忽视的来自市场的自传播力量[11]。

案例思考

（1）请运用POM模型分析喜茶品牌构建的过程。

（2）中国传统文化在喜茶品牌构建过程中如何发挥作用？

尾注：

①侠说．喜茶2020年度报告：茶势喜人，灵感永驻[EB/OL].（2021-2-3）[2024-9-14]. https://www.sohu.com/a/448463922_407401.

②王紫薇，刘雪梅．喜茶完成D轮5亿美元融资新估值下“一家喜茶店值8600万”[EB/OL].（2021-7-14）[2021-8-2]. https://www.sohu.com/a/477348083_115362.

③南方都市报．喜茶2020年度报告：新增门店304家，接近过去8年总和[EB/OL].（2021-2-3）[2024-9-14]. https://baijiahao.baidu.com/s?id=1690602901537062736&wfr-spider&for=pc.

④笔记侠．喜茶：为品牌名注入品牌感[EB/OL].（2019-5-9）[2021-7-15].

http://www.woshipm.com/marketing/2318053.html.

⑤喜茶 . 原创冰博克厚牛乳波波，买一送一 [EB/OL].（2020-11-8）[2021-7-28]. https://mp.weixin.qq.com/s/uD33yV4uziJWYOXceHmgBg.

⑥新消费内参 . 超级爆品：喜茶、瑞幸、小罐茶为什么崛起，李佳琦为什么是天选之子？ [EB/OL].（2019-11-10）[2021-7-28]. https://36kr.com/p/1724655403009.

⑦许晓辉 . 喜茶：价值营销，蓄势爆红新消费品牌 [EB/OL].（2021-3-8）[2024-9-14]. https://zhuanlan.zhihu.com/p/360460957.

⑧强势营销 . 喜茶的骗局：手握 2000 万私域流量的王牌，你以为他是艺术生，其实他是理科状元 [EB/OL].（2020-3-7）[2021-7-10]. https：//mp.weixin.qq.com/s?__biz=MzA4ODkwMDk3Ng==&mid=2650348548&idx=1&sn=49d7741db646a2bcf6f00fdb50803033&chksm=882ea81bbf59210d14f700edad7dd198e9dcba020272e9051a4e7a51fef5aa5634a8a95cde67&mpshare=1&scene=1&srcid=0909vSdM5qtdiAnF6XEcTs2D&sharer_sharetime=1599633870793&sharer_shareid=804e08bf523d25cf49288005589f1219#rd.

⑨巴巴频道 . 喜茶是如何打造品牌的？ [EB/OL].（2019-5-17）[2021-7-10]. https://baijiahao.baidu.com/s?id=1633765936422226499&wfr=spider&for=pc.

⑩搜狐网 . 连锁微分享，对喜茶营销观察：话题制造 + 极致化 + 符号价值 + 社交货币 [EB/OL].（2019-9-7）[2021-7-28]. https://m.sohu.com/a/190309009_794408/.

⑪格竹集 . 扒了喜茶近 10 万条评论后，终于明白它是怎么火的 [EB/OL].（2018-10-18）[2021-7-28]. https://www.digitaling.com/articles/77223.html?8376860.

双汇的可持续发展之路

经济管理学院　於　军

一、适用课程：战略管理、创新管理、领导力和商业伦理

二、教学目标

知识要求：掌握可持续发展和组织危机管理知识。

能力要求：具备系统性思考与解决实际问题的基本能力。

素质要求：要求学生具备高度的社会责任感。

三、知识点

可持续发展；企业家精神；企业社会责任。

四、思政元素

（1）增强学生食品安全和品牌信誉意识。

（2）增强学生民族自信心和自豪感。

（3）增强学生道德意识和公民精神。

（4）塑造学生强烈的中国企业管理创新和中国特色管理理论的自信。

案例

1984年，44岁的万隆临危受命，采取有力措施使濒临破产的漯河肉联厂（双汇前身）起死回生，自此一个肉业帝国悄然诞生。期间双汇集团几经波折，在一次次的转型中逐渐发展变强，成为家喻户晓的肉业帝国。2017年，双汇品牌价值突破600亿元。2019年7月，双汇母公司万洲国际入选2019《财富》中国500强，居食品行业首位。

1. 万隆的成长履历

1940年，万隆出生在河南漯河的一户贫困人家，“万隆”寓意兴旺发达。1960年9月，万隆征兵入

伍，他钻山洞、打隧道，工作勤勤恳恳。就在他即将提干之际，一场“文革”迫使28岁的万隆只能转业，然而要钱没钱，要资源没资源的他，最后只能去了谁也不愿意去的漯河肉联厂，在那里开始了他的传奇人生。

2. 临危受命，转危为安

1983年11月，中央宣布价格改革，物价上涨导致猪肉一斤涨了5毛。于是老厂长当即囤积1500吨猪肉，打算在春节卖个高价。然而万隆调研后发现春节时猪肉价格很有可能大幅下跌，于是他请厂长视察冷库。领导看到堆积成山的猪肉当即决定把猪肉处理掉，这一决定使肉联厂4天赚了50万元。果然春节时市场上的猪肉集中抛售，半个月价格跌了20%[①]。万隆就此一战成名。

1984年，国家取消了生猪统购统销的政策，各地肉联厂陷入恐慌。当时排名全省倒数第一的漯河肉联厂资产不过468万元，亏损却有580万元[①]。祸不单行，老厂长即将被调走，群龙无首的肉联厂似乎已经走到尽头。所幸老厂长在被调走前推荐了当时的副厂长万隆做代理厂长。

计划经济年代，肉联厂虽然不盈利但也是肥差，偷肉的人特别多。万隆每天下班后站在大门口连续检查了一个星期，开除了15个人，其中包括一位重要领导的侄女。那段时间，不断有人打电话威胁万隆，往他家里扔砖头[②]。后来这一系列内部重组措施被总结为“砸三铁”。

万隆的创新精神开始起作用，肉联厂不到5年，就在经营管理、产品开发、市场营销、分配机制、干部制度上不断创新，肉联厂的产品远销前苏联、东南亚及港澳地区，成为当时中国最大的肉类出口基地。6年内，年销售收入从1000万元发展到1亿元。

3. 业务拓展，成为领军企业

好景不长，随着苏联解体，双汇外贸业务受阻，再次陷入经营困境。万隆在市场调研中看准了火腿肠这个潜力巨大的新产品，力排众议砸了几乎全部家当，从日本进口10条火腿生产线，实现由生加工向熟加工转变，外贸向内贸转变，双汇火腿就此问世。

此时，企业家精神再次发挥作用。万隆最擅长抓住机遇。2000年，在考察了欧美发达国家的冷鲜肉模式后，双汇引进了第一条现代化、规模化、标准化的屠宰冷分割生产线，自此双汇从生猪熟食转变为冷鲜肉。

2003年，双汇的市场扩张遭冷，双汇冷鲜肉的省外连锁店开业时，当地个体卖肉户经常堵门店、挡人流。相关部门到店里重复检验，重复收费，一些地方甚至明文规定禁止销售双汇产品[3]。

不破不立，针对双汇连锁店出现的各种棘手问题，万隆进行了一系列的重组和再造[4]。2006—2010年投资百亿，进一步拉长产业链条，将加工基地撒向全国[5]。

4. 安全事件，刻骨铭心

正当万隆雄心勃勃，快速扩张之际，危机来袭。2011年3月15日，中央电视台新闻频道《每周质量报告》的3·15特别节目《“健美猪”真相》，对河南孟州等地部分养猪场饲喂有“瘦肉精”的生猪流入济源双汇食品有限公司进行了报道。一时间，双汇成为众矢之的。商品被下架和退货，有关部门派出督察组赶赴河南轮番查处。双汇20多年铸就的放心肉品牌受到质疑，损失难以估量。

生死存亡之际，万隆的企业家精神和一系列决断再次彰显了他的领导能力。3月15日上午，双汇集团召开高管会议迅速作出初步决定。15日晚，双汇发展发布停牌公告，申请从3月16日起停牌。16日上午10:00，双汇集团首次向消费者发表道歉声明；17日19:50，双汇集团发表第二份声明，决定将每年3月15日定为“双汇食品安全日”，把食品安全落实到每一天。自3月16日起，双汇集团下属所有工厂除继续按照国家标准检验外，对生猪屠宰实施“瘦肉精”在线逐头检验，确保出厂产品批批合格。3月23日和25日，万隆携公司高管分别召开了客户及媒体视频会议和供应商视频会议，安抚各界利益相关者。3月31日，万隆于“万人大会”上当众宣读了双汇集团作出的六项决定[6]。

5. 孤注一掷，强强联合

21世纪以来，在经济全球化背景下，为了与海外市场有更好的沟通，同时创造更大的利润，很多企业走上了海外并购这条快速通道。万隆早在20世纪80年代就已经把发展的目光瞄向海外，并于2013年以71亿美元并购了世界最大的猪肉企业——史密斯菲尔德食品公司（Smithfield）[7]。

案例思考

（1）双汇集团是如何实现可持续发展的？

（2）万隆的企业家精神在历次转型中起到了怎样的作用？

（3）双汇集团是如何处理安全事件的，对我们有什么启发？

尾注：

①格鲁特．转折中的双汇：从濒临破产到全球第一 [EB/OL].（2021-5-6）[2022-2-21]. https://baijiahao.baidu.com/s?id=1699000473599841735&wfr=spider&for=pc.

②高远山.81 岁万隆还要干 4 年，52 岁长子头撞玻璃，1800 亿双汇走向何方？[EB/OL].（2021-7-19）[2022-2-21]. https://baijiahao.baidu.com/s?id=1705449604239362994&wfr=spider&for=pc.

③王勇．双汇“冷鲜肉”突围“地方保护”[J]. 中国经济周刊，2005（29）：42-43.

④高敏，宋绪钦，孟佩芳，等．双汇连锁店经营模式特点与问题分析 [J]. 河南商业高等专科学校学报，2009，22（1）：1-8.

⑤《中国牧业通讯》编辑部．双汇百亿元建屠宰加工基地 [J]. 中国牧业通讯，2006（6）：23.

⑥吴云，李雅慧，等．双汇集团：“瘦肉精事件”的商业伦理探讨 [EB/OL].（2011-12-15）[2022-2-21]. http://www.cmcc-dlut.cn/Home/Index#.

⑦双汇收购史密斯菲尔德——“猪八戒娶洋媳妇”.[EB/OL].（2011-12-15）[2022-2-21]. 中国管理案例共享中心案例库．http://www.cmcc-dlut.cn/Home/Index#.

獐子岛的扇贝跑哪里去了？

经济管理学院　顾春霞

一、适用课程：基础会计

二、教学目标

知识要求：理解存货的含义，掌握存货确认的条件，了解存货后续计量的要求。

能力要求：掌握存货取得、后续计量、存货跌价准备的账务处理要求和账务处理技能。

素质要求：要求学生了解并坚守会计从业人员的准则，诚实守信，遵循会计信息质量要求，保障会计信息的可靠。

三、知识点

存货计量。

四、思政元素

会计人员需具备合格的职业操守，保障账证相符、账账相符、账实相符，账务调整须得有依有据，保障会计信息的可靠性。

案例

獐子岛集团股份有限公司成立于 1992 年，注册资本 71111 万元人民币，公司经营范围主要包括水产品养殖、捕捞、销售等方面。

2014年10月，獐子岛的扇贝“突然跑了”。獐子岛集团公告称，公司进行秋季底播虾夷扇贝存量抽测，发现存货异常，公司因此第三季度亏损 7.63 亿元，而存货异常的主要原因是北黄海异常冷水团等导致海洋牧场受灾。此后，2018 年 2 月、2019 年 11 月，由于海水温度变化、海域贝类养殖规模及密度过大、饵料生物缺乏、扇贝苗种退化、海底生态环境破坏、病害滋生等各方面原因，獐子岛底播虾夷扇贝大量损失，导致企业亏损。

接二连三，獐子岛的扇贝为何

总跑路？獐子岛的扇贝借“存货核销、计提存货跌价准备”跑路了！

2014年10月，獐子岛公告称，2014年9月15日至10月12日，公司秋季底播虾夷扇贝存量抽测发现部分海域的底播虾夷扇贝存货异常，决定对105.64万亩海域成本为73461.93万元的底播虾夷扇贝存货放弃本轮采捕，进行核销处理，对43.02万亩海域成本为30060.15万元的底播虾夷扇贝存货计提跌价准备28305万元，扣除递延所得税影响25441.73万元，合计影响净利润76325.2万元，全部计入2014年第三季度。

2018年2月，獐子岛公告称，在底播虾夷扇贝年末存量盘点过程中，发现部分海域的底播虾夷扇贝存货异常，底播虾夷扇贝死亡严重的107.16万亩海域因亩产过低，不足以弥补采捕成本，其账面存货成本57758.13万元需进行核销处理；对亩产下降导致存货成本高于可变现净值的24.3万亩海域，计提存货跌价准备5110.04万元，上述两项合计影响净利润62868.17万元，全部计入2017年度损益，导致公司2017年度亏损。

2019年11月，獐子岛发布《关于2019年秋季底播虾夷扇贝抽测结果的公告》显示底播虾夷扇贝存货异常，2020年发布的2019年业绩预告公告称，预计2019年度亏损3.5亿元~4.5亿元。业绩变动原因包括底播虾夷扇贝发生重大自然灾害，拟对底播虾夷扇贝存货成本进行核销和计提存货跌价准备，预计影响金额2.9亿元。

客观上海洋生物资产存货盘点难度大；主观上獐子岛盘点过程及存货核算不规范，不符合《企业会计准则》要求，造成“跑路”事实。

何为存货？存货是指企业在日常活动中持有以备出售的产成品或商品、处在生产过程中的在产品、在生产过程或提供劳务过程中耗用的材料或物料等，包括各类材料、在产品、半成品、产成品或库存商品以及包装物、低值易耗品、委托加工物资等。

一般来说，一家企业的采购部门负责采购原材料，然后生产部门进行产品的加工生产，制造出来的产品再让销售部门去销售，然后财务部门负责收款的核算，如此循环往复，企业的价值就持续不断地创造出来。从采购原材料到产品销售出去之间的整个过程，企业的这部分资产都是以存货的形式存在于资产负债表中的。

存货如何计价？存货的初始计量，存货应当按照成本进行初始计量，包括采购成本，加工成本和其他成本。存货的期末计价，资产负债表日，存货应当按照成本与可变现净值孰低计量。存货跌价准备是指在中期期末或年终，如由于存货遭受毁损、全部或部分陈旧过时或销售价格低于成本等原因，使存货成本不可以收回的部分，应按单个存货项目的成本高于其可变现净值的差额提取，并计入存货跌价损失。简单地说就是由于存货的可变现净值低于原成本，而对降低部分所作的一种稳健处理。

獐子岛稳健性处理与造假的一步之遥。獐子岛公司客观上利用海底库存及采捕情况难发现、难调查、难核实的特点，不以实际采捕海域为依据进行成本结转，导致财务报告严重失真。此外，獐子岛还涉及《年终盘点报告》和《核销公告》披露不真实、秋测披露不真实、不及时披露业绩变化情况等多项违法事实。

獐子岛自食恶果。股价波动剧烈，投资者用脚投票，多次“逃跑”，股价多次崩盘。另外，证监会对獐子岛信息披露违法违规案作出行政处罚及市场禁入决定，对獐子岛公司给予警告，并处以 60 万元罚款，对 15 名责任人员处以 3 万元至 30 万元不等罚款，对 4 名主要责任人采取 5 年至终身市场禁入。2023 年 12 月，最高人民检察院披露獐子岛违规披露重要信息案办案经过，原董事长被判有期徒刑 15 年。

獐子岛多处造假的动机。从证监会对獐子岛公司处罚公告可见，獐子岛公司除了存货计量存在重大问题之外，还存在如成本核算、营业外支出核算、收入核算等多处财务造假。其“全方位”造假的原因可以总结为：①为了操控股价谋利，企业内部人员利用企业内外部信息不对称，配合利好、利空消息，高抛低吸，获得利润。②垃圾公司保壳。A 股规定，一个上市公司连续亏损 3 年就要退市，一旦退市，股东财富严重缩水。所以一些连续亏损的上市公司在已经失去盈利能力的情况下，会想方设法每 3 年“盈利”一次，保证自己不退市。

獐子岛舞弊的机会。生物性资

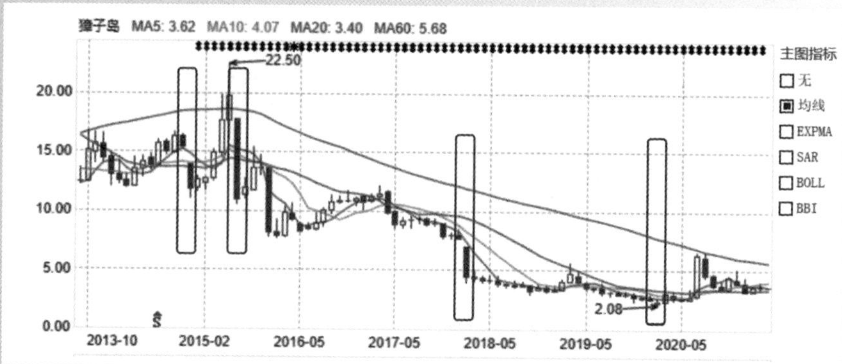

图 1 獐子岛扇贝跑路前后股价的波动

产盘点和价值的确定难度较高。生物性资产的特点：①生产过程不能人为控制；②资产易灭失；③生产经营风险大；④生产受自然和环境因素影响较大；⑤在整个生产周期中，投入和产出不均衡。这些特性都增加了生物资产的盘点及价值确定的难度。獐子岛公司客观上利用海底库存及采捕情况难发现、难调查、难核实的特点，操纵存货盘点。

存货价值调节的方法：①虚构存货，编制虚假资料，虚构或夸大存货数量；②存货盘点操纵，对存货盘点缺少必要控制措施，导致账实不符的情况；③操纵期末估价，通过操纵存货可变现净值的估计，调整存货价值。獐子岛扇贝主要是从以下两条路“跑路”的：①盘点时，“发现”各种原因导致的养殖海域虾夷扇贝的死亡；②期末计量时，依据底播虾夷扇贝收入及毛利下降，对部分库存扇贝类产品计提减值。

本案例重点考察存货问题，故对其他问题不作深入分析。

①合理生产养殖，保障环境、资源的可持续发展；②需强化公司治理水平，提高内部控制质量；③加强存货监控，控制存货规模和质量；④提升检测技术，做好风险防控。

财务从业人员。提升基本职业素养，加强生物性资产核算的专业技能。同时，需要认识到财务工作诚信守法的重要性和会计职业道德培养的自我认同感。培养职业道德素养，提升专业胜任能力。

案例思考

（1）如何界定企业存货的范围？试以你了解的企业为例，说明哪些是企业的存货？

（2）存货的计价方式有几种？不同的价格趋势下，不同的计价方法对企业当期利润有何影响？

（3）在面对复杂的会计问题时，身为未来的财务从业人员，你觉得应该如何应对？

从网红船舶 Peak Pegasus 的“生死时速”看巨额关税的承担

经济管理学院 高 霏

一、适用课程：国际贸易实务

二、教学目标

知识要求：掌握贸易术语，理解中美贸易摩擦背景和影响。

能力要求：分析和解决问题，贸易术语风险评估及规避。

素质要求：诚信履约、风险意识及全球化视野培养。

三、知识点

贸易术语的含义、风险划分及风险规避。

四、思政元素

知识传授；能力培养；诚信履约；风险规避；价值塑造。

案例

还记得2018年7月6日在海上风驰电掣，上演“生死时速”的网红轮船 Peak Pegasus（“飞马峰”号）吗？为了赶在对美国生产的大豆等农产品、汽车、水产品等进口商品加征25%的新关税政策正式生效前抵达中国，这艘满载7万吨美国大豆的货船不眠不休地全速奔赴大连港。世界各国的网友都在热切关注，有人贴心地给出了航线图，有人分析不能抵达后的关税要征收多少，有人探讨由谁支付额外增加的费用……

中美贸易摩擦的背景下，互征关税是贸易摩擦最前沿、最突出的表现。一国宣布对某产品加征关税后，所牵涉的某个国际买卖合同中，由谁来承担额外增加的巨额关税，是众多中美进出口企业面临的实际问题。中美三轮关税摩擦见图 1。

“飞马峰”号之所以这么不眠不休地开航，显然是中美贸易摩擦

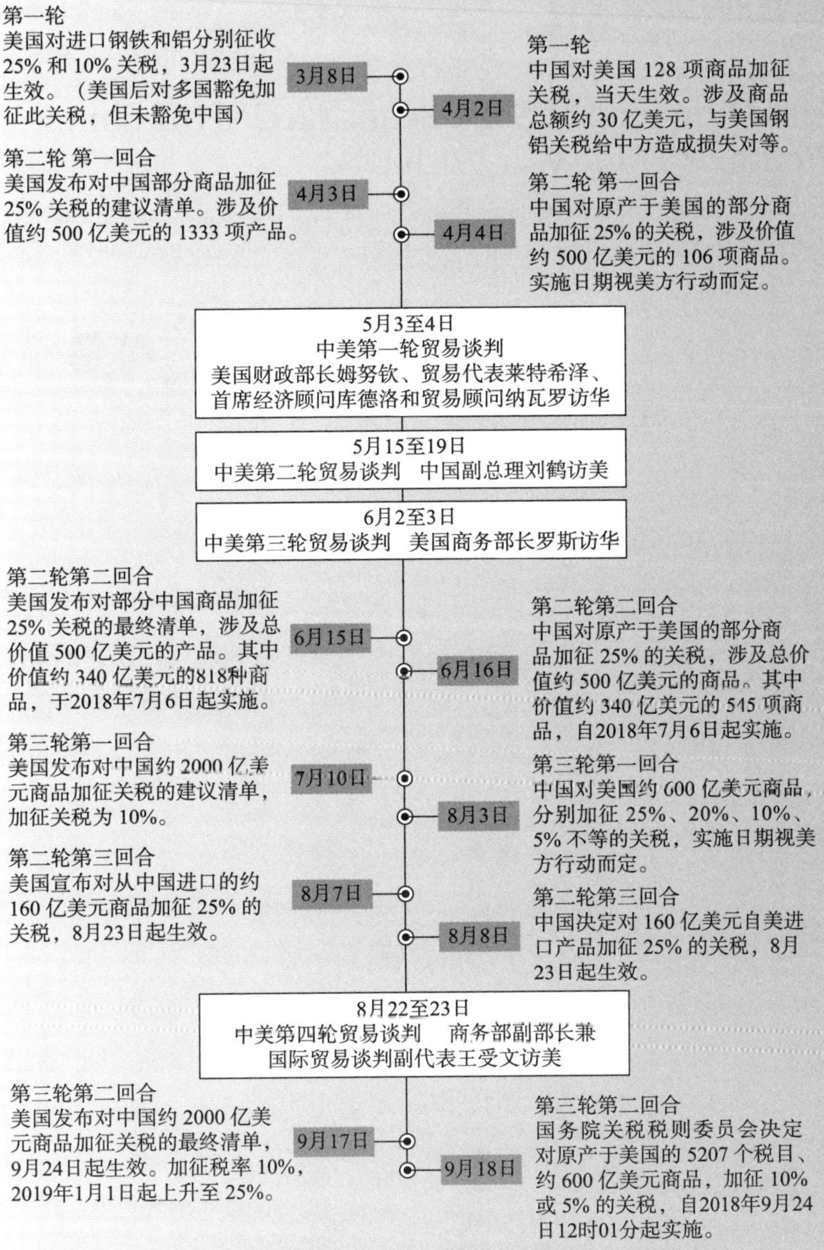

图 1　中美三轮关税摩擦（资料来源：销数 www.dydata.io）

下的牺牲品。遗憾的是，由于未能赶在新关税实施之前抵港清关，整船大豆面临着约 600 万美元（约合 4000 万元人民币）的巨额关税，见图 2。那么，买卖双方中，谁将承担这笔巨额关税呢？

Giant Shipload of Soya Beans Circles Off China, Victim of Trade War With U.S.

A shipment of soya beans worth more than $20m (£15.5m) has been bobbing aimlessly in the Pacific Ocean for a month, a casualty of the escalating trade war between China and the U.S.

August 10, 2018 The Guardian

图 2 Giant Shipload of Soya Beans Circles Off China, Victim of Trade War With U.S.

资料来源：Giant Shipload of Soya Beans Circles Off China, Victim of Trade War With U.S. | 2018-08-10 | SupplyChainBrain

事实上，国际货物买卖合同中，关税的承担问题通常在贸易术语中有相应的规定。所谓贸易术语，是长期的贸易实践中形成的习惯性做法，用来明确买卖双方有关责任、风险和费用的划分。买卖双方通常直接援引“国际贸易术语解释通则”（INCOTERMS）中的某一个贸易术语，并根据该贸易术语下的具体规定来划分买卖双方的费用负担。

显然，在买卖双方采用固定价格条件来表示商品单价之时，双方所选择的贸易术语决定了进出口报关由谁负责，以及相应的进出口关税由谁承担。但是，媒体报道中并没有提到合同具体的条款信息，贸易术语的选用也不得而知。这是否意味着无法做出判断呢？并非如此。我们可以考虑以下两个角度：

首先，以买卖双方贸易术语适用 Incoterms®2020 为例，11 种贸易术语中，进口报关的关税承担者大多是买方还是卖方？根据 Incoterms®2020，除 DDP 的进口关税由卖方承担外，剩余 10 种贸易术语均由买方承担。因此，进口加征关税由买方承担的可能性为 90.91%。

其次，实务中中美大豆贸易采用

的贸易术语是什么？资料查询发现，中美之间的大豆交易在 2008 年前后曾使用 FOB 贸易术语，但导油网、生意社等网站的相关信息显示，目前，包括中粮在内的中国企业买卖大豆均基于 CFR 价格。实务中也有采用 CIF 术语成交的。CFR 和 CIF 术语的共同特点之一在于：“买方应负责办理进口手续取得进口许可证或其他核准书，并承担相应的费用”。可见，进口报关的责任和费用均由买方承担。整船大豆的巨额加征关税由谁承担见图 3，Incoterms® 2020 各贸易术语的责任、风险、费用承担见图 4，Incoterms®2020 各贸易术语详解见图 5。

中美 48 亿元大豆贸易清单：关键条款规避“大豆风波”再现见图 6，中国进口大豆的 CFR 价格创下 350.44 美元 / 吨的历史新低见图 7。

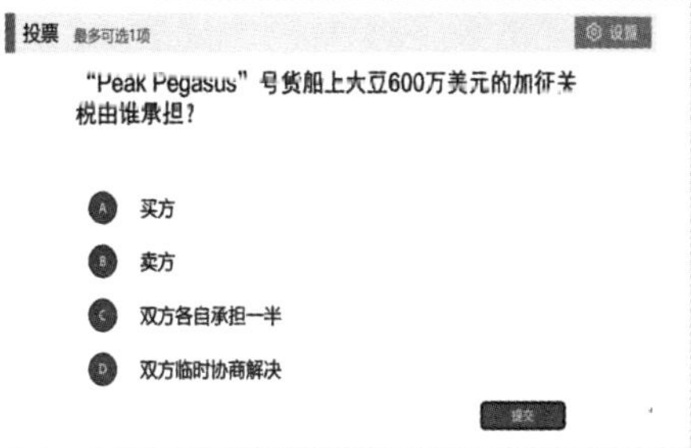

图 3　整船大豆的巨额加征关税由谁承担

Incoterms®2020

贸易术语	交货地点	风险转移界限	出口报关的责任和费用	进口报关的责任和费用	适合的运输方式
EXW	货物产地或所在地	买方处置货物时	买方	买方	任何方式
FCA	出口国内地或港口	承运人处置货物后	卖方	买方	
CPT					
CIP					
DPU	目的港或目的地任何地方	买方在指定地点收货后			
DAP	进口国目的地				
DDP			卖方	卖方	
FAS	装运港口	装运港船边为界	卖方	买方	水上运输
FOB		装运港船上为界			
CFR					
CIF					

图 4　Incoterms®2020 各贸易术语的责任、风险、费用承担

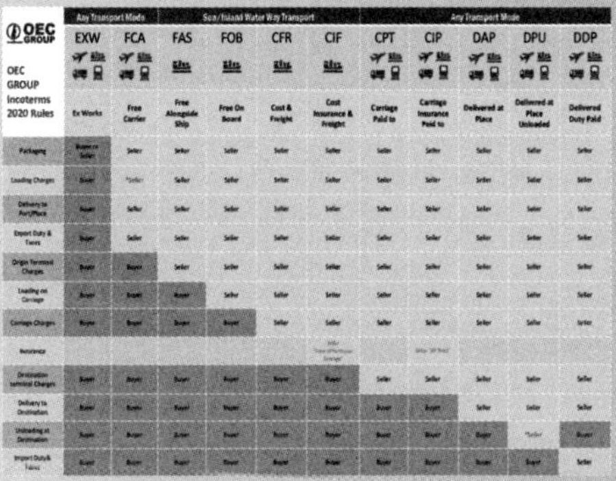

图 5　Incoterms®2020 各贸易术语详解

（资料来源：OEC GROUP）

关于至为关键的采购价格，上述商会人士说，这批大豆仍将采取“点价”方式，国内企业可自行在约定时间内的任一时点，根据届时芝加哥商品交易所（CBOT）的大豆报价点价买进。

“48亿美元实际上是一估算金额。”该人士说，14家中国企业依照美国农业部2008-2009年度大豆价格的预计，并在此基础上每吨略为下调十几美元，预估出这批大豆合约的平均价在550美元/吨左右（FOB离岸价）。

与之比较的是，6月25日，美国大豆的FOB离岸价是576美元 / 吨。

图 6　中美 48 亿元大豆贸易清单：关键条款规避 " 大豆风波 " 再现

（资料来源：https://business.sohu.com/20080626/n257747435.shtml）

中国进口大豆的CFR价格创下350.44美元/吨的历史新低

http://www.100ppi.com　2020年05月01日 09:10　农博网

生意社05月01日讯

4月28日，中国进口大豆的CFR价格创下350.44美元/吨的历史新低，原因是新型冠状病毒疫情造成全球需求下降。这是标普全球普氏资讯自2018年7月份开始评估大豆价格以来的最低水平。此前的历史低点是2019年5月份创下的354.94美元/吨，当时美国对华大豆出口因为中美贸易紧张升级而中断。

图7　中国进口大豆的CFR价格创下350.44美元/吨的历史新低
（资料来源：http://m.100ppi.com/focus/detail-news-1652336.html）

综上所述，针对“飞马峰”号船舶上的美国大豆加征的巨额关税有极大的可能由买方承担。当然，本次事件中最终应当由哪一方承担进口关税，仍旧受相关买卖合同下具体约定的影响。

经查询，媒体报道如下：“这艘船由摩根大通资产管理公司拥有，而船上大豆的拥有者则是一家叫路易·德雷福斯的总部位于阿姆斯特丹的农产品贸易公司。后者需每天支付约12500美元继续租用这条船，这意味着过去这段时间已经有超过40万美元的额外费用产生。8月10日晚间，大豆买家中储粮油脂公司称，由于前期到港船只比较集中，‘飞马峰’号一直在大连港口外锚地排队等待卸货和通关，预计近日将开始卸货，并办理后续缴税通关手续。中储粮表示，将按照国家相关法律已生效的对美关税措施规定，依法缴纳各项税费。据此前报道，该船货值近1.5亿元，而按照首批清单的加税标准，该船货将多缴纳约3750万元的进口关税。”

中粮回售巴西大豆，买入美湾大豆，因价格套利机会见图8。

oilcn.com/article/2020/09/09_74

导油网　登录　注册

首页　油讯　榜单　品牌　商机　油品　导油图

中粮回售巴西大豆，买入美湾大豆，因价格套利机会

2020-09-21

外媒9月18日消息：中粮集团（COFCO）卖出了10月和11月船期的巴西大豆船货，同时买入11月和12月船期的美湾大豆船货，目的是为了管理库存，同时利用两国大豆价差套利。

消息人士称，中粮卖出两船10月和11月船期大豆的CFR价格是比芝加哥1月大豆期价高出273美分/蒲，相当于480美元/吨；同时以247-248美分的1月大豆溢价买入11月和12月船期的大豆，相当于470.25美元/吨。

考虑到巴西大豆相对美国大豆有4到6美元/吨的升水，意味着每船大豆的套利空间高达25万美元左右。

目前中粮集团和中储粮集团正在积极采购美国大豆，以履行中国在第一阶段贸易协议中的采购承诺。

过去六周里这两家中国国企已购买多达80船美国大豆，而同期美国大豆产量预测值在出现下调，这使得美国大豆期价连续六周上涨，并回升到了2018年6月份中美贸易战摩擦开始前的水平。

图8　中粮回售巴西大豆，买入美湾大豆，因价格套利机会
（资料来源：oilcn.com/article/2020/09/09-74）

消息一出，网上一片谩骂声，“关税摩擦到最后，受伤的是我们本国企业？！”其实，这是对合约的误解。

首先，有句古老的法律谚语——“pacta sunt servanda（契约必须严守）”，意思是当事人之间一旦达成合意订立了契约，就应该受到契约的约束，这是诚信原则在合同关系中的体现。因此，在国际货物买卖合同中约定应由某一方承担的责任，应当得到严格遵守。买方中储粮承担进口报关的加征费用，正是中国企业诚信履约的体现。

其次，大豆买卖合同通常是一个长期合约。买卖双方订立合同多数是在一年半载之前，当时的买卖双方不可能预测到未来中美贸易摩擦的发生，且关税摩擦的焦点之一是美国大豆。

第三，不少人仅仅看到这船大豆的中国买方要承担增加的关税，却忘记在中美贸易中的无数美国买方，也需要额外承担贸易摩擦下进口关税暴增的风险和费用。从中美双边贸易额来看，显然美国的买方会因为贸易摩擦承担更大的损失。

其实，关于这艘运输大豆的网红轮船的思考并不应该就此结束。比如，加征25%关税后，商品的最终价格会同比上涨25%吗？价格上涨后买方是否可以取消或转卖在途的大豆订单？该船在大连港逗留一个月后方才卸货，由此产生的运输合同中相关延迟费用由谁承担？双方若就新增关税等相关费用承担产生分歧，如何解决等等。

“飞马峰”号大豆船仅仅只是一个缩影，随着贸易摩擦的不断升级以及带来的不确定性，中美贸易的往来交易都可能经历相同的命运。显然，关税变动会极大地改变现行合约的经济利益。当然，密切注意海关政策也是必须的。2020年2月18日，中国宣布了新一轮的附加关税豁免，大豆被列为个别进口商申请的合格产品，企业可以自行申请关税豁免。这对贸易摩擦中很“受伤”的大豆进口商来说是一个安慰。

可以预见的是，中美两国之间的贸易摩擦在未来数年内必定会频繁发生，在经济和地缘政治动荡不断加剧的情况下，进出口企业应当尝试把关税战可能引发的关税增加纳入合同条款的考量范围，同时也应当提前对市场出现的各种风险指标进行充分评估，谨慎积极加以应对。

案例思考

在各国贸易冲突频繁出现的今天，我国进出口企业应当如何选择适当的贸易术语，以规避可能产生的关税及其他相关费用。

脱贫攻坚战全面胜利的“经济学秘密”

经济管理学院　郭　际

一、适用课程：微观经济学；经济学基础

二、教学目标

知识要求：掌握市场结构的分类，了解市场结构如何影响组织的收益情况，理解正常利润和经济利润的内涵。

能力要求：能够结合理论与实践，分析问题产生的原因和解决问题。

素质要求：要求学生能够理性客观地运用经济学的原理对经济现象进行分析，并能够梳理出经济政策的科学依据。

三、知识点

市场结构；竞争市场；垄断市场；正常利润；经济利润。

四、思政元素

（1）了解社会主义市场经济的优越性，增加学生民族自信心和自豪感。

（2）根据社会主义现代化建设的实际需要将西方经济学理论为我所用。脱贫攻坚战全面胜利就是一个将西方经济学与中国特色社会主义建设相结合并取得成功的很好例证。

（3）有组织的脱贫攻坚工作需要经济学理论作为支撑，使政府所制定的政策实施后取得成功的可能性更高，所取得的成功经验也丰富了社会主义市场经济理论。

案例

2021年2月25日，习近平总书记在全国脱贫攻坚总结表彰大会上庄严宣告：我国脱贫攻坚战取得了全面胜利。全国823个贫困县全部摘帽，近一亿农村贫困人口实现脱贫，960多万贫困人口实现易地搬迁。这意味着全国区域性整体贫困得到解决，完成了消除绝对贫困的艰巨任务，提前10年实现《联合国2030年可持续发展议程》减贫目标，不得不说这是一个彪炳史册的人间奇迹。脱贫地区经济社会得到了大踏步的发展，整体面貌发生了历史性巨变。这些变化除了体现出中国共产党在农村地区的执政能力，也体现出中国共产党领导和中国特色社会主义制度的优越性。这里，让我们从经济学角度来分析一下脱贫攻坚战是如何取得胜利的。

贫困地区基础条件差，公共服务薄弱，资金技术匮乏。由于条件的限制，贫困地区的农业缺乏特色，利润率低，这两个特点和微观经济学中处于完全竞争市场中的企业十分相似。贫困地区所能提供的农产品几乎是同质的，市场上有大量的同类产品生产者，所生产出的商品只能被动地接受市场价格进行销售。由于进入和退出同类产品市场毫无困难，缺乏效率的贫困地区容易被市场淘汰，从而陷入贫困状态难以自拔。

为了说明脱贫攻坚的特色手段，我们先看两个脱贫攻坚的成功案例。一个是吉林省和龙市八家子镇将小木耳做成脱贫大产业。小小的食用菌背后的来头可不小，是中国工程院院士、吉林农业大学教授“蘑菇专家”李玉团队培育出的新品种。八家子镇位于高寒地区，粮食生产不占优势。李玉团队培育出来的玉木耳产量高、品质好，也适合在高寒地区进行生产。政府提供资金搭建现代化大棚，李玉团队则根据不同生存环境提供食用菌栽培技术并扶持食用菌龙头企业，当地农民经过栽培技术培训后进行木耳生产，实现了“小木耳，大产业”。

第二个例子是广西百色市田阳区巴某村的乡村旅游。广西壮族自治区建立“史上最严”的精准识贫系统，识别并建档立卡贫困人口。

选派贫困村科技特派员、产业发展指导员进村入户，广泛开展产业技术培训和指导服务。根据巴某村的实际情况，政府将环境整治、观光农业与乡村旅游结合起来，成为桂西南的旅游集散地和网红打卡地，被国家文化和旅游部列为首批全国乡村旅游重点村。现在的巴某村美了，人气旺了，村民也富起来了。

通过这两个例子我们可以体会到精准扶贫对两地发展的重要性。无论是八家子镇的小木耳，还是巴某村的乡村旅游，都是政府及驻村干部结合当地特色寻找到了致富之路。这种扶贫方式在生态可持续发展的前提下实现了富裕，有效地防止生态返贫的现象。

那么，我们从经济学的角度来看看这两个扶贫案例。首先，它们所提供的产品和服务与其他同类产品和服务是有差别的，这也是利润的来源。其次，这些发展模式对资金和技术的要求并不是特别高，贫困地区完成这些项目的可行性很高。综合前面的分析，实施扶贫项目的组织从某种角度看类似于处于垄断竞争市场的一种市场组织。从理论上说，处于垄断竞争市场的组织要持续获得利润，就必须不停地形成新的差异性。这就意味着，脱贫攻坚战的胜利只是阶段性的，脱贫攻坚将是一场持久战。

经过 7 年多的精准扶贫，特别是经过 4 年多的脱贫攻坚战，中国已经取得了脱贫攻坚战的初步胜利。现阶段要建立健全防止返贫机制，有效巩固脱贫成果。对已经脱贫群体实施全方位、全过程、全周期监测及跟踪回访，主要政策措施不能急刹车，驻村工作队不能撤，建档立卡脱贫户可继续享受脱贫扶贫政策。

很多人说经济学是枯燥的，曲线是乏味的。但经济学与现实生活的结合确实可以有效推动经济和社会的发展。脱贫攻坚战及后续的防止返贫工作所采取的措施是符合经济学的原理的。我们相信不仅可以取得脱贫攻坚战的胜利，后续的防止返贫工作也会取得相应的胜利。

案例思考

(1) 贫困地区主要集中在哪些地方？这些地方的主体经济是什么产业？这些产业的利润率如何？

(2) 一般农产品行业与哪种市场结构行业最接近？一般农产品有利于脱贫攻坚战的胜利吗？

(3) 你认为脱贫攻坚战胜利的关键点有哪些？有组织的脱贫攻坚项目与哪种市场结构行业的项目最接近？有组织的脱贫攻坚项目的经济利润能长期存在吗？为什么要对已经脱贫的群体实施防止返贫措施？

【开放性话题】

脱贫攻坚战中，社会主义市场经济的优越性体现在哪些方面？

船舶碰撞：双方互有过失碰撞责任如何确定

法学院　徐　峰

一、适用课程：海事法

二、教学目标

知识要求：掌握《中华人民共和国海商法》（以下简称《海商法》）、美国法与1910年《关于统一船舶碰撞若干法律规定的国际公约》（以下简称《碰撞公约》）下双方互有过失船舶碰撞责任承担方式的确定与责任比例的划分。

能力要求：具备分析双方互有过失船舶碰撞责任问题产生的原因及判定责任承担方式与责任比例的基本能力。

素质要求：要求学生在及时关注国际贸易形势与政治格局的基础之上，以法律的理性思维分析船舶碰撞法律纠纷产生的原因，切实维护我国船东的合法利益，进而为我国《海商法》相关条款的修改提供对策建议。

三、知识点

双方互有过失船舶碰撞责任承担方式；责任承担比例。

四、思政元素

（1）引导学生对国际贸易形势与政治格局作出理性判断，促使其明白涉外海事纠纷，例如跨国船舶碰撞案件的处理应在海事法框架之内，以友好协商的方式解决；一方得利，另一方吃亏的“零和博弈”不会持久。

（2）让学生理解：“爱国主义”不应建立在“一家独大”的基础之上，而应当以法律为准绳，适用法律判断碰撞责任比例与赔偿范围之时通过适度的利益让渡，实现两国航运贸易“双赢”。

（3）引导学生为未来《海商法》第八章“船舶碰撞”的修改目标、方向与内容出谋划策。

2008年6月3日晚，原告江苏炜伦航运股份有限公司所有的“炜伦06”轮与被告米拉达玫瑰公司所有的“MIRANDA ROSE”轮（以下简称“玫瑰”轮）在各自航次的航程中，在上海港圆圆沙警戒区相遇。当日23时27分，由外高桥集装箱码头开出的另一艘“里约热内卢快航”轮与“玫瑰”轮联系后开始实施追越。23时32分，“里约热内卢快航”轮引航员呼叫“炜伦06”轮和位于“炜伦06”轮左前方约0.2海里的“正安8”轮，要求两轮与其绿灯交会。“正安8”轮予以拒绝并大角度向右调整航向，快速穿越到警戒区北侧驶离。“炜伦06”轮则在“里约热内卢快航”轮引航员执意要求下，同意绿灯交会。“玫瑰”轮随即与“炜伦06”轮联系，也要求绿灯交会，“炜伦06”轮也回复同意。

23时38分，当“炜伦06”轮行至“玫瑰”轮船艏偏左方向时，发现“玫瑰”轮显示红灯，立即联系“玫瑰”轮，要求其尽快向左调整航行。“炜伦06”轮随后开始减速，但“玫瑰”轮因“里约热内卢快航”轮追越尚未驶过让清，距离较近，无法向左调整航向。23时41分，“炜伦06”轮与“里约热内卢快航”轮近距离交会，位于“玫瑰”轮左前方、距离仅0.2海里。此时，“炜伦06”轮、“玫瑰”轮均觉察危险，同时大角度向左转向。23时42分，“炜伦06”轮右后部与“玫瑰”轮船艏右侧发生碰撞。事故造成原告遭受救助费、清污费、货物减损费、修理费等各项损失共计人民币4504605.75元。

原告遂以“玫瑰”轮违反双方关于“绿灯交会”的约定为由，诉请法院判令“玫瑰”轮承担80%的责任。被告则提出，原告应就涉案碰撞事故承担90%的责任，且原告主张的部分损失不合理。

1. 判决结果

上海海事法院于2011年9月20日作出（2010）沪海法海初字第24号民事判决：一、被告米拉达玫瑰公司应于本判决生效之日起十日内向原告江苏炜伦航运股份有限公司赔偿损失人民币2252302.79元；

二、被告米拉达玫瑰公司应于本判决生效之日起十日内向原告江苏炜伦航运股份有限公司赔偿上述款项的利息损失，按照中国人民银行同期活期存款利率标准，从 2008 年 6 月 3 日起计算至判决生效之日止。

2. 判决理由

法院生效裁判认为：在两轮达成一致意见前，两轮交叉相遇时，本应“红灯交会”。“玫瑰”轮为了自己进北槽航道出口方便，首先提出“绿灯交会”的提议。该提议违背了《1972 年国际海上避碰规则》（以下简称《72 避碰规则》）规定的其应承担的让路义务。但是，“炜伦 06”轮同意了该违背规则的提议。此时，双方绿灯交会的意向应是指在整个避让过程中，双方都应始终向对方显示本船的绿灯舷侧。在这种特殊情况下，没有了《72 避碰规则》意义上的“让路船”和“直航船”。因此，当两轮发生碰撞危险时，两轮应具有同等的避免碰撞的责任，两轮均应按照《72 避碰规则》的相关规定，特别谨慎驾驶。但事实上，在达成绿灯交会的一致意向后，双方都认为对方会给自己让路，未能对所处水域的情况进行有效观察并对当时的局面和碰撞危险作出充分估计，直至紧迫危险形成后才采取行动，最终无法避免碰撞。

综上，两轮均有瞭望疏忽、未使用安全航速、未能尽到特别谨慎驾驶的义务并尽早采取避免碰撞的行为，都违反了《72 避碰规则》中有关瞭望、安全航速和避免碰撞的行动等规定，对碰撞事故的发生责任相当，应各承担 50％的责任。被告系“玫瑰”轮的船舶所有人，根据《最高人民法院关于审理船舶碰撞纠纷案件若干问题的规定》，应就“玫瑰”轮在涉案碰撞事故中对原告造成的损失承担赔偿责任。法院根据双方提供的证据，核定了原告具体损失金额，按照被告应负的责任份额，依法作出如上判决。

案例分析

本案是一起典型的因双方互有过失碰撞引发的货损货差纠纷，涉及多重法律关系的厘清、多个法律主体的认定以及多部法律的适用，法官主要根据

《72 避碰规则》划分互有过失船舶碰撞责任，适用我国《海商法》第八章与相关司法解释中确定双方互有过失船舶碰撞责任承担方式以及责任承担比例。我国《海商法》第八章关于船舶碰撞责任的规定主要来自 1910 年《碰撞公约》。根据《海商法》第 169 条的规定，“互有过失的船舶，对碰撞造成的船舶以及船上货物和其他财产的损失，依照前款规定的比例负赔偿责任。碰撞造成第三人财产损失的，各船的赔偿责任均不超过其应当承担的比例”。换而言之，对于双方互有过失碰撞造成的财产损失，碰撞双方应按比例承担赔偿责任。在本案中，根据《72 避碰规则》中有关瞭望、安全航速和避免碰撞的行动等规定，碰撞双方各承担 50%的责任，因此，根据《海商法》的规定，对于事故造成原告遭受救助费、清污费、货物减损费、修理费等各项损失 4504605.75 元，被告也应赔偿损失人民币 2252302.79 元。

上述规定与美国法存在较大差异。美国本身不是 1910 年《碰撞公约》的参加国，其法律直接规定，当发生互有过失的碰撞事故时，不论双方过失大小，责任平均承担，一概各负 50%。直至 1975 年“Super Court in United States v. Reliable Transfer Co., Ltd”，美国最高法院才改变了平分过失责任原则，采取了国际上普遍适用的按过失比例承担赔偿责任的原则。1979 年美国地方法院也作出了类似的判决，但到现在，美国对该条款的态度依然尚未明朗，所以去美国的船舶，在其提单或者租船合同上仍载有双方互有过失碰撞责任条款。

案例思考

（1）我国《海商法》关于双方互有过失船舶碰撞责任的相关规定是否合理？与美国法存在何种差异？

（2）如果一艘中国籍船与美国籍船发生碰撞，如何判定其法律适用与管辖权？适用哪国法律可能对我国当事人更为有利？

智能港口中的物联网：助力洋山港从跟跑到领跑的跨越

信息工程学院　陈　晓

一、适用课程：物联网技术导论

二、教学目标

知识要求：掌握物联网体系结构在智能港口应用中的落地，能阐述智能港口中的关键物联网技术及其应用场景。

能力要求：能够基于相关背景知识进行合理分析，评价专业工程实践和复杂工程问题解决方案对社会及相关行业的影响。

素质要求：培养学生树立科学、创新无止境的观念，理解并认同大小成就的背后需要脚踏实地的付出和努力。

三、知识点

智能港口中的物联网技术。

四、思政元素

（1）增强学生对我国科技自立自强的自豪感。

（2）增强学生对海洋强国的责任感和使命感。

（3）增强学生对临港地区产业的了解以及认同感。

（4）增强学生科技、创新无止境的观念。

案例

当今全球贸易中80%~90%的商品依赖海上运输，港口作为商品流通的枢纽，在全球航运物流系统中发挥着至关重要的作用。一方面，传统的港口面临着高复杂性、高风险性、高并发性三大挑战；另一方面，随着经济全球化进程的加快，科技革命迅猛发展，产业结构不断优化升级，建设现代化、智能化的港口是区域经济发展与产业结构升级的重要支撑，同时也是航运强国战略的必然要求。

在我们身边的上海洋山四期自动化码头已成为当前全球单体规模最大、综合自动化程度最高的码头，但这并不是一蹴而就的。若将时间回拨到2014年，上海港亟须建一座具有世界领先水平的自动化港口来提升运转效率，于是洋山港四期投入建设，虽道阻且长，但行则将至，在国外专家不共享建设经验以及质疑声中，经过全国各行各业专家的艰苦奋斗，洋山港四期仅用8个月时间就完成开港所需的3条作业路全流程贯通，比国外同类型码头缩短近2年时间。时间回到现在，洋山港四期自动化码头已经实现了在智能港口领域从跟跑到领跑的跨越，这少不了我国自主研发的各类设备和技术，其中的关键环节在于以下几个方面。

1. 对集卡车辆及集装箱的自动识别环节

实现此环节可以应用物联网中的无线射频识别技术（Radio Frequency Identification，RFID）、光学字符识别技术（Optical Character Recognition，OCR）和码头管理系统来完成。装有RFID电子标签的集卡车辆可以在不停车的情况下自由通过闸口，不中断行驶地完成身份识别功能；而集装箱在上述技术的支持下可以完成货物、状态以及位置的自动识别，最大化地避免了人工的参与。在洋山港四期中，上港集团自主研发的“I-TOS”全自动化码头智能生产管控系统，是我国首个拥有完全自主知识产权的自动化码头生产管理系统，一举打破了自动化集装箱码头核心操作系统长期以来一直由国外产品所垄断的行业环境。其中除基础的集卡集装箱识别功能外，其研发的基于现有设备的箱区集卡安全智能识别系统，还能为箱区提供车头防砸（图1）、集卡防吊起（图2）的安全保障。

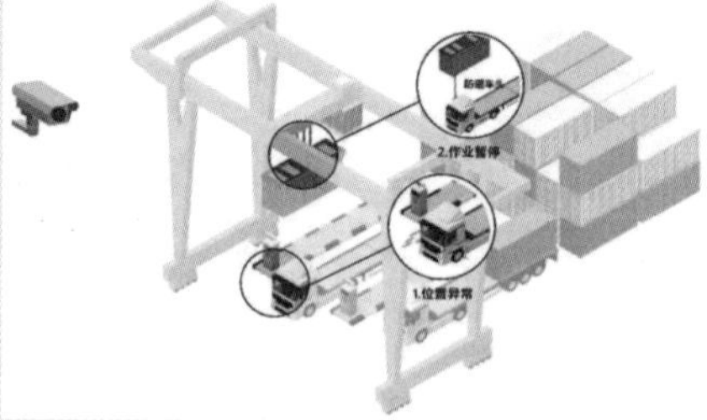

图1　洋山港四期防砸车头效果

图 2　洋山港四期防吊起实测

2. 集装箱的水平运输环节

为了减少或完全消除人工驾驶运输集装箱的车辆，自动驾驶技术需要应用到此环节。另外，从港口的堆场场景，同时考虑能耗及环境保护等因素，在堆场中负责运输集装箱的车辆需要在满足无人驾驶的这一基本要求之外，具有自动导航、路径优化、主动避障等功能。洋山港四期中使用的我国自主研发的 AGV（Automated Guided Vehicle）自动导引车（图 3）近似完美地解决了以上的各类需求。它们由锂电池驱动，电量不足时可在 6 分钟之内完成电池更换，新更换电池支持长达 8 个小时的连续运输，而其电池充满电仅需 2 个小时，整个充电过程零排放，节省能耗 40% 以上；它们通过精密的定位，准确到达指定停车位置，解决了集装箱的自动水平运输的难题。但 AGV 水平运输方案需要在运行区域预先铺设数万枚磁钉，使得此方案较适合新建港口。若对旧港口进行升级改造，可采用跨运车或无人集卡来实现。国外自动化港口解决方案中主流为 AGV，其次为跨运车，但跨运车可堆箱层数较低，堆场利用率较低，不符合国内大多数集装箱码头建设需要。基于以上现状，真正具备 L4 级自动驾驶技术的无人驾驶集卡有更大的商用价值。目前，在洋山港四期中，“5G+L4 级智能重卡”已经投入使用。

图 3　洋山港四期 AGV 自动导引车

3. 场桥或岸桥垂直运输环节

集装箱在此环节的垂直运输需要用到设计精良的轨道吊及桥吊设备，另外为了让其驾驶人员可在舒适的办公室内进行远程操控，需要物联网中的各种高清摄像头、监控设备的支持以及高效的通信能力。同样地，洋山港四期在此环节也交出了一份满意的答卷：其世界首创的61吨双20英尺吊具的自动化轨道吊（图4），与传统轨道吊相比，效率更高且循环能耗低。在通信方面，洋山港四期联合华为全球首次将F5G技术应用在港口超远程控制作业场景，是新一代智慧港口运营模式的重大突破，使得工人们无须到码头，在市区控制室也可完成庞大集装箱的装卸。

图4　洋山港四期自动化轨道吊

综上所述，目前洋山港四期打破国外技术垄断并实现反超（如在无人驾驶集卡方面其他国家仍处于测试阶段；将F5G技术应用于港口中是其他国家智能港口所不具备的），在全球港口行业首次实现了全业务自动化和核心业务智能化，年吞吐量和作业效率均居世界自动化码头首位，劳动环境极大改善，码头作业实现零排放。据计算，洋山港四期的劳动生产率为传统码头的213%，减少了约70%的人力成本。但同时我们可以看到目前的自动化港口主要体现在集装箱在港区的流转环节，距离真正的智慧港口尚有距离。科技创新无止境，期待未来融合物联网、人工智能技术的真正的智慧港口带来更大的生产率提升及人力的释放。

案例思考

（1）基于上述智能港口的现状，同学们可以想到在哪些方面以及用哪些技术可以使我们的港口向真正的智慧港口再迈进一步呢？

（2）同学们还了解其他国内外的智慧港口吗？请与案例中的洋山港四期进行对比分析。

潜望式相机：图像几何变换中的放大算法

信息工程学院　徐　琪

一、适用课程：计算机图像处理

二、教学目标

知识要求：掌握图像几何变换中的三种经典放大插值算法。

能力要求：能够使用 Matlab 编程实现三种插值算法，并与库函数算法效果进行对比，具有分析算法优缺点的能力。

素质要求：培养学生理论联系实际，关注前沿应用的意识。教导学生能够客观对比分析国内外相关的科学技术，进而激发学生们的民族自豪感和创新能力。

三、知识点

图像几何变换；插值算法。

四、思政元素

（1）增强学生的民族自信心和自豪感。

（2）分享国产手机的相机功能在图像放大上的优秀设计和优秀应用案例，增强学生“科教兴国”战略意识。

（3）采用对比分析法，描述图像放大插值算法在具体应用中的基本国情，激发学生从实际出发，做好服务祖国的准备。

案例

1. 提出问题

随着手机软件和硬件的发展，智能手机时代对手机有了更高更广泛的要求。其中，手机相机功能一直是消费者考量的一个重要功能。在传统观念中，“长枪短炮”是相机在拍摄长焦时最正常的状态，但就在最近短短的两三年间，手机的相机功能就从 10× 以内的变焦手段，发展到了 50× 至 100× 数码变焦，光学变焦的倍数也来到了 5×。与“长枪短炮”的单反相机不同的是，手机实现高倍数的变焦并不需要镜头的伸缩。这其中很大的功劳要归功于图像几何变换中卓越的图像放大插值算法。

以华为 P30 Pro 手机的变焦效果为例进行展示。图 1 展示了该相机从 0.6× 到 50× 的变焦效果，变焦效果卓越。华为 P30 Pro 手机采用国际首创的折叠式镜头，将图像

图 1　华为 P30 Pro 手机的不同变焦效果

传感器垂直放置在手机内，突破性实现了 5 倍光学变焦。而这种潜望镜式的长焦变焦效果，除了一部分依靠手机硬件外，主要靠后期的优化算法，即图像放大插值算法。

2. 经典插值算法

（1）最近邻点法：取与待求点相邻的 4 个点中距离最近的邻点灰度值作为该点的灰度值，如图 2 所示。该算法方法简单，效果尚佳，但放大的图像有明显的锯齿状，即存在灰度的不连续性。

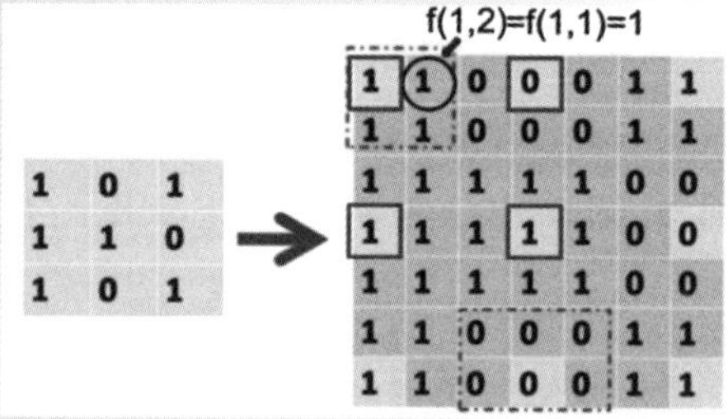

图 2　最近邻点法算法示例

（2）双线性插值法：取与待求点 P 最近的 4 个点的像素值均值作为 P 点的像素值，计算公式如下：

首先在 X 方向线性插值，得到：

$$f(R_1)\approx\frac{x_2-x}{x_2-x_1}f(Q_{11})+\frac{x_2-x_1}{x_2-x_1}f(Q_{21}),$$
$R_1=(x,\ y_1)$

$$f(R_2)\approx\frac{x_2-x}{x_2-x_1}f(Q_{12})+\frac{x_2-x_1}{x_2-x_1}f(Q_{22}),$$
$R_2=(x,\ y_2)$

然后在 Y 方向线性插值，得到：

$$f(P)\approx\frac{y_2-y}{y_2-y_1}f(R_1)+\frac{y-y_1}{y_2-y_1}f(R_2)$$

图 3 为双线性插值法的算法示意图。该算法插值灰度连续，结果一般满足要求。计算量较大且具有低通特性，图像轮廓模糊。

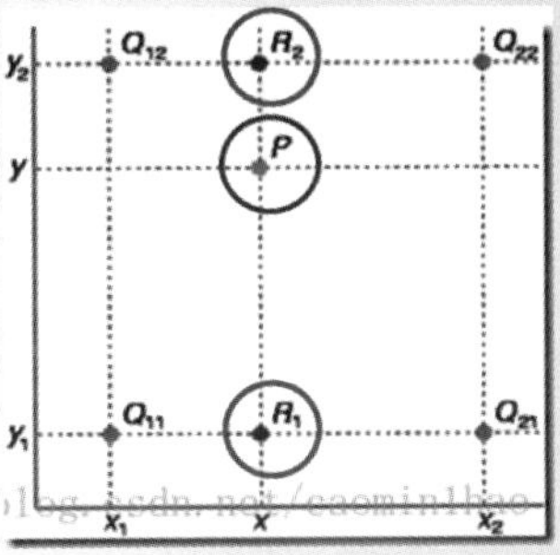

图 3　双线性插值法算法示例

（3）双三次插值法：待求点 P 的像素值由最近的 16 个像素点灰度值加权平均获得。计算公式如下：

$$f(x,\ y)=A\cdot B\cdot C$$

其中，

$$A=[s(1+v)\ s(v)\ s(1-v)\ s(2-v)]$$

$$B=\begin{bmatrix} f(i-1,j-1) & f(i-1,j) & f(i-1,j+1) & f(i-1,j+2)\\ f(i,j-1) & f(i,j) & f(i,j+1) & f(i,j+2)\\ f(i+1,j-1) & f(i+1,j) & f(i+1,j+1) & f(i+1,j+2)\\ f(i+2,j-1 & f(i+2,j) & f(i+2,j+1) & f(i+2,j+2)\end{bmatrix}$$

$$C=[s(1+u)\ s(u)\ s(1-u)\ s(2-u)]$$

$$s(x)=\begin{cases}1-2|x|^2+|x|^3 & |x|>1\\ 4-8|x|+5|x|^2-|x|^3 & 1\le|x|<2\\ 0 & |x|\ge 2\end{cases}$$

图 4 为双三次插值算法示意。该算法计算量较大，插值效果较好，精度较高。

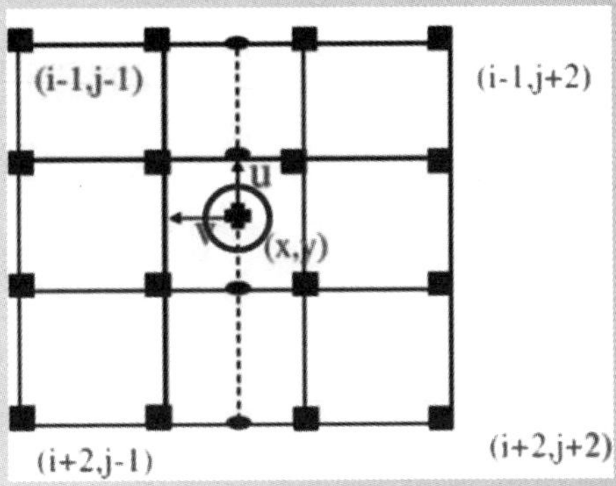

图 4　双三次插值法算法示例

3. 算法效果对比分析

三种经典算法放大效果对比如图 5 所示。从鹦鹉眼睛周围的花纹细节可以看出，双三次线性插值算法的效果是最好的。图 6 给出了双三次插值算法放大 50× 后与荣耀 30 Pro+ 手机 50× 焦距放大的效果对比。显而易见，经典算法实现效果与产品实际效果相比还存在较大的差距，算法需要进一步改进完善。

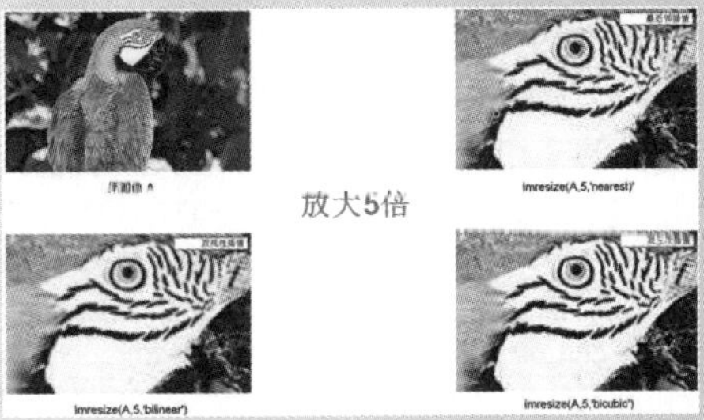

图 5　三种插值算法放大效果对比

（a）双三次插值算法　　（b）荣耀 30 Pro+

图 6　双三次插值算法与荣耀 30 Pro+ 手机 50× 放大后的对比

此外，我们对目前主流的几种智能手机的相机变焦效果进行对比分析，结果如图 7 所示：

(a) 荣耀 30 Pro+

(b) OPPO FindX2 Pro

(c) 小米 10 Pro

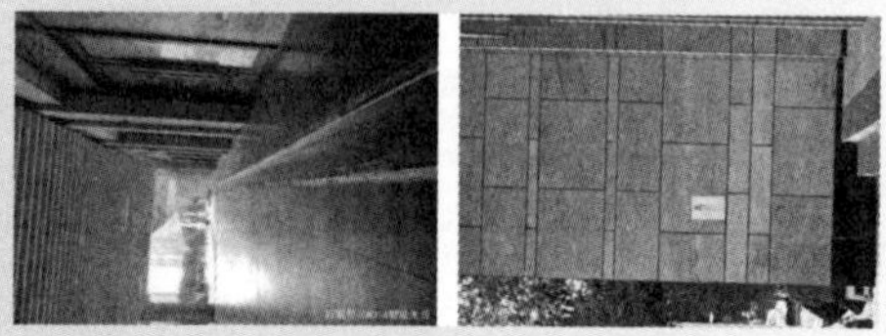

(d) iPhone 13 Pro

图 7　四款智能手机的相机变焦功能对比

（a）是荣耀 30 Pro+ 的 2× 及 50× 变焦效果；（b）是 OPPO Find X2 Pro 的 2× 及 50× 变焦效果；（c）是小米 10 Pro 的 2× 及 50× 变焦效果；（d）是 iPhone 13 Pro 的 1× 及 15× 变焦效果。

通过效果对比，我们发现国产手机的变焦功能非常卓越，在这方面已经超过了 iPhone 苹果手机。表 1

表 1　变焦功能统计分析

手机品牌	1×	3×	5×	10×	15×	20×	50×	60×	100×
iPhone 13 Pro	√	√	√	√	√	×	×	×	×
小米 MIX 4	√	√	√	√	√	√	√	√	×
荣耀 Magic3 Pro	√	√	√	√	√	√	√	√	√
OPPO FindX3 Pro摄影师版	√	√	√	√	√	√	×	×	×
VIVO X70 Pro	√	√	√	√	√	√	√	√	×

注：50m 外拍摄视力表。

中对常见的几个手机品牌进行了变焦功能统计。相对于 iPhone 13 Pro 的最大 15× 的变焦，荣耀 Magic3 Pro 最多可实现 100× 变焦，且变焦放大后图像质量较好。

根据国际公认的电子产品质量评估 DXOMARK 平台评测，目前主流旗舰机的变焦范围为 100×~120×，iPhone 15 系列也开始搭载潜望式长焦镜头。根据该平台 2022 年手机拍照性能排名，前五名的手机分别为：华为 P50 Pro（144 分），小米 11 Ultra（143 分），华为 Mate 40 Pro+（139 分），iPhone13 Pro Max（137 分），iPhone13 Pro（137 分），国产品牌五占其三。而根据 DXOMARK 平台 2023 年 11 月份的最新评测报告，华为 Mate 60 Pro+ 在照片、视频和变焦质量方面依然高居榜首，图 8 给出了三款热门手机的评分对比图。图 9 给出了这三款手机在相机变焦功能上的详细评分对比。显而易见，国产品牌手机在相机变焦功能上依然处于国际领先地位，未来两三年，潜望式长焦功能有望达到 200×+ 甚至 300×+ 的混合数字变焦。

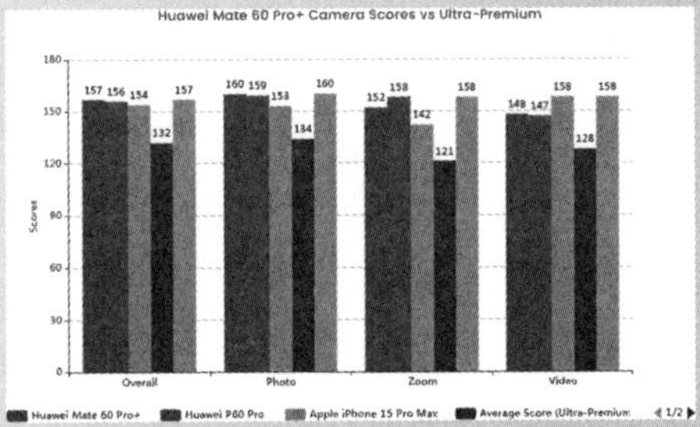

图 8　三款热门手机在照片、变焦和视频上的分数对比

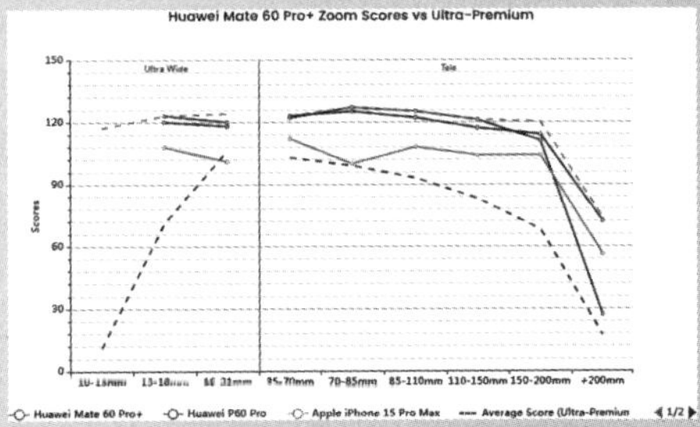

图 9　三款热门手机在不同变焦范围的相对分数对比

但是，我们也要清醒地认识到，国产手机在其他智能功能以及市场份额方面，还有很大的提升空间。未来，还需要各位同学充分发挥自己的创造力和创新精神，为提升我们国产品牌的国际影响力注入源源不断的动力！

案例思考

（1）对三种经典算法进一步分析讨论，还可以如何改进？

（2）日常生活中还有哪些应用涉及图像处理算法？指纹解锁与什么图像处理算法相关？刷脸支付又与什么图像处理算法相关？

航行轨迹的绘制和预测

信息工程学院　章夏芬

一、适用课程：计算机图形学

二、教学目标

知识要求：掌握Bezier曲线绘制方法、矢量化方法。

能力要求：能根据控制点绘制Bezier曲线，能基于观测到的轨迹点位置，计算相应“控制点”，编写曲线轨迹的绘制程序。

素质要求：培养学生服务航运强国的能力，增强以国家为中心、不偏航的意识，培养团队合作意识。

三、知识点

Bezier曲线绘制；矢量化。

四、思政元素

（1）航线预测用于偏航警报、海上避险、节约燃油成本，有助于实施建设海洋强国、航运强国。

（2）增强学生“实际场景中，道路是曲折的，直线是罕见的”意识，做好百折不挠的准备。

（3）增强学生建立“观察现象”→“抽象建模”→“实验检验”→“形成一般规律”的工匠精神。

案例

1. 从实际出发，提出问题

受洋流、海浪、风向的影响，船舶航行时有不确定性，非人为因素导致的偏航比陆地复杂。一旦发生港航交通事故，会造成巨大的经济损失，甚至是人员伤亡。为了提高港航运输的安全性，避免船舶进入危险水域或发生碰撞等，同时也为了降低海洋运输的油耗成本，需要预测船舶未来航行动态。预测需要船舶上报的历史位置信息，然而，受通信条件、海上自然环境等的影响会出现部分数据漏报或丢失，从而造成船舶位置信息点不连续。中国远洋海运集团开发的航运数字化产品“船视宝”，在 2023 年 12 月搜救一艘非洲海域的散货船过程中，根据船舶历史运行轨迹，快速、准确地提供遇险船舶位置等信息，发挥很好的作用。

用直线连接散列的坐标点所形成的直线段轨迹，并非真实历史航行轨迹，会导致预测不准确、航向规划存在误差。

为了对船舶的真实运行轨迹进行监控，因规划航线、偏航报警、海上避险等需要，应根据散列的位置点绘制逼近真实的大圆曲线航行轨迹。

2. 溯源相关解决方案

用直线段锻造船只，存在类似问题。造船工人给船体选用柔软且富弹性的材料，做成曲线形状，以减少行船时水的阻力。图 1 是中国微分几何的创始人苏步青，参与江南造船厂船体数学放样方法研究的手稿和研讨，他著有“船体数学放样”，用的是曲线。

直线是最简单的曲线，两个点能确定一条直线，但确定一条曲线需要多个点。有两种类型曲线：图 2（a）所示为插值型曲线，曲线经过每个控制点；图 2（b）所示为拟合型曲线，除起止点外，其余控制点都不在曲线上。

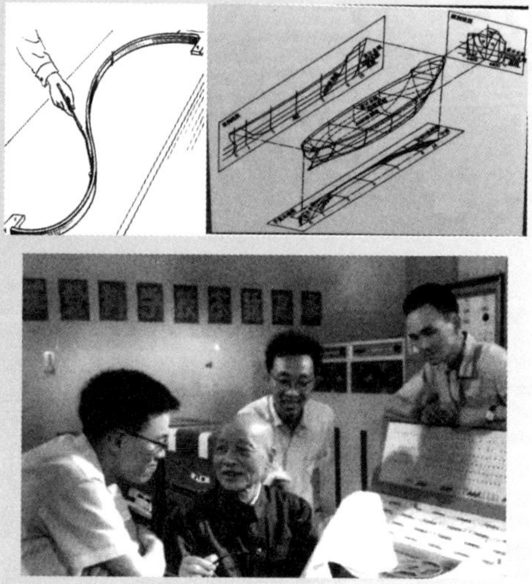

图 1　苏步青研究团队把船体做成曲线形，减少行船阻力

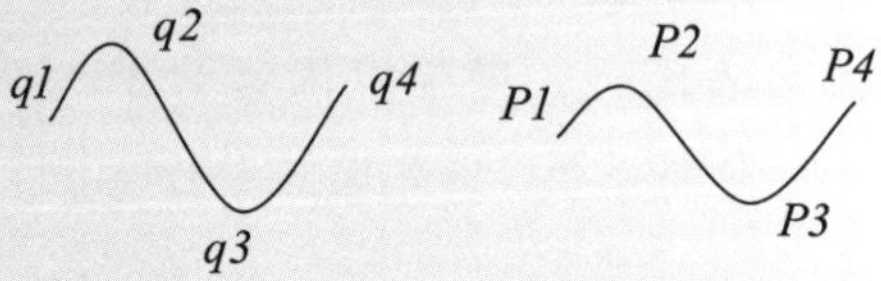

图 2　形成曲线的两种方式

3. 常用 Bezier 曲线的绘制

实际应用中的 Bezier 曲线，通常有二次曲线、三次曲线、四次曲线、五次曲线。最常用的是三次曲线的绘制，令 P_0、P_1、P_2、P_3 为控制点，$0<=u<=1$ 为参数，则相应其曲线上的点按如下方式计算：

$$C(u)=(1-u)^3P_0+3u(1-u)^2P_1+3u^2(1-u)P_2+u^3P_3$$

程序员喜欢用矩阵，因其可用二维数组存储；用三个矩阵变量分别存储参数值、Bezier 基和控制点，则上述计算可表示如下：

$$\boldsymbol{C}(u)=[u^3\ u^2\ u\ 1]\begin{bmatrix}-1 & 3 & -3 & 1\\ 3 & -6 & 3 & 0\\ -3 & 3 & 0 & 0\\ 1 & 0 & 0 & 0\end{bmatrix}\begin{bmatrix}P_0\\ P_1\\ P_2\\ P_3\end{bmatrix}$$

根据以 $P_0 \sim P_3$ 示意的一组 4 个控制点，可绘制如图 3（a）所示的不同曲线。

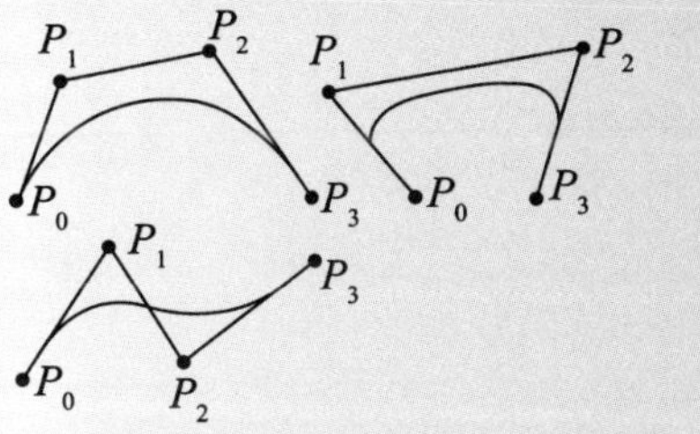

（a）根据控制点绘制的 Bezier 曲线

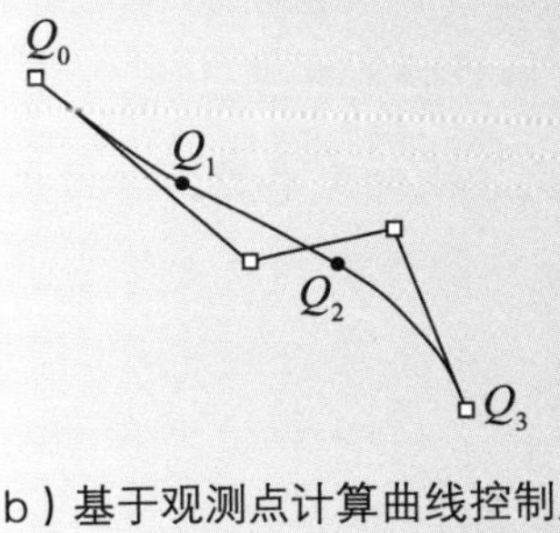

（b）基于观测点计算曲线控制点

图 3　Bezier 曲线绘制及控制点计算

4. 计算曲线轨迹的控制点

对上述航运轨迹点进行抽象。提出问题：观测到的是船舶途径的散列点，如图 3（b）4 个位置点的坐标分别为 Q_1、Q_2、Q_3、Q_4。绘制曲线轨迹，需要控制点，那如何找到控制点，从而绘制出相应的航行轨迹？

可采用三次 Bezier 曲线拟合，代入上述公式，得到：

$$\begin{cases}Q_0=P_0 & (u=0)\\ Q_1=(8/27)P_0+(4/9)P_1+(2/9)P_2\\ \quad +(1/27)P_3 & (u=1/3)\\ Q_2=(1/27)P_0+(2/9)P_1+(4/9)P_2\\ \quad +(8/27)P_3 & (u=2/3)\\ Q_3=P_3 & (u=1)\end{cases}$$

解得相依的 4 个控制点 P_0、P_1、P_2、P_3 坐标为

$$\begin{cases}P_0=Q_0\\ P_1=-\dfrac{5}{6}P_0+\dfrac{3}{2}Q_1-\dfrac{3}{2}Q_2+\dfrac{3}{3}Q_3\\ P_2=\dfrac{1}{3}P_0-\dfrac{3}{2}Q_1+3Q_2-\dfrac{5}{6}Q_3\\ P_3=Q_3\end{cases}$$

5. 航运轨迹的拼接

根据控制点即可绘制出相应的曲线片段航行轨迹。整个航行轨迹可由片段曲线首尾拼接而成，如图 4 所示 p 系列的是前一段曲线的控制点，q 系列的是后一段曲线控制点。

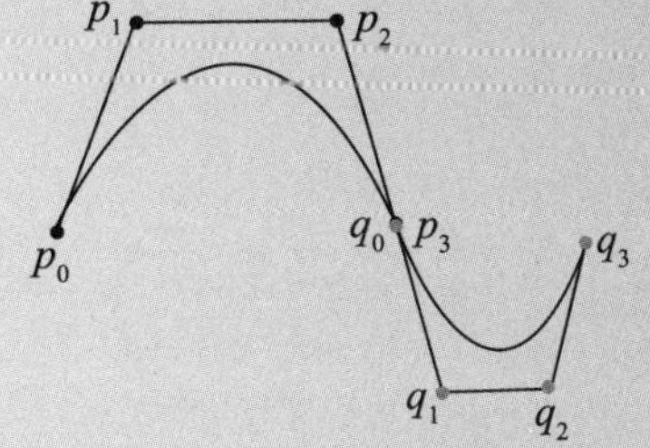

图 4　复杂 Bezier 曲线的拼接

6. 航运轨迹的预测

参数 u 的取值范围是 [0，1]，当 $u=1$ 时是曲线的终止点。那么 $u>1$ 时继续绘制的曲线是什么呢？实际上，是曲线的延长线，即原轨迹继续前进的下一步轨迹，用作船舶下一步位置的预测。如图 5 所示，左侧曲线为根据位置点绘制出的已运行的轨迹，右侧曲线是预测出的该船舶接下来可能的运行轨迹。

图 5　曲线走势的预测：左侧曲线段为已观测到的，右侧曲线段为预测段

案例思考

（1）上例给出的是曲线路径拟合，采集途径点代入 Bezier 曲线公式计算出控制点，从而绘制出曲线；如果用户采集的位置数据密度过大或过稀，如何筛选？可参考人民代表大会制度，聚类后选控制点代表。

（2）较长的航运轨迹需要多条曲线拼接，拼接处有痕迹，如何无缝拼接？就像不同民族、不同团体、不同个人，合作时产生的总效果小于单个的总和，这往往是由于内耗，如何减少内耗？

半导体存储器：敢问“芯路”在何方，路在脚下

信息工程学院　潘胜达

一、适用课程：数字电路

二、教学目标

知识要求：了解半导体存储器的技术路线发展，存取原理，静态和动态存储器的结构，随机存储器（RAM）与只读存储器（ROM）的差异。

能力要求：具备分析不同半导体存储器工作原理的基本能力。

素质要求：具备不断创新、迎难而上的科研品质，培养工匠精神。

三、知识点

半导体存储器的发展技术路线以及常见半导体存储器的存取原理。

四、思政元素

（1）从半导体存储器的技术路线及工作原理的发展引出国产存储芯片的发展现状、困境及机遇。

（2）增强学生的民族自信心和自豪感。

（3）培养学生爱国主义情怀，并勇于肩负起振兴祖国的历史使命。

案例

进入新世纪，随着社会的信息化发展，越来越多的信息被数字化，特别是随着互联网、人工智能等的飞速发展，数据从GB、TB、Pb到EB呈爆炸式增长，大数据成为时代标志。海量数据的到来也为各行各业带来了新的突破点，例如，通过统计学习、数据挖掘等人工智能方法，结合海量大数据，包括船舶物理系统信息等，研究船舶海上航行

态势感知技术与航行优化决策技术，能够有效解决船舶在复杂航道条件、气象海况、交通态势等因素影响下的航行优化问题，最终让无人船以及智能航运成为现实。

当然海量数据信息也需要足够的存储设备进行存储。因此，作为现今信息系统中的主要存储设备，半导体存储器的重要性毋庸置疑。其不再仅仅是连接到服务器的辅助设备，而是已经成为整个互联网的核心基建之一。但与此同时，中国半导体产业链中，存储芯片一直是一块迟迟未能有效治疗的“芯病”。从整体产业链的角度来看，中国存储芯片发展起步较晚，2016 年以前行业几乎没有生产能力，因此存储芯片基本依赖于进口。而全球存储芯片市场被韩国、日本、美国企业所占据，寡头垄断的格局使得国内企业对存储芯片议价能力很低，也使得存储芯片成为我国受外部制约最严重的基础产品之一。相关数据显示，中国一年 3000 亿美元的芯片进口额中，就有超过 800 亿美元来自存储芯片。例如，国内龙头企业华为也是三星和 SK 海力士五大客户之一，其每年需要花费约 10 万亿韩元从韩国公司购买存储芯片。

不仅如此，长期对进口存储芯片的过于依赖也导致国内各公司抗风险能力的下降。2018 年，中兴国际被美国商务部列入出口管制的“实体清单”，包括存储芯片在内的半导体供应链遭受了重大打击，中兴公司当即停牌，业务经营进入休克状态，七万多员工无所适从。2020 年 9 月 15 日美国对华为正式实施了芯片禁令。该禁令让华为在存储设备、逻辑器件等众多半导体器件方面遭到封锁，对华为的智能终端以及 5G 核心等设备的生产造成致命打击，导致华为公司在相关领域的市场占有率大幅度下滑。

可见，存储芯片国产自主开发是我们国家必须要走的道路。存储芯片行业属于技术密集型企业，国产存储企业尚处于起步阶段而且还面临欧美国家的制裁与封锁。但值得庆幸的是，近年来，在国家集成电路产业基金及政策扶持和国产半导体企业的努力创新下，如长江存储、合肥长鑫、兆易创新等企业在存储芯片技术上已经开始崭露头角，不断缩小与国外巨头的差距，打破垄断格局。2020 年，国产存储芯片迈出了走向全球市场的第一步，动态存储芯片实现了国产从 0 到 1 的突破，年出货量占全球市场份额的 2.9%。相信往后必定还会有第二步，第三步，直到从美韩巨头手中夺得市场优势地位。

此外，从另一个角度来看，美国的制裁反而给国内的半导体行业带来一丝重获新生的转机。在被制裁之前，进口芯片对于国内厂家而言无疑是物美价廉的选择，国产芯片反而基本无价也无市。在这种缺乏市场的情况下，国产芯片生产商自然就没有研发的动力。但随着半导体禁令一出，国内厂商别无选择，只能将目光转向国产芯片。相应地为了满足新生市场的供应需求，国产芯片生产商也开始加大资金投入和研发力度去研发新的国产芯片。这也就将中国的芯片市场带入了一段意料之外的发展黄金期。据中国半导体行业协会统计，从 2019 年开始，中国大陆 IC（集成电路设计）设计企业数量有了显著增加，企业数量年增长率将近 30%。在这样的环境趋势加持下，近几年我国在芯片设计、制造和封装测试等关键环节都取得了快速发展。国内一些优秀的芯片设计公司已经能够设计出具有国际领先水平的高端芯片，并且在一些领域已经实现了国产化。在制造方面，我国的一些芯片制造企业也在不断提高技术水平，逐步缩小与国际先进水平的差距。此外，在封装测试方面，我国的企业也在逐步掌握先进的技术，并实现了部分产品的国产化。2023 年 8 月华为新一代的 Mate60 系列手机发布，Mate60 系列几乎完全由国产芯片打造，国产化率高达 90% 以上。Mate60 系列的发布意味着中国完全有能力打破美国长期主导的芯片技术垄断，证明了中国在芯片工艺技术上已经实现突破，真正实现芯片自力更生，标志着中国终结对美国芯片技术的长期依赖，进入了自主创新时代。

最后，近年来，我国在量子芯片领域也取得了一系列突破性的成果。相较于传统芯片，搭载有量子芯片的设备具有更高效的数据处理和计算能力，成为世界未来科技研究和发展的新趋势。在量子芯片领域，我国与西方一线水平的差距并不大。2023 年 6 月，我国建设的第一条量子芯片生产线已经投产，这对我国芯片产业而言是一项重大突破，标志着我国芯片产业的发展迈上了新的台阶。虽然目前量子芯片的普及率和使用率还无法与传统的硅基芯片相媲美，但这一突破为我国芯片产业今后的变革和弯道超车开辟了新的道路。

案例思考

（1）从半导体存储器类型的角度来看，现阶段我国国产半导体存储器存在哪些方面的不足?

（2）从半导体存储器的技术发展路线来看，我国国产半导体存储器在哪几个方面有可能实现弯道超车?

疟疾克星——青蒿素的发现与合成

海洋科学与工程学院　朱文武

一、适用课程：有机化学

二、教学目标

知识要求：掌握青蒿素的结构和性质。

能力要求：掌握合成青蒿素的技术和方法。

素质要求：培养科学精神、爱国情怀和民族自信。

三、知识点

倍半萜内酯化合物——青蒿素。

四、思政元素

（1）培养学生勇于挑战、敢于创新的科学精神。

（2）培养学生不怕牺牲、心系人民的爱国情怀。

（3）培养学生强烈的民族自豪感和民族自信心。

案例

屠呦呦是我国著名的药学家，她发现了青蒿素，该药物可以有效降低疟疾患者的死亡率，屠呦呦因此获得了2015年的诺贝尔生理学或医学奖，她是我国第一位获得科学类诺贝尔奖的科学家。

疟疾，是一种经蚊叮咬或输入带疟原虫者的血液而感染疟原虫所引起的虫媒传染病，是对人民健康和生命安全造成严重危害的重大传染病之一，疟疾曾经与艾滋病、结核病被世界卫生组织（World Health Organization）并列为全球三大公共卫生问题。目前，全球有108个国家和地区流行疟疾，大约33亿人仍旧受到威胁，每年约有两亿病例，80 万人死于疟疾。因此，全世界人民从未停止过对疟疾的抗争，数以万计的科研工作者默默地研发新药对抗疟疾，我国的屠呦呦女士就是其中的一位。20 世纪 60 年代疟疾发病率一直居高不下，为保障中国人民免受疟疾的侵害，我国启动了“523”项目，屠呦呦临危受命加入该项目并被任命为课题组组长，开始了漫长的抗疟研究。鉴于当时落后的经济水平和艰苦的科研环境，不少人对此不抱信心，而屠呦呦一直怀揣必胜的信念：“没有行不行，只有肯不肯坚持。”屠呦呦团队从历代医学古籍和民间偏方入手，检验大量中药药方的药效，东晋葛洪所著《肘后备急方》中记载的“青蒿一握，以水二升渍，绞取汁，尽服之”为其研发提供了灵感。经过系统的研究，团队最终选用低沸点的乙醚萃取出青蒿的抗疟组分，他们将这种物质命名为青蒿素。屠呦呦在青蒿素的临床试验阶段，不惜以身试药，为保障人民的生命安全争取了时间。1972 年，团队报告了青蒿素的试验结果，公布了青蒿素的提取方法。1973 年，屠呦呦合成出双氢青蒿素，证实了青蒿素中的羰基结构。1975 年，在中国科学院生物物理研究所以及上海有机化学研究所的协助下，确定了青蒿素的化学结构——一种仅由碳、氢、氧 3 种元素组成的、具有过氧基团的倍半萜内酯化合物（图 1）。1977 年，周维善院士等发表论文，报道了青蒿素的化学结构鉴定细节和青蒿素的全化学合成方法。

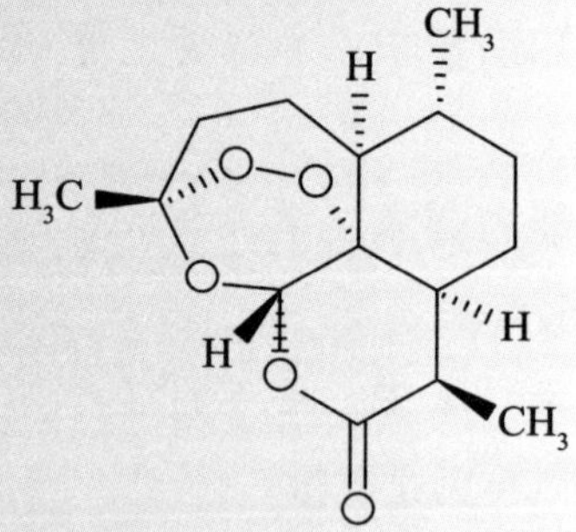

图 1　青蒿素的化学结构

众所周知，科学研究不是一帆风顺的。面对初期试验的一次又一次失败，屠呦呦带领科研团队屡败屡战，在失败中积累经验，不断发掘新方法提取抗疟药物，最终迎来了胜利的曙光，拯救了全球数百万人的生命。屠呦呦因此成为我国第一位诺贝尔生理学或医学奖的获得者，还入选了 2016 年《时代》周刊年度最具影响力人物。屠呦呦的成功案例证明一切伟大成就只有靠不断奋斗才能获得，同时也告诉我们科研工作者，科研的路途是艰辛的，只有经过汗水的浇灌才能结出灿烂的果实。本案例通过介绍屠呦呦发现、合成青蒿素并获得诺贝尔奖的过程，培养学生勇于挑战、敢于创新的科学精神，不怕牺牲、心系人民的爱国情怀及强烈的民族自豪感和民族自信心。

案例思考

（1）疟疾克星——青蒿素是如何被发现的？

（2）青蒿素的提取与合成技术是如何不断改进的？

（3）能否合成疗效更好、副作用更小的青蒿素衍生物药？

临港新片区海绵城市建设

海洋科学与工程学院　刘兴坡

一、适用课程：排水管网工程

二、教学目标

知识要求：海绵城市建设内涵，低影响开发的理念。

能力要求：掌握海绵城市工程设施的规划设计与计算方法。

素质要求：如何遵循生态文明理念，创新设计海绵城市工程，满足人民群众对优美生态环境的需要。

三、知识点

海绵城市；低影响开发。

四、思政元素

习近平生态文明思想。

案例

2013 年，在中央城镇化工作会议上，习近平总书记指出："要建设自然积存、自然渗透、自然净化的海绵城市。"海绵城市建设是指通过加强城市规划、设计和建设管理，充分发挥建筑和小区、道路和广场、绿地和水系等生态系统对雨水的吸纳、蓄渗和缓释作用，有效控制雨水径流及其污染，实现雨水自然积存、自然渗透和自然净化的城市建设发展方式。

临港新片区濒临大海，一方面，较其他内陆地区更容易遭受风暴潮灾害侵袭，是应对夏季台风灾害的前沿阵地；另一方面，上海地质地貌有"三高一低"特点（土地利用率高、地下水位高、不透水面积高和土壤渗入率低），遭遇强降雨，极易造成内涝。因此，亟须提升城市生态韧性，保障城市排水防涝安全。

2016 年 4 月，上海市入选第二

批全国海绵城市建设试点城市，试点区域位于临港。临港试点区是全国30个国家级海绵试点城市中面积最大的海绵体。《上海临港试点区海绵城市专项规划》提出了“以示范区海绵城市建设为起点，积累经验，探索模式，在全市推进海绵城市建设”的总体目标。规划期末，将全面实现“5年一遇降雨不积水、100年一遇降雨不内涝、水体不黑臭、热岛有缓解”的总体目标要求。试点区被划分为七个海绵建设示范区，分别为示范湖泊水体生态保护、商务街区海绵化建设、生态廊道雨水滞蓄净化、已建城区海绵化改造、新建城区海绵化建设、围垦区生态保护与利用、老城区积水改造及水体综合治理等内容。具体项目类型涵盖公园与绿地、建筑与小区、道路与广场、水系整治与生态修复、管网建设。

根据该规划，临港新片区“大海绵”将形成“一核两环六楔多片”的海绵城市自然生态空间格局。“一核”即滴水湖水生态敏感核心，其功能定位是生态保护，保持和提升水体水质；“两环”包括临港森林通廊的外围生态环带和玉环带城市公园环带，其功能定位是调蓄和生态净化；“六楔”是以橙黄绿青蓝紫六条河及周边绿地空间形成的楔形绿地，其功能定位是生态净化，主要发挥雨水径流污染强化拦截、净化等作用；“多片”是指试点区范围内主要的集中建设空间，按照海绵城市建设要求，是未来城市建设管控的重点之一。

临港新城海绵城市建设的特色在于：①宏观上，注意海绵城市自然生态空间格局的营造，形成了“一核一两环一六楔一多片”的大海绵空间格局；②微观上，坚持山水林田湖草沙是生命共同体的理念，构建小海绵体系统。比如，春花秋色公园通过对水系、驳岸、湿地、林地、地形的梳理，在起伏的绿地景观中营造湿塘、雨水花园。湿塘采用千屈菜、矮蒲苇、香蒲、再力花、金娃娃萱草等植物与景观置石相搭配，与鱼类、虾、贝类形成生态景观。由此，这套综合生态系统既能够调蓄和净化公园自身的雨水径流，也能为周边地块提供调蓄和净化的作用。

“十四五”期间，海绵城市建设依然是临港新片区生态环境发展的重点。临港新片区将继续围绕“小雨不积水、大雨不内涝、水体不黑臭、热岛有缓解”的目标，在滴水湖核心片区继续保持相对较高的海绵城市建设指标要求，打造高品质海绵城市示范区。

海绵城市是新一代城市雨洪管理概念，让城市像海绵一样，在下雨时吸水、蓄水、净水，需要时将蓄存的水释放并加以利用，让水与城市的关系变得更具“弹性”，实现人与自然的和谐共生！

案例思考

（1）当前临港新片区排水系统面临着哪些方面的挑战？

（2）临港新城海绵城市建设案例包括哪些类型？它们的功能分别是什么？

（3）海绵城市建设对临港新片区生态环境质量的提升体现在哪些方面？

（4）如何设计海绵城市工程措施，有效提升其城市内涝防治能力？

点缺陷与华为芯片发展

海洋科学与工程学院　刘伯洋

一、适用课程：材料科学基础

二、教学目标

知识要求：重点掌握点缺陷类型和形成原理，掌握热缺陷平衡及浓度计算。

能力要求：具备缺陷种类和特点的基本分析能力，及通过缺陷构造新型材料的基本能力。

素质要求：要求学生具备专业素质、工匠精神、奋斗精神。

三、知识点

点缺陷；空位；间隙原子；PN结。

四、思政元素

（1）世界上没有任何事物是完美的，通过不完美的缺陷，构造属于我们的完美材料。

（2）华为海思半导体“十年磨一剑”自主研发芯片，掌握核心技术，突破重围脱颖而出。

（3）华为公司依靠人才、科研和创新精神三要素，持续加大投入，实现科技创新。

案例

高端装备制造和新材料是我国未来战略性新兴产业的重要内容，只有真正掌握“卡脖子”的关键材料与工艺技术，形成具有我国自主知识产权的新成果，才有望摆脱受国外制约的现状，抢占国际相关领域竞争的制高点。

首先，在自然界中真正完美的晶体是不存在的，晶体内部或多或少都存在着缺陷。在各种类型的缺陷当中，点缺陷因为处于热力学平衡态且对材料的许多物理性能起决定性作用，因此在发现之初就受到了科学家们的重视。现在常常被人们用来改善材料的性能，例如：1960 年 8 月梅曼采用掺铬的红宝石作发光材料，应用发光强度很高的脉冲氙灯作抽运光源研制出了世界上第一台红宝石激光器，开创了激光技术研究和应用的时代；1980 年，诺贝尔化学奖得主约翰·古迪纳夫老先生将“点缺陷”锂离子插入钴酸锂晶格，为现代锂离子电池电极材料的诞生埋下了火种。因此，不完美，并不是代表着一无是处；不完美，其实才是真美。材料虽然存在缺陷生而不完美，但如果我们客观认识到这一点，正视、理解材料的缺陷，通过调控缺陷，从而有目的地改善材料中的离子输运、储存、稳定性和反应性，这样就能获得对我们有用的“完美”材料。在科研工作中，我们正是控制缺陷的类型、数量来构造新型材料，这也是我们材料人需要掌握的一项基本研究技能。类似地，生活中不回避自己的缺陷和不足，谦虚努力，提升自身的专业素质和水平，锤炼奋斗品质，也可以让自己不断提高。

其次，根据电子缺陷理论，可以制造出 P 型、N 型半导体，继而构成 PN 结，作为芯片制造的基本单元，属于“卡脖子”的高科技领域。我国企业在芯片和半导体领域也取得了瞩目的成绩。

2004 年，经任正非考虑，华为正式将前研发部独立出去，成立全资子公司海思半导体（HiSilicon），立志要做自己的手机芯片。但芯片的研发，不是两三天就能拿出作品的事情，直到 2009 年，时隔五年华为才拿出第一款手机芯片，命名 K3V1。但这款产品在很多方面都不够成熟，迫于自身研发实力和市场原因都以失败告终。

2012 年，华为发布了 K3V2，号称是全球最小的四核 ARM A9 架构处理器。集成 GC4000 的 GPU，40 nm 制程工艺。这款芯片得到了华为手机部门的高度重视，直接商用搭载在 P6 和 Mate1 等旗舰产品上，可谓寄予厚望。但由于其芯片发热过于严重且 GPU 兼容性太差等，使得该芯片被广大网友所诟病。但华为顶着压力坚持数款手机采用该芯片，当时华为芯片被众人耻笑，接下来华为开始了自己的刻苦钻研。

2014 年 6 月，随着荣耀 6 的发布，华为给我们带来了麒麟 920，这款新品又是一个大的进步。作为一颗 28 nm 的八核芯 SoC，还集成了音频芯片、视频芯片、ISP，集成自研第一款 LTE Cat.6 的 Balong720 基带，使得荣耀 6 成为全球第一款支持 LTE Cat.6 的手机。也是从麒麟 920 开始，麒麟芯片才受到如此多的肯定，而当年搭载该芯片的荣耀 6 可谓是大火，其销量已经证明。

2015 年，华为发布麒麟 950 芯片首发于华为 Mate8。采用了 16 nm 工艺，集成自研 Balong720 基带，首次集成自研双核 14-bit ISP、i5 协处理器、自研的音视频解码芯片，是一款集成度非常高的 SoC。它也是全球首款 A72 架构和 Mali-T880 GPU 的 SoC，凭借着工艺优势，麒麟 950 的成绩优秀，受到众多消费者的好评。

2016 年，麒麟 960 芯片正式亮相。首次配备 ARM Cortex-A73 CPU 核心，小核心为 A53，GPU 为 Mali G71 MP8。解决了 GPU 性能短板，大幅度提升了华为 / 荣耀手机的 GPU 性能，在游戏性能方面，不再是麒麟芯片的问题。麒麟 960 在华为 Mate9 系列首发，后续还用在了荣耀 V9 等产品上。

2017 年，华为发布人工智能芯片麒麟 970，它首次采用台积电 10 nm 工艺，与高通的骁龙 835 芯片是一个工艺。但集成 55 亿个晶体管远比高通的 31 亿颗、苹果 A10 的 33 亿颗都多，带来的是功耗降低 20%。AI 是此次麒麟 970 的“大脑”，能对海量数据进行处理。搭载麒麟 970 的华为 P20 Pro 由于出色的拍照性能，受到外界一致好评。该款芯片的发布使得华为步入了顶级芯片厂商行列，后续的麒麟 980、990、9000 芯片无一不是行业翘楚。

一路走来，海思手机芯片从零开始，不惜代价地重金投入搞研发，有过荣誉也有过挫折，终于从饱受争议到现在跻身行业前列。近年来，美国连续不断地打压，限制了华为芯片的发展。所以，华为海思麒麟芯片自研这条路还有很长，但在可以预见的未来，华为也将继续披荆斩棘，向前迈进。希望会有更多的中国企业也能像海思麒麟一样，坚持不懈，厚积薄发，早日让关键技术掌握在自己手上。

最后，风雨三十载，从追赶到领先，华为为何会成功呢？首要原因是人才战略的成功，通过企业发展愿景、品牌影响力、有竞争力的收入吸引了大量人才，给人才提供良好的学习与成长平台，丰富的职业发展机会。建立和不断完善公正、公平的价值评价与分配制度，努力创造一个公正、公平的人才成长环境。海思半导体旗下的科研人才多达7000人，虽然如今受到制裁，收入锐减，但华为依然表示要保住海思，可见华为对芯片人才的重视程度。其次，华为一直投入巨资踏踏实实搞研发，提升产品的核心竞争力。2018年，华为研发投入就已经达到1015亿元，且近十年研发投入超过4850亿元，超过中国BAT（百度、阿里巴巴、腾讯）等互联网公司研发投入总和。华为海思也已成功开发了200多种拥有自主知识产权的芯片组，并申请了8000多项专利；最后是保持战略耐性，在高科技领域沉得下心，坐得住板凳，通过理论基础的创新促进产业做强做大。正如华为海思总裁所说：“前路更为艰辛，我们将以勇气、智慧和毅力，在极限施压下挺直脊梁，奋力前行！滔天巨浪方显英雄本色，艰难困苦铸造挪亚方舟。”

习近平总书记在党的二十大报告中指出：“没有坚实的物质技术基础，就不可能全面建成社会主义现代化强国。”建设现代化产业体系，是党中央从全面建设社会主义现代化国家的高度，作出的重大战略部署。我们要认真学习、深刻领会这一战略部署的重大意义，要以国家战略需求为导向，深刻理解关键核心技术攻关新型举国体制，扎根基础研究，把根基打牢，做一个有情怀的科技工作者，扎实推进现代化产业体系建设，为全面建成社会主义现代化强国、实现第二个百年奋斗目标奠定坚实的物质技术基础。

案例思考

（1）点缺陷有哪几种？对材料性能有何影响？

（2）请举出通过引入点缺陷改变、提升材料性能的例子，并阐述其原理。

（3）什么是第三代半导体？我国有哪些厂商积极布局？

福耀玻璃的创新发展之路

海洋科学与工程学院　张玉良

一、适用课程：材料科学基础

二、教学目标

知识要求：了解玻璃的种类，掌握玻璃的基本结构，重点掌握玻璃结构的两种假说。

能力要求：具备玻璃结构的基本知识，以及掌握玻璃形成的热学、动力学基本原理。

素质要求：要求学生具备无机非金属材料的基本专业素养、工匠精神和不服输、敢拼搏的奋斗精神。

三、知识点

熔体与熔体结构；非晶结构；玻璃的通性。

四、思政元素

（1）传统的无机非金属材料，更需要科技创新精神，不创新一样也会被国外“卡脖子”。

（2）制造业是国家发展实体经济的重要力量，我们从制造大国走向制造强国需要掌握核心技术，积极创新才能突破重围。

（3）福耀玻璃董事长曹德旺，既有实业强国的企业家精神，也有回报社会的奉献精神。

案例

玻璃是重要的无机非金属材料，也是最重要的非晶体材料之一，无论在民用、军工、科研还是医疗等领域都有重要的应用。我国是世界上的制造业大国，玻璃产量占世界的 50% 以上，平板玻璃和玻璃纤维产量都是世界第一。然而越是传统行业越需要创新，没有创新，没有品牌，就不会发展成制造业强国。

比如，曹德旺带领一个连年亏

损的小型异形玻璃制造厂，借助我国改革开放的发展机遇，专注汽车玻璃领域，持续投入、创新发展、不断壮大，产品线丰富多样，逐渐发展为世界上数一数二的汽车玻璃制造大厂。

1983 年，曹德旺承包了家乡福清市高山镇异形玻璃厂，这家几乎年年亏损的主要生产水表玻璃的乡镇小厂开始了传奇之路。创业初期的曹德旺见图 1。

图 1　初创时期的曹德旺

1985 年，曹德旺了解到我国汽车玻璃全部都是进口，并且每块玻璃高达几千元，且因当时进口车多，中国的汽车玻璃市场被日本和欧美的企业垄断。曹德旺义愤难平："中国人应该有一块自己的汽车玻璃，应该有一片从自己的玻璃看出去的天空。"但他没有生产汽车玻璃的技术和人才，经过四处打听，听说上海的玻璃厂有一套旧的汽车玻璃设备图纸，他连夜奔赴上海，花 2 万元买下全套图纸，没日没夜地蹲在炉子边反复试验，做出来一款汽车玻璃的万能模具。从此他开始将主业转向汽车玻璃。后来，曹德旺又带了一队人去当时玻璃制造设备最先进的芬兰考察，弄回了一套当时国内还没有的先进机器。经过多次失败再实验，他们终于生产出了第一块合格的汽车玻璃，当时售价是 2000 元，比国外 8000 元的玻璃要低很多，然而成本却还不到 200 元。

1987 年，曹德旺正式成立福耀玻璃，生产技术进一步提高，降低了国内汽车玻璃价格。当人有我无的时候，国外垄断商是断不可能降价的。1993 年，福耀玻璃上市。1995 年，福耀进军美国市场，福耀玻璃美国工厂见图 2。

图 2　福耀玻璃美国工厂

2000 年，福耀出口玻璃数量超过 2 亿片。2001 年，美国 PPG 等三家公司向美国商务部投诉福耀倾销中国的挡风玻璃，美国商务部随即展开调查。曹德旺和福耀一纸诉状，把美国商务部告上了法庭，这是中国加入 WTO 之后，中国企业状告美国政府的首举！ 2003 年 12 月 18 日，美国国际贸易法院作出裁决，对福耀玻璃上诉书里 9 项主张中的 8 项予以赞同。2004 年，美国商务部裁定倾销不成立。至此，福耀在美国的反倾销案大获全胜。曹德旺说：“（反倾销）他美国人拳头大，就可以欺负我哪？我就把事情捅大，让全世界来评评理！就是倾家荡产，我也跟他干！花再多的钱也不在乎，但中国人的骨气不能不在乎。打，并且一定要打赢！”

正是这种不服输、敢拼搏的精神，福耀玻璃凭借卓越的品质赢得了全球的赞誉，为福耀玻璃厂和曹德旺董事长带来了荣誉、地位和可持续发展的未来。

2004 年，福耀玻璃连续两届被授予“中国名牌产品”称号；福耀产品被中国质量协会评选为“全国用户满意产品”，福耀集团董事会是“十佳董事会”，福耀玻璃股票为上证50指数样本股、《新财经》“漂亮 50”、“中证 · 亚商中国最具发展潜力上市公司 50 强”，等等。

2009 年 5 月 30 日，曹德旺获得“安永全球企业家大奖”，评委们非常欣赏他的杰出成就。这也是该奖项设立以来，首位华人企业家获此殊荣。

外国公司曾经主动提出让福耀使用他们先进的玻璃技术，都被曹德旺一口拒绝了。因为在福耀，曹德旺最重视的一块就是技术研发，21 世纪初，福耀的研发团队已经达到 200 多人；2018 年研发队伍接近 4000 人。从 2010 年至 2019 年，公司研发费用从 1.55 亿元提升至 8.13 亿元，研发费用率近年保持在 4% 左右，最高时可达到 4.39%，2021 年仍保持 4.22%，研发费用率远高于日本企业板硝子 1.66% 和旭硝子 2.91%。福耀研发技术指标见表 1。福耀玻璃响应“中国制造 2025”计划，打造中国制造业范本，自主研发了 HUD 抬头显示玻璃、憎水玻璃、隔热玻璃、隔音玻璃、加热玻璃、内嵌数据采集芯片的无人驾驶汽车玻璃等具有高技术含量的特殊玻璃。

表 1　福耀研发技术指标

研发费用支出	8.88 亿元
研发费 / 营业收入	4.39%
研发人员数量	3924 人
研发人员 / 总员工	14.5%

2016 年，福耀玻璃在美国莫瑞恩投资 6 亿美元建设的汽车玻璃工厂正式竣工投产，具备 450 万套配套产品和 400 万片配件产品的生产能力，雇佣当地工人 2000 多名。预计，全部投产后，美国每四辆汽车就有一辆配有福耀生产的玻璃；2023 年 2 月，福耀玻璃计划对其子公司福耀玻璃美国有限公司（福耀美国）增加投资 6.5 亿美元。Netflix 纪录片《美国工厂》原型就是福耀美国，《美国工厂》的拍摄提升了福耀玻璃在美国的知名度，也促进了美国市场对福耀玻璃的经营理念的理解。

最终，福耀玻璃在董事长曹德旺带领下，专注汽车玻璃四十年，逐步成为中国最大的汽车玻璃生产商。2021 年，从全球汽车玻璃行业的营业收入来看，福耀玻璃汽车玻璃营收 213.8 亿元，同比增长近 20%，市场占有率达 30% 以上，首次超越日本旭硝子玻璃股份有限公司跃居世界第一，至 2024 年市场占有率已高达 34%，见图 3。他甚至说过这样的话：如果不是通过玻璃挣来的钱，送给我我都不要。

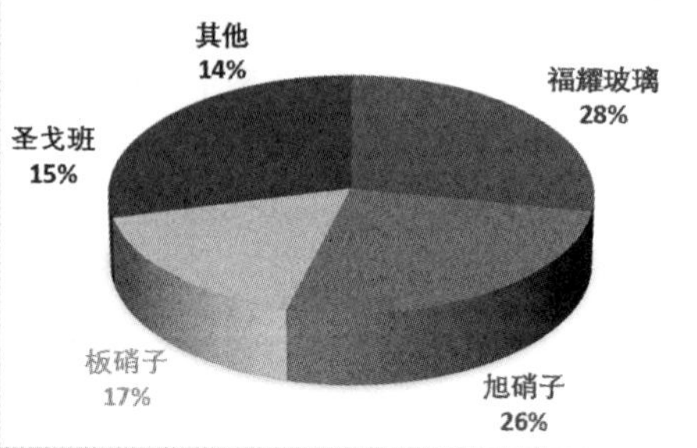

图 3　2022 年世界主要汽车玻璃生产商市场占有率

曹德旺不仅是企业家，更是慈善家。自 1983 年第一笔捐款开始，到 2011 年时，曹德旺凭借着 37.49 亿元的捐款额，成为了当时的“中国首善”，时至如今，曹德旺的累计捐款额已经超过了 210 亿元之多。

2021 年 5 月 4 日，由福耀玻璃工业集团股份有限公司董事长曹德旺创办的河仁慈善基金会计划出资 100 亿元，投入筹建“福耀科技大学”。致力于培养具有国际化视野、工匠精神及创新管理能力的高素质应用型、技术技能型人才，成为中国新时代高校工程师的摇篮。

案例的作用与意义：

中国的企业家曹德旺，把福耀玻璃集团，做成中国第一的汽车玻璃供应商，而且行销世界70个国家，市场占有率高达34%。经历了购买国际先进设备，让产品走出去，行销海外，再到投入重金自主研发，逐步坐稳世界第一的宝座，最后靠中国自研的核心技术驱动，把工厂开到全世界。通过福耀玻璃的发展我们看到：玻璃作为典型的无机非金属材料，尽管常常被认为是夕阳产业的代表，但其发展并未停止，从制造大国到制造强国，需要极致的专注、持续的投入和不断的创新，非晶领域中的结构、性能和产业的内在联系还在探索之中，它不仅不会没落，而会走向尖端和辉煌，中国的企业端在发力，我们作为高校的学生，在研发和创新上也能发力，通过深入的基础理论学习和知识积累，也能促使新材料的发展。通过曹德旺和福耀玻璃的事迹，让同学们看到了中国的企业家精神和中国人不服输、敢拼搏的勇气，建立大学生们的民族自信心和认同感。同时激发同学们敢于同国外先进生产力竞争，敢于胜利的大无畏精神，为实现中华民族伟大复兴的中国梦努力奋斗！

主要资料来源：

①知乎专栏：https://zhuanlan.zhihu.com/p/67000840.

②福耀官网：https://www.fuyaogroup.com.

③百度百科：https://baike.baidu.com/item/曹德旺.

④高云龙，张静.中国制造业跨国经营分析：以福耀玻璃为例[J].中国经贸，2023（11）：33-37.

案例思考

（1）制造类企业的发展和壮大，依靠的是什么？

（2）在国外的高科技封锁和打压下，我国的制造业该如何走出困境？

长江深水航道整治：扫除拦门沙

海洋科学与工程学院 赵 姗

一、适用课程：河流动力学

二、教学目标

知识要求：掌握泥沙运移和水流的关系，掌握拦门沙的概念、形成条件及其对河流通航的影响。

能力要求：具备分析河口拦门沙的形成原因和辨别拦门沙危害的基本能力，具备用科学知识解决工程实际问题的能力。

素质要求：要求学生具备不畏艰难、迎难而上的品质，具备创新意识和社会责任，具备科技报国的使命担当。

三、知识点

拦门沙概念及其形成条件。

四、思政元素

（1）科技创新和国家技术水平的提升。

（2）科技工作者奋发图强、自强不息的信念。

（3）在党的领导下一代代建设者迎难而上、接续奋斗的精神。

案例

白日依山尽，黄河入海流。

——王之涣《登鹳雀楼》

折戟沉沙铁未销，自将磨洗认前朝。

——杜牧《赤壁》

渤海三千里，泥沙几万重。

——骆宾王《浮槎》

古人的诗句中说明了泥沙是河流中自然存在的物质。泥沙形成之后被冲刷到河流里，便随着水流一起流动，合适的条件下会从产生地一直运移到千里之外的入海口，最终在海洋里沉积下来。然而，河流的水流条件随时随地在发生变化，大多数的泥沙会在河水流速放缓时在入海途中沉积下来，造成河流输沙不平衡，这是河流演变的根本原因。泥沙的沉积会使河流泄洪能力降低，洪水灾害加剧，增加防洪困难；此外，在一些河流入海口，由于河段展宽流速放缓、盐水入侵以及絮凝作用等因素的影响下，泥沙也很容易沉积下来形成“拦门沙”，其位置取决于径潮流的势力对比。“拦门沙”的存在使得入海河口的纵剖面有明显的隆起部分，严重阻碍大型船舶在港口的停靠。

有着“黄金水道”美誉的长江，在治理之前每年大约有 4.8 亿吨重的泥沙在其入海口淤积，形成“拦门沙”。日常疏浚也只能使航道水深维持在 7 米，2.5 万吨级的船舶需要候潮，乘高潮才能进入长江口。彼时，国际上代表性的三代、四代集装箱船都无法进入上海港，这种危机冲击着上海港。上海要成为国际大港，首先要能够接纳国际上主体代表性的集装箱船型，如果不具备这个条件，国际航运中心和航运强国都无从谈起。因此，治理长江拦门沙就成了几代领导人的夙愿。长江深水航道整治工程时间进度（见图 1）。

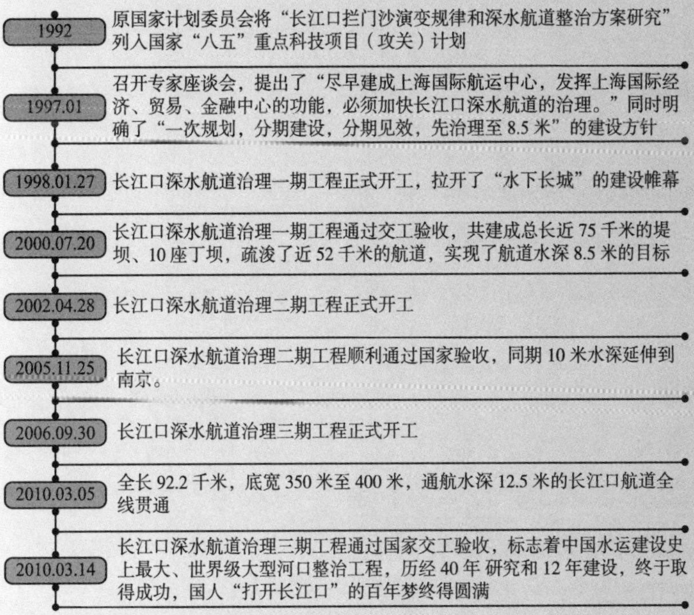

图 1　长江深水航道整治工程时间进展

1998年，长江深水航道整治工程正式开工。在工程实施过程中，建设者们克服了许多难以想象的困难。特别是一期、二期工程遇到的技术难题最多、困难最大。2000年3月，长江口航道治理一期工程竣工，随即交通部宣布通航。然而，接连不断的5个台风袭击，令航道在短短半年内普遍淤积，水深由8.5米急剧下降至7.3米。在这个时期，位于横沙岛的长江口深水航道工程建设指挥部忙碌不停，24小时不间断运转。直至2001年元旦，航道管理团队才成功将水深恢复至8米。二期工程开工后，为了尽可能降低成本，在建设航道导堤前，工程设计没有选择打深桩，而是采用了新型的空心重力式结构一半圆体沉箱（见图2），解决了工程量大、缺少石料问题。第一批做了16个沉箱，每个长20米、重千余吨，一字排开安装在了

图2 半圆体沉箱

二期施工段。当年冬天，第一场寒潮大风过后，沉箱没了，大堤被腰斩得支离破碎。但工程建设者没有气馁，经过无数个不眠之夜，终于设计出了加固海底地基的“空心方块”。三期工程的关键任务集中在疏浚和导堤工程，相较一期和二期进展更为顺利，这主要与我国科技水平的提升密切相关。在此之前，我们在大海上的定位主要依赖六分仪，然而，在面对水上大范围测量控制难题时，工程团队决定大胆采用GPS定位技术。尽管GPS提供了更广泛的覆盖面，但其精度并不理想，存在着五六米的误差。在茫茫大海上进行分段施工，失之毫厘，差之千里，一旦无法精准衔接，将带来严重的后果。后来通过建设若干差分台，将它的精度调高到厘米级。当然，在三期工程初期也遇到了航道回淤规律改变，淤积严重且分布集中，实现12.5米航道水深的目标遇到严峻挑战等重大技术难题。经过科技攻关小组日夜不懈的努力，终于确定了常态回淤的两个“80%”：回淤时间主要集中在每年6—11月，占全年回淤总量的80%；回淤区域主要集中在南港一圆圆沙段和北槽

中下段，占回淤总量的80%。基于这两个80%，科研、设计和施工单位等及时对设计方案作了重大调整，最终成功地解决了这些重大技术难题，经受住了长江口一次次台风巨浪的考验，实现了拦门沙治理目标，并确保了工程质量优良。

拦门沙的整治历来是一个大工程，英国的塞纳河整治到13.6米水深，耗时45年；美国的密西西比河航道整治到13.7米水深，耗时160年；而我们中国人只花了12年就完成这样的壮举。这和我们党的一代代领导人，一代代科研工作者，一代代施工人员的辛苦付出密不可分，和他们迎难而上、接续奋斗的伟大精神密不可分！

案例思考

（1）长江深水航道整治工程一期、二期和三期施工完成后会不会对拦门沙形成的位置有影响，如有，有何影响？

（2）长江口拦门沙的治理与上海国际航运中心的建设有无关系？若有，关系如何？

小方法的大作用：用 JSA 实现船舶建造作业安全

海洋科学与工程学院　焦　宇

一、适用课程：风险分析与安全评价

二、教学目标

知识要求：JSA 的概念、适用范围和分析过程。

能力要求：掌握 JSA 分析法在实践中的应用。

素质要求：要求学生具备安全工程师素养，拥有员工的安全健康高于一切的使命感。

三、知识点

JSA 的操作程序；划分作业步骤的要点。

四、思政元素

（1）增强学生对我国造船业“大国制造”的自豪感。

（2）拥有安全工程师对员工的安全健康高于一切的责任感，奉献“交通强国”“航运强国”的使命感。

案例

液化天然气船、航母和豪华邮轮是造船工业的三颗“皇冠上的明珠”，继 LNG 船和航母之后，我国开启了豪华邮轮的建造征程。大型邮轮可以直接反映一个国家的装备建造能力和综合科技水平。全力推进大型邮轮设计建造是中国船舶工业转型升级、提升中国制造在全球影响力的标志性工程。2019 年 10 月 18 日，上海外高桥造船厂 20 岁生日当天，首艘国产豪华邮轮在这里正式开工点火，切割出第一块钢板。这艘国产豪华邮轮，全船零部件数量达到2500万个，相当于C919大飞机的5倍，复兴号高铁的13倍。仅仅全船的电缆长度，就有4200千米之多，差不多是上海到拉萨的距离。2024年1月7日，国产首艘大型邮轮“爱达·魔都号”顺利完成首航，3000余名来自16个国家和地区的乘客完成了前往韩国济州与日本福冈、长崎等地的品质之旅。

2022年8月8日，我国第二艘国产大型邮轮正式在中国船舶集团有限公司旗下上海外高桥造船有限公司开工建造（见图1）。这标志着中国船舶工业已初步掌握大型邮轮设计建造的关键核心技术，在开启“双轮戏珠”新时代的同时，向大型邮轮批量化、系列化建造迈出了具有里程碑意义的一步。

图1　我国第二艘大型邮轮开工仪式

第二艘国产大型邮轮相较首制船的设计建造周期被压缩了整整6个月，且船型和配置的新变化也需要外高桥造船针对安全返港设计、重量控制、防火设计等进行重新开发论证。得益于首制船建造积累的对外合作和自主创新等经验，外高桥造船将继续加大科技创新投入，深度赋能邮轮工程，进一步完善项目管理，通过质量、安全、成本、周期等风险管控，全力推进第二艘国产大型邮轮建造任务。

豪华邮轮是一个庞然大物，上面有大量的休闲设施，还要容纳数千人，为了安全，船体用材要“轻”是重要原则。因此，豪华邮轮大多使用8 mm以下的薄钢板分段，约占全船分段总量的80%。万里长城是由一块块的砖组成的，船舶制造也涉及大量的切割作业。例如，加工部的切割班组的作业过程如下：

作业前：准备好切割版图；安装手割刀；开启机器，空载试车，按设备日点检要求进行检查并做好记录；检查切割机的精度，保证激光点、划线交叉点和割炬穿孔点是否在同一点上；试割一块码板，检查零件尺寸，坡口角度；切割前观察切割机四周工作环境，有无废料伸出废料箱。

作业中：把钢板吊至切割平台，测量钢板厚度，检查钢板规格、材质及颜色，确认和切割版图一致后方可施工，发现问题及时上报；调用切割程序，仔细检查图形是否与切割版图一致。校对钢板角度，开始切割；根据板厚将切割速度调至正常范围；待整张钢板切割完毕，标注零件符号、加工符号、坡口符号、板厚、材质、实名制等的各种标记；测量切割零件尺寸，并将测量结果登记在版图和零件上；割除边角料，将零件吊至理料区域或半自动切割平台。

作业后：进行“工完、料清、场地洁”工作；向组长汇报当天工作情况并做好交接班工作；填写好设备交接班记录和实动台时记录卡。船舶建造加工部的作业场景（见图2）。

图2　船舶建造加工部的作业场景

造船厂切割作业环节容易导致职业伤害事故，为了员工的安全健康，必须严格落实 HSE 管理体系。“大国制造”体现的不仅仅是商品本身的质量，更是对人的安全健康的重视，以人为本，生命至上，贯彻“高质量发展”的要求。那么通过什么样的风险控制手段，才能做好切割作业环节的职业安全健康工作，是船舶建造企业的安全工程师们需要解决的首要问题。

作业安全分析（Job Safety Analysis，JSA）方法对于工序化和步骤化的船舶建造风险可实现有效识别和控制，上海外高桥造船海洋工程公司生产安全数据表明，JSA 实施后，组立、涂装工伤事故起数和发生率均有显著降低。图 3 为造船厂员工熟悉 JSA 方法。

图 3　造船厂员工熟悉 JSA 方法

案例思考

（1）为什么船舶建造要充分体现安全发展观？

（2）切割作业事故风险控制可以采取哪些手段？

（3）采用 JSA 进行切割作业风险控制时，如何划分作业步骤？应掌握什么原则？相似作业步骤如何合并？

（4）从事故风险控制的角度来说，JSA 方法的价值体现在哪些方面？

（5）安全工程师应具备什么样的职业素养？

洋山深水港区的陆域面积计算

理学院 周 联

一、适用课程：数学分析

二、教学目标

知识目标：应用定积分来计算平面图形的面积。

能力目标：理解定积分概念中蕴含的极限思想和数学建模能力。

素质目标：培养学生科学求真精神，肩负港航使命。

三、知识点

定积分的概念；曲边梯形的面积计算。

四、思政元素

（1）培养学生勇于探索未知的科学求真精神。

（2）培养学生肩负港航使命。

（3）培养学生辩证唯物主义思想。

案例

洋山深水港是世界最大的海岛型人工深水港，也是上海国际航运中心建设的战略和枢纽型工程。2023年，洋山深水港集装箱吞吐量突破2500万标准箱，同比增长4.6%，在上海港4900万标准箱中的占比攀升至51%，创下新的历史纪录[①]。

洋山深水港区总体规划是依托大、小洋山岛链，形成南、北两大港区，采用单通道形式，分四期建设，利用“吹沙填海”的方式，把大、小洋山间的海域填平（见图1）。

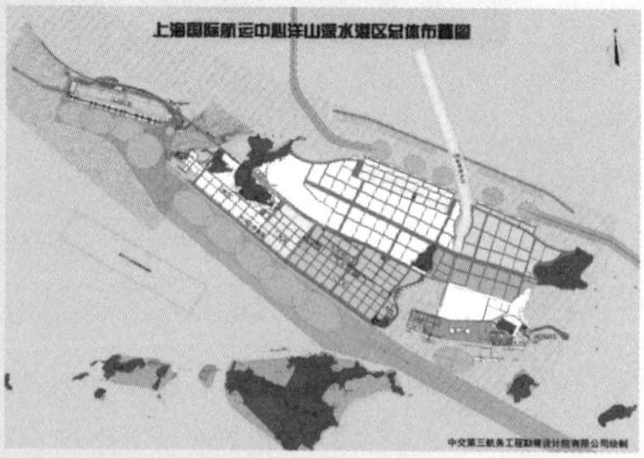

图1 洋山深水港区总体分布图

2005年12月建成一期工程，港区陆域面积约1.5平方公里。2006年12月建成二期工程，港区陆域面积约0.9平方公里。2008年12月建成三期工程，港区陆域面积约4平方公里。2017年12月，洋山深水港区四期工程开港试运行，这是全球一次性建成投运规模最大的全自动化集装箱港区，港区陆域面积约2.23平方公里（见图2）[②]。

图2　洋山深水港区四期工程

港区陆域面积是描述港口的基本资料之一，计算的准确性会影响港口物流的效益和安全。由于受自然条件约束，已建成的港区轮廓线除了直线外，还有非圆弧曲线，因此不能直接采用矩形、梯形和扇形等平面图形的面积计算公式来计算港区面积。目前，世界上对于国土面积的测量并没有统一标准，测算面积的具体方法主要有：几何图形法、坐标法、求积仪法、求积透明模片法等。其中，几何图形法、坐标法既适用于图上量算面积，也适用于实地量算面积；求积仪法和求积透明模片法仅适用于图上量算面积。

我国在进行国土面积测量时，先要实地测量，然后绘制成地图，根据专业软件算出面积。在专业软件中往往用到各类不同的数学方法来计算面积。下面介绍一种基于定积分的求面积方法，技术路线如下（见图3）。

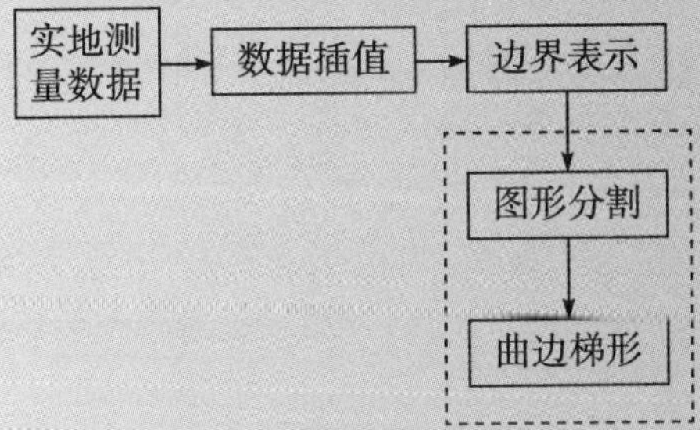

图3　基于定积分的求面积方法

曲边梯形有三条边是直线，其中两条互相平行，第三条与前两条互相垂直，第四条边是一条曲线的一段弧，它与任一条平行于它的邻边的直线至多只交于一点。用极限逼近原理求曲边梯形的面积，是一种“以直代曲”的思想，它体现了对立统一，量变与质变的辩证关系。求曲边梯形的面积的基本思路是：

把曲边梯形分割成 n 个小曲边梯形→用小矩形近似替代小曲边梯形→求各小矩形的面积之和→求各小矩形面积之和的极限。上述过程可以用定积分的概念来归纳，定积分的几何意义就是曲面梯形的面积。

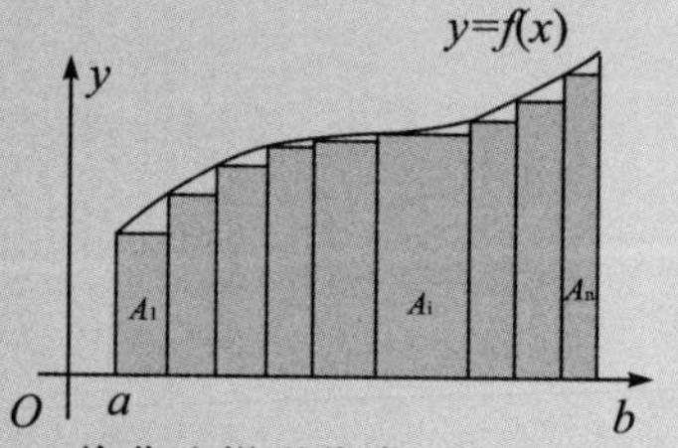

将曲边梯形分成 n 个小曲边梯形，并用小矩阵形的面积代替小曲边梯形的面积，于是曲边梯形的面积 A 近似为

$$A \approx A_1 + A_1 + \ldots + A_n$$

根据实地测量经纬度数据，利用数据插值技术，可以得到平面图形的轮廓线函数表示。在实际应用中，为了尽可能提高计算的准确度，需要将平面图形进行分割切片，每张切片对应一个曲边梯形。所有曲边梯形的面积之和就是原图形的面积。由此，实现了利用定积分来计算面积的大小。

案例思考

（1）为何说港口陆域面积计算及其准确性会影响港口物流的效益和安全？

（2）作为未来的数学相关工作者，除了在平面图形面积计算外，可以在曲面面积计算，曲面上任意两点最短距离计算等方面发挥专长。通过文献查询，找一找定积分在物流、海洋、航运中的应用情况。

（3）通过数学实验，验证定积分“以直代曲”算法中，随着小矩形最大窄边趋向于0时，所有小矩形面积之和的收敛性。并进一步思考，除了用小矩形去逼近小曲边梯形，还可以用什么样形状的面片来做近似逼近？

【参考资料】

①2023年洋山深水港集装箱吞吐量突破2500万标准箱。中国新闻网，2024-01-03。

②图说上海国际航运中心丨洋山深水港区：从长江走向海洋。澎湃新闻，2020-07-20。

陶炊具设计的演变——中国古代智慧结晶

徐悲鸿艺术学院 潘奕吉

一、适用课程：工业设计、产品设计

二、教学目标

知识要求：认识设计目的与设计需求的辩证关系，分析功能要素对产品形态的影响。

能力要求：具备抽丝剥茧，透过现象看本质的辩证思维能力。

素质要求：要求学生树立正确的设计观，坚持设计为人的服务理念；培养学生尊重和发扬我国优秀传统文化和古代造物精神。

三、知识点

产品形态；功能和需求的辩证分析。

四、思政元素

（1）帮助学生树立正确的文化观，坚持民族文化特色，发扬中华文化整体特性和延续性，从设计的视角了解中国文物中蕴含的文明结晶和我国古代人民因地制宜的造物思想。

（2）帮助学生树立以人为本的设计伦理。通过对珍贵出土文物的器型、功能以及需求分析，引导学生将满足使用者需求和提高使用者便捷度作为产品设计的基本目标，树立设计为人服务的意识。

案例

“产品设计（product design）”这一专业来自西方国家，长期以来在教学设计中都缺少中国设计案例的引用。实际上教育工作者们忽视了一个事实，即：在我国古代，人们发明和使用的各种日用品已包含西方话语体系中的“设计”概念，通过一件件流传至今的文物可以清晰地见证我国人民伟大的创造力和先进的造物理念。例如，新石器时期的陶制炊具，是最早体现出祖先对自然材料合理利用的人造物之一，当今形态多样的炊具产品，依然保留着新石器时期陶器炊具的造型特征。因此，学习古代陶器炊具有助于学生系统了解产品设计中形态、功能及行为环境三者之间的演变关系。

古代陶制炊具蕴含的造物思想可凝练为两个部分，第一，先人尊重自然、敬畏自然。祖先充分考虑所处的生产力和材料特性选用不同的制作方法，从手捏器型到盘泥条造物，再到轮制造物，要求达到“相物而赋形，范质而施采”的目的；第二，祖先造物奉行朴素、实用的造物观点，强调物品一定要符合人与事的实际需要，在实用的基础上建立相应形式，这与现代设计伦理中的“以人为本”相一致。

1. 历史背景：新石器时期

（1）由打制石器发展到磨制石器。

（2）经济生活由以采集和渔猎为主的掠夺性经济转变为以种植农业、家畜饲养业的生产性经济。

（3）人类开始过定居生活，出现固定的村落和墓葬。

2. 制陶能力

这一时期的陶器胎质粗陋，器表呈斑驳的夹砂褐陶，装饰方面已出现拍印绳纹，拍印编织纹，刮抹刀纹。陶坯制作则采用盘泥条法和泥片贴筑法这两种至今依然广为使用的制陶工艺，充分发挥了因地制宜的造物智慧。

3. 形态演变

中国古代炊具有汲水器、甑、釜、鬲、甗、鬶等。其中，以尖底瓶为代表的汲水器和鬲、甗、甑、釜在形态上为演化关系，即由尖底瓶演变出鬲，由鬲演变出甗和甑，再由甑演变出釜。

（1）尖底瓶（图1）是仰韶文化的代表性瓷器，其形态多为葫芦口、溜肩、腹部圆鼓、尖底。

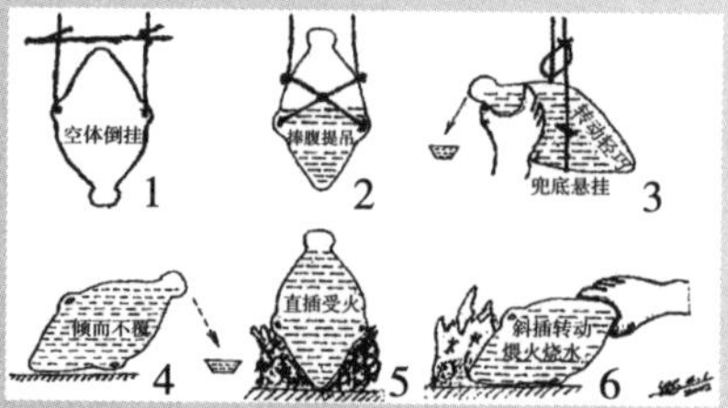

图 1　尖底瓶

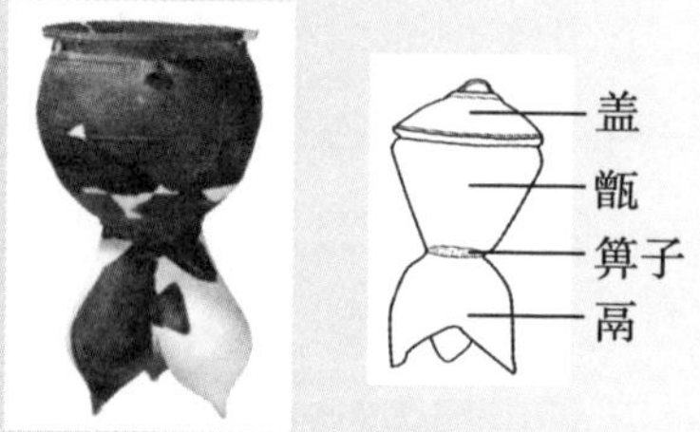

图 3　陶甗

（2）陶鬲（图 2）是殷墟遗址中最重要的器物之一，腹部鼓，三足中空，袋足底部饰纹。其中，其形态以鼓腹和三个乳状袋足为显著特征，其鼓腹和袋足形态源于尖底瓶形态。

图 2　陶鬲

陶甗（图 3）是龙山文化的代表性炊具。这是一种复合式的炊具，能同时蒸煮，其下部分就是鬲或釜。

（4）甑（图 4）同蒸，其形态似盆或罐，平底，底部有小孔，做圆形、长方形或不规则形，孔数不等，是甗的上半部分。

图 4　陶甑

（5）釜（图 5）是一种炊煮器，大多为圆底、夹砂、大口、鼓腹，是甗的下半部分。

图 5　陶釜

（6）古代陶制炊具造型演变（图 6）。

图 6　作者自绘陶炊具的结构关系

4. 功能演变（图 7）

（1）尖底瓶作为汲水器，它能够将水搬离水源。

（2）鬲三足中空，能增加容积，三足稳立于地面，受热时将火焰集中于底部，获得更高热量。

（3）甗上部分为无底甑，下部分为鬲或釜，中间放箅子。甗具有蒸和煮的功能，它充当现代生活中灶和锅的作用。甗的发明表明我们祖先是世界上最早利用蒸汽、食用蒸食的民众。

（4）甑，在底部有气孔，所以通气火，与配套的鼎和釜使用，有时也会直接在甑的内壁烤制食物。

（5）釜的圆底能加大受火面积；陶质夹砂防止受热爆裂；大口方便取食，鼓腹增加容量。

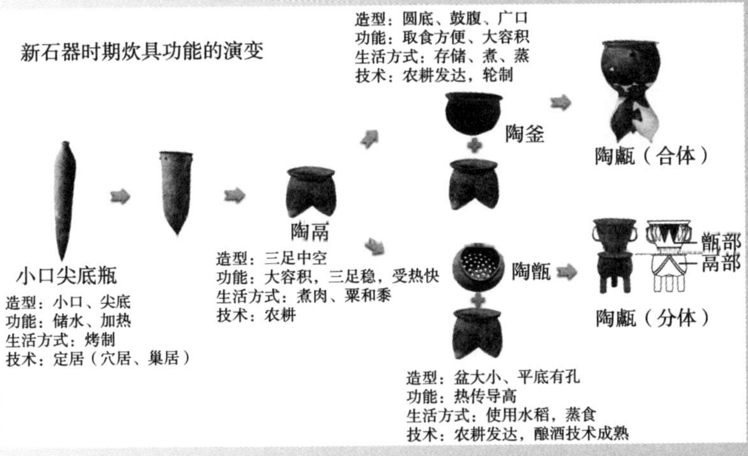

图 7　作者自绘陶炊具的功能关系

5. 需求演变

（1）尖底瓶使人们能储备足够的水，实现适宜区域定居。

（2）粟和黍是当时主要食物，人们需要更大容量且导热性更好的炊具来煮小米肉粥。因此，鬲的造型解决了此问题。

（3）随着水稻的出现，稻米成为主要食物。一方面甗的设计诞生了更高效的热能利用的烹煮方式。另一方面，人们意识到在制作食物过程中蒸比煮和烤流失的营养更少。

（4）随着生产力的发展，甑的形态从似盆大小发展为大尺寸炊具，一次可蒸大量稻米，由此还演化出酒甑，对中华白酒的产生和发展产生深远影响。

（5）釜，使用中既可以作为灶为甑提供热量，也可以作为锅单独使用，由于其容积大，釜也是作为我国古代行军打仗的必备炊具，在盘点行军人数时，也常用釜作为统计单位。

案例思考

（1）思考中国古代炊具形态、功能以及需求的演化和设计的内在逻辑。参考答案（见图8）。

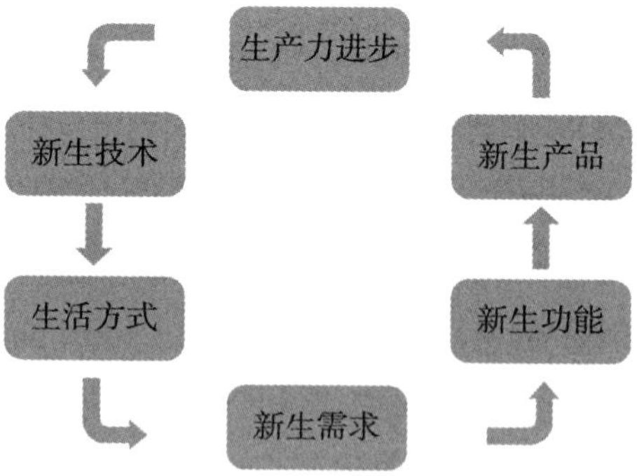

图8 生产力、需求和产品形态的逻辑关系

（2）从产品形态、产品功能以及用户需求三个维度分析一件使用过的产品。